OEUVRES
DE
VOLTAIRE.

TOME XXIV.

DE L'IMPRIMERIE DE A. FIRMIN DIDOT,
RUE JACOB, N° 24.

OEUVRES
DE
VOLTAIRE

AVEC

PRÉFACES, AVERTISSEMENTS,
NOTES, ETC.

PAR M. BEUCHOT.

TOME XXIV.

HISTOIRE DE CHARLES XII.

A PARIS,

CHEZ LEFÈVRE, LIBRAIRE,
RUE DE L'ÉPERON, N° 6.

WERDET ET LEQUIEN FILS,
RUE DU BATTOIR, N° 20.

M DCCC XXIX.

PRÉFACE

DU NOUVEL ÉDITEUR.

L'*Histoire de Charles XII*, écrite en 1727 et 1728, fut imprimée pour la première fois en 1731, deux volumes in-12. L'auteur la retoucha à différentes époques, comme il le dit dans la *Préface*, page 8, et dans sa note, page 159.

Dans la première édition, Voltaire accusait les Hambourgeois (voyez page 295) d'avoir acheté à prix d'argent la perte d'Altena, et d'avoir refusé asile à ses malheureux habitants. Un anonyme combattit cette opinion dans le tome IX de la *Bibliothèque raisonnée*, page 469. Voltaire n'eut que long-temps après connaissance de cet article. Convaincu par les raisons que donnait l'anonyme, il se rétracta. Cette rétractation est le sujet de la *Lettre sur l'incendie d'Altena*, imprimée à la page 97 du tome XXXVII de la présente édition.

La Motraye qui, pendant le séjour à Bender, avait été attaché à Charles XII, publia, sous la forme d'une lettre à M. de Voltaire, des *Remarques historiques et critiques sur l'Histoire de Charles XII*, 1732, in-12. Voltaire, l'année suivante, fit imprimer les *Remarques* à la suite d'une nouvelle édition de son ouvrage, et les accompagna de notes qui jusqu'à ce jour n'ont été données dans aucune édition des *OEuvres de Voltaire*. On trouvera ces notes, au nombre de soixante-six, à la fin du présent volume, précédées, chacune, du passage de La Motraye nécessaire pour son intelligence.

Les *Remarques d'un seigneur polonais sur l'Histoire de Charles XII par M. de Voltaire* parurent en 1741, un volume petit in-8°. Voltaire en parle, dans sa préface, page 10, et dans une note, page 205. Il avait fait son profit de celles qu'il croyait justes et importantes. J'ai rapporté une partie des autres en notes dans le courant du volume.

Les *Réflexions sur les talents militaires et sur le caractère de Charles XII, roi de Suède*, par Frédéric II, roi de Prusse, imprimées en 1760 à douze exemplaires, et fesant partie du tome IV des *OEuvres* du monarque prussien, n'ont aucun trait à l'ouvrage de Voltaire, qui n'y est pas nommé une seule fois.

Le P. Barre, chanoine de Sainte-Geneviève, est fréquemment cité dans les notes des deux premiers livres. Quoique Voltaire s'explique clairement à cet égard dans l'*Autre avis*, page 32, et encore dans la XIX° des *Honnêtetés littéraires* (voyez les *Mélanges*, année 1767), on ne saurait trop répéter que le génovéfain ne publia qu'en 1748 son *Histoire de l'empire d'Allemagne* en onze volumes in-4°, dans lesquels il reproduisit, textuellement et sans citation, plusieurs passages de l'*Histoire de Charles XII*, publiée dès 1731, et que ce fut Voltaire qui fut traité de plagiaire.

Je possède un exemplaire des *OEuvres de Voltaire* (Dresde, 1748-54) qui paraît avoir été destiné à une réimpression, puisque plusieurs volumes contiennent des corrections de la main de Longchamp, valet de chambre et secrétaire de Voltaire, que je n'ai trouvées que dans l'édition de 1751[1]; encore y en avait-il une qui avait été omise; mais, quoique admises dans l'édition de

---

[1] Et dans une édition séparée de l'*Histoire de Charles XII*, 1764, petit in-12.

1751, ces corrections n'ont point passé dans les éditions suivantes. Cependant elles étaient toutes justes, et quelques-unes très importantes[2]. Aussi n'ai-je pas hésité à les admettre. Leur authenticité m'a paru suffisamment établie par la copie que j'en possède de la main de Longchamp, et par leur existence dans l'édition de 1751.

Je n'en puis dire autant pour les deux corrections que je me suis permis de faire aux pages 43 et 186, n'ayant l'autorité d'aucune édition ni d'aucun manuscrit; j'ai donné en note mes raisons, qu'on rejettera si on ne les trouve pas fondées.

J'étais fort embarrassé sur la manière d'écrire les noms propres. Il n'est pas toujours possible de concilier l'exactitude avec le système de Voltaire qu'il me fallait respecter. J'ai eu recours à l'obligeance de M. Eyriès, à qui les langues et l'histoire du Nord sont familières. C'est d'après ses avis que j'ai écrit Dahlberg, Rehnsköld, etc., au lieu de d'Alberg, Renschild, etc. Mais quelque bons que fussent ses conseils, je ne les ai pas toujours suivis. Voltaire s'est prononcé trop formellement[3] contre l'emploi des W en français pour qu'il me fût possible d'écrire Lewenhaupt et Wallenstein. J'ai donc laissé Levenhaupt et Valstein. Ce dernier mot, au reste, est admis par d'autres écrivains français[4]. Voltaire toutefois a écrit, ou du moins laissé imprimer Wratislau et Alexiowits.

Quant à Sheremetof, voyez, sur les différentes ma-

---

[2] Il suffira d'en indiquer deux : page 201 on trouvera, « Mais les Moscovites se présentaient; » mots nécessaires pour le sens, et qui sont omis depuis 1751 ; page 232, on verra « les Grecs, » au lieu de « ses gens. »

[3] Voyez tome XXXI, page 331. B.

[4] On trouve dans les OEuvres de J.-F. Sarrasin, auteur du dix-septième siècle, l'histoire de la *Conspiration de Valstein*. M. B. Constant a donné, en 1809, *Walstein*, tragédie.

nières d'écrire ce nom, la note de Voltaire au chap. VIII de la première partie de son *Histoire de Russie*, tome XXV.

Malgré tout mon desir, je ne me dissimule pas l'impossibilité, dans l'impression d'un auteur tel que Voltaire, d'écrire toujours le même nom de la même manière.

Voltaire avait publié, en 1744, une *Lettre à M. Nordberg*, in-8° de 16 pages. En 1750 il fit imprimer, dans le même volume qu'*Oreste*, une *Lettre au maréchal de Schulenbourg*, datée du 15 septembre 1740. Ce n'est qu'en 1752 que ces deux lettres ont été imprimées avec l'*Histoire de Charles XII*, et on les y a toujours laissées depuis lors. Aucune des éditions des *OEuvres de Voltaire*, données de son vivant, ne contenant sa correspondance, on pouvait placer à peu près où l'on voulait le petit nombre de ses lettres qu'on imprimait. Mais en donnant sa correspondance il fallait y rassembler autant que possible toutes ses lettres. C'est ce que j'ai fait pour les deux dont je viens de parler, ainsi que pour beaucoup d'autres, qui seront mises à leurs dates dans la correspondance.

Les notes sans signature, et qui sont indiquées par des lettres, sont de Voltaire.

Les notes signées d'un K sont des éditeurs de Kehl, MM. Condorcet et Decroix. Il est impossible de faire rigoureusement la part de chacun.

La lettre P désigne le comte Poniatowski, auteur des *Remarques d'un seigneur polonais*, publiées en 1741.

Les additions que j'ai faites à quelques-unes de ces notes en sont séparées par un —, et sont, comme mes notes, signées de l'initiale de mon nom.

BEUCHOT.

Paris, 1er décembre 1829.

PRÉFACE

DE L'ÉDITION DE 1748[1].

L'incrédulité[2], souvenons-nous-en, est le fondement de toute sagesse, selon Aristote. Cette maxime est fort bonne pour qui lit l'histoire, et surtout l'histoire ancienne.

Que de faits absurdes, quel amas de fables qui choquent le sens commun ! Hé bien, n'en croyez rien.

Il y a eu des rois à Rome, des consuls, des décemvirs. Le peuple romain a détruit Carthage; César a vaincu Pompée; tout cela est vrai : mais quand on vous dit que Castor et Pollux ont combattu pour ce peuple; qu'une vestale avec sa ceinture a mis à flot un vaisseau engravé; qu'un gouffre s'est refermé quand Curtius s'y est jeté; n'en croyez rien. Vous lisez partout des prodiges, des prédictions accomplies, des

---

[1] Dans les éditions des *OEuvres de Voltaire* données par les frères Cramer, ainsi que dans les éditions in-4° et encadrée, ce morceau, sous le titre de *Pyrrhonisme de l'histoire*, était au nombre des pièces préliminaires de l'*Histoire de Charles XII*. Dans les éditions de Kehl et quelques unes de ses réimpressions, ce morceau formait, dans les *Mélanges historiques*, l'article XI des *Fragments sur l'histoire*. On l'avait intitulé : *Qu'il faut savoir douter; éclaircissements sur l'histoire de Charles XII*. En conservant ce titre, d'autres éditeurs l'avaient mis à la fin de l'*Histoire de Charles XII*. B.

[2] Dans l'édition de 1748, cette préface commençait ainsi : « L'incrédulité, « dit Aristote, est le fondement de toute sagesse. Cette maxime, etc. » B.

guérisons miraculeuses opérées dans les temples d'Esculape ; n'en croyez rien : mais cent témoins ont signé le procès-verbal de ces miracles sur des tables d'airain : mais les temples étaient remplis d'*ex-voto* qui attestaient les guérisons ; croyez qu'il y a eu des imbéciles et des fripons qui ont attesté ce qu'ils n'ont point vu. Croyez qu'il y a eu des dévots qui ont fait des présents aux prêtres d'Esculape, quand leurs enfants ont été guéris d'un rhume ; mais pour les miracles d'Esculape, n'en croyez rien. Ils ne sont pas plus vrais que ceux du jésuite Xavier, à qui un cancre vint rapporter son crucifix du fond de la mer, et qui se trouva à-la-fois sur deux vaisseaux.

Mais les prêtres égyptiens étaient tous sorciers, et Hérodote admire la science profonde qu'ils avaient de la diablerie : ne croyez pas tout ce que vous dit Hérodote.

Je me défierai de tout ce qui est prodige : mais dois-je porter l'incrédulité jusqu'aux faits qui, étant dans l'ordre ordinaire des choses humaines, manquent pourtant d'une vraisemblance morale ?

Par exemple, Plutarque assure que César tout armé se jeta dans la mer d'Alexandrie, tenant d'une main en l'air des papiers qu'il ne voulait pas mouiller, et nageant de l'autre main. Ne croyez pas un mot de ce conte que vous fait Plutarque : croyez plutôt César qui n'en dit mot dans ses *Commentaires* : et soyez bien sûr que quand on se jette dans la mer, et qu'on tient des papiers à la main, on les mouille.

Vous trouverez dans *Quinte-Curce* qu'Alexandre et ses généraux furent tout étonnés quand ils virent le flux et le reflux de l'Océan, auquel ils ne s'attendaient pas; n'en croyez rien.

Il est bien vraisemblable qu'Alexandre étant ivre ait tué Clitus; qu'il ait aimé Éphestion comme Socrate aimait Alcibiade : mais il ne l'est point du tout, que le disciple d'Aristote ignorât le flux et le reflux de l'Océan. Il y avait des philosophes dans son armée : c'était assez d'avoir été sur l'Euphrate, qui a des marées à son embouchure, pour être instruit de ce phénomène. Alexandre avait voyagé en Afrique, dont les côtes sont baignées par l'Océan. Son amiral Néarque pouvait-il être assez ignorant pour ne pas savoir ce que savaient tous les enfants sur le rivage du fleuve Indus? De pareilles sottises, répétées dans tant d'auteurs, décréditent trop les historiens.

Le P. Maimbourg vous redit, après cent autres, que deux Juifs promirent l'empire à Léon-l'Isaurien, à condition que quand il serait empereur il abattrait les images[1]. Quel intérêt, je vous prie, avaient ces deux Juifs à empêcher que les chrétiens eussent des tableaux? comment ces deux misérables pouvaient-ils promettre l'empire? N'est-ce pas insulter à son lecteur que de lui présenter de telles fables?

Il faut avouer que Mézerai, dans son style dur, bas, inégal, mêle aux faits mal digérés qu'il rapporte bien des absurdités pareilles : tantôt c'est Henri V, roi d'Angleterre, couronné roi de France à Paris, qui meurt des hémorroïdes pour s'être, dit-il, assis sur le trône de nos rois; tantôt c'est saint Michel qui apparaît à Jeanne d'Arc.

---

[1] Voyez tome XV, page 399. B.

Je ne crois pas même les témoins oculaires, quand ils me disent des choses que le sens commun désavoue. Le sire de Joinville, ou plutôt celui qui a traduit son histoire gauloise en ancien français, a beau m'assurer que les émirs d'Égypte, après avoir assassiné leur soudan, offrirent la couronne à saint Louis leur prisonnier [1] : j'aimerais autant qu'on me dît que nous avons offert la couronne de France à un Turc. Quelle apparence que des Mahométans aient pensé à faire leur souverain d'un homme qu'ils ne pouvaient regarder que comme un chef de barbares, qu'ils avaient pris dans une bataille, qui ne connaissait ni leurs lois ni leur langue, qui était l'ennemi capital de leur religion ?

Je n'ai pas plus de foi au sire de Joinville, quand il me fait ce conte, que quand il me dit que le Nil se déborde à la Saint-Remi, au commencement d'octobre. Je révoquerai aussi hardiment en doute l'histoire du Vieux de la Montagne [2], qui, sur le bruit de la croisade de saint Louis, dépêche deux assassins à Paris pour le tuer, et, sur le bruit de sa vertu, fait partir le lendemain deux courriers pour contre-mander les autres. Ce trait a trop l'air d'un conte arabe.

Je dirai hardiment à Mézerai, au P. Daniel, et à tous les historiens, que je ne crois point qu'un orage de pluie et de grêle ait fait rentrer Édouard III en lui-même, et ait procuré la paix à Philippe de Valois. Les conquérants ne sont pas si dévots, et ne font point la paix pour de la pluie.

---

[1] Voyez tome XVI, page 206. B. — [2] Sur le Vieux de la Montagne, voyez tome XXVII, page 135 et suivantes. B.

Rien n'est assurément plus vraisemblable que les crimes; mais il faut du moins qu'ils soient constatés. Vous voyez chez Mézerai plus de soixante princes à qui *on a donné le boucon*; mais il le dit sans preuve, et un bruit populaire ne doit se rapporter que comme un bruit.

Je ne croirai pas même Tite-Live, quand il me dit que le médecin de Pyrrhus offrit aux Romains d'empoisonner son maître moyennant une récompense. A peine les Romains avaient-ils alors de l'argent monnayé, et Pyrrhus avait de quoi acheter la république si elle avait voulu se vendre : la place de premier médecin de Pyrrhus était plus lucrative probablement que celle de consul. Je n'ajouterai foi à un tel conte que quand on me prouvera que quelque premier médecin d'un de nos rois aura proposé à un canton suisse de le payer pour empoisonner son malade.

Défions-nous aussi de tout ce qui paraît exagéré. Une armée innombrable de Perses arrêtée par trois cents Spartiates au passage des Thermopyles ne me révolte point; l'assiette du terrain rend l'aventure croyable. Charles XII, avec huit mille hommes aguerris, défait à Narva environ quatre-vingt mille paysans moscovites mal armés; je l'admire, et je le crois. Mais quand je lis que Simon de Montfort[1] battit cent mille hommes avec neuf cents soldats divisés en trois corps, je répète alors, *je n'en crois rien*. On me dit que c'est un miracle; mais est-il bien vrai que Dieu ait fait ce miracle pour Simon de Montfort?

Je révoquerais en doute le combat de Charles XII

---

[1] Voyez tome XVI, page 249. B.

à Bender[1], s'il ne m'avait été attesté par plusieurs témoins oculaires, et si le caractère de Charles XII ne rendait vraisemblable cette héroïque extravagance. Cette défiance qu'il faut avoir sur les faits particuliers, ayons-la encore sur les mœurs des peuples étrangers ; refusons notre créance à tout historien ancien et moderne qui nous rapporte des choses contraires à la nature et à la trempe du cœur humain.

Toutes les premières relations de l'Amérique ne parlaient que d'anthropophages ; il semblait, à les entendre, que les Américains mangeassent des hommes aussi communément que nous mangeons des moutons. Le fait, mieux éclairci, se réduit à un petit nombre de prisonniers qui ont été mangés par leurs vainqueurs, au lieu d'être mangés des vers.

Le nouveau *Puffendorf*[2], aussi fautif que l'ancien, dit qu'en l'an 1589 un Anglais et quatre femmes, échappés d'un naufrage sur la route de Madagascar, abordèrent une île déserte, et que l'Anglais travailla si bien, qu'en l'an 1667 on trouva cette île, nommée *Pines*, peuplée de douze mille beaux protestants anglais.

Les anciens et leurs innombrables et crédules compilateurs nous répètent sans cesse qu'à Babylone, la ville de l'univers la mieux policée, toutes les femmes

---

[1] Livre IV de l'*Histoire de Charles XII*. B.

[2] Le fait cité ici par Voltaire se trouve rapporté dans le *Grand Dictionnaire géographique*, par Bruzen de La Martinière, au mot PINES. Or Bruzen étant éditeur et continuateur de l'*Introduction à l'Histoire générale et politique de l'univers*, par Puffendorf, on voit pourquoi Voltaire l'appelle le *nouveau Puffendorf*. Voyez aussi dans les *Mélanges*, année 1773, l'article XXXII des *Fragments historiques sur l'Inde*. B.

et les filles se prostituaient dans le temple de Vénus une fois l'an ¹. Je n'ai pas de peine à penser qu'à Babylone, comme ailleurs, on avait quelquefois du plaisir pour de l'argent; mais je ne me persuaderai jamais que dans la ville la mieux policée qui fût alors dans l'univers, *tous les pères et tous les maris envoyassent leurs filles et leurs femmes à un marché de prostitution publique*, et que les législateurs ordonnassent ce beau trafic. On imprime tous les jours cent sottises semblables sur les coutumes des Orientaux; et pour un voyageur comme Chardin, que de voyageurs comme Paul Lucas, et comme Jean Struys, et comme le jésuite Avril, qui baptisait mille personnes par jour chez les Persans, dont il n'entendait pas la langue, et qui vous dit que les caravanes russes allaient à la Chine et revenaient en trois mois!

² Un moine grec, un moine latin, écrivent que Mahomet II a livré toute la ville de Constantinople au pillage; qu'il a brisé lui-même les images de Jésus-Christ, et qu'il a changé toutes les églises en mosquées. Ils ajoutent, pour rendre ce conquérant plus odieux, qu'il a coupé la tête à sa maîtresse pour plaire à ses janissaires, qu'il a fait éventrer quatorze de ses pages pour savoir qui d'eux avait mangé un melon. Cent historiens copient ces misérables fables; les dictionnaires de l'Europe les répètent. Consultez les véritables annales turques, recueillies par le prince

---

¹ Voyez, tome XXVII, page 245; et aussi le chapitre II de la *Défense de mon oncle* (*Mélanges*, année 1767). B.

² Cet alinéa, ajouté en 1751, avait été omis dans toutes les éditions suivantes, lorsque je le rétablis en 1818. B.

Cantemir, vous verrez combien tous ces mensonges sont ridicules. Vous apprendrez que le grand Mahomet II ayant pris d'assaut la moitié de la ville de Constantinople, daigna capituler avec l'autre, et conserva toutes les églises [1]; qu'il créa un patriarche grec, auquel il rendit plus d'honneurs que les empereurs grecs n'en avaient jamais rendu aux prédécesseurs de cet évêque. Enfin, consultez le sens commun, vous jugerez combien il est ridicule de supposer qu'un grand monarque, savant et même poli, tel qu'était Mahomet II, ait fait éventrer quatorze pages pour un melon; et pour peu que vous soyez instruit des mœurs des Turcs, vous verrez à quel point il est extravagant d'imaginer que les soldats se mêlent de ce qui se passe entre le sultan et ses femmes, et qu'un empereur coupe la tête à sa favorite pour leur plaire. C'est ainsi pourtant que la plupart des histoires sont écrites.

Il n'en est pas ainsi de l'*Histoire de Charles XII*. Je peux assurer que si jamais histoire a mérité la créance du lecteur, c'est celle-ci. Je la composai d'abord, comme on sait, sur les mémoires de M. Fabrice, de MM. de Villelongue et de Fierville, et sur le rapport de beaucoup de témoins oculaires; mais comme les témoins ne voient pas tout, et qu'ils voient quelquefois mal, je tombai dans plus d'une erreur, non sur les faits essentiels, mais sur quelques anecdotes qui sont assez indifférentes en elles-mêmes, et sur lesquelles les petits critiques triomphent.

J'ai depuis réformé cette histoire sur le journal

---

[1] Voyez tome XVI, page 496. B.

militaire de M. Adlerfelt, qui est très exact, et qui a servi à rectifier quelques faits et quelques dates.

J'ai même fait usage de l'histoire écrite par Nordberg, chapelain et confesseur de Charles XII. Il est vrai que c'est un ouvrage bien mal digéré et bien mal écrit, dans lequel on trouve trop de petits faits étrangers à son sujet, et où les grands événements deviennent petits, tant ils sont mal rapportés. C'est un tissu de rescrits, de déclarations, de publications, qui se font d'ordinaire au nom des rois quand ils sont en guerre. Elles ne servent jamais à faire connaître le fond des événements; elles sont inutiles au militaire et au politique, et sont ennuyeuses pour le lecteur: un écrivain peut seulement les consulter quelquefois dans le besoin, pour en tirer quelque lumière, ainsi qu'un architecte emploie des décombres dans un édifice.

Parmi les pièces publiques dont Nordberg a surchargé sa malheureuse histoire, il s'en trouve même de fausses et d'absurdes, comme la lettre d'Achmet, empereur des Turcs, que cet historien appelle sultan bassa par la grace de Dieu[a].

Ce même Nordberg fait dire au roi de Suède ce que ce monarque n'a jamais dit ni pu dire au sujet du roi Stanislas. Il prétend que Charles XII, en répondant aux objections du primat, lui dit que Stanislas avait acquis beaucoup d'amis dans son voyage d'Italie. Cependant il est très certain que jamais Stanislas n'a été en Italie, ainsi que ce monarque me l'a confirmé lui-

[a] Voyez la lettre de M. de Voltaire à M. Nordberg (dans la *Correspondance*, année 1744).

même. Qu'importe, après tout, qu'un Polonais, dans le dix-huitième siècle, ait voyagé ou non en Italie pour son plaisir? Que de faits inutiles il faut retrancher de l'histoire! et que je me sais bon gré d'avoir resserré celle de Charles XII!

Nordberg n'avait ni lumières, ni esprit, ni connaissance des affaires du monde; et c'est peut-être ce qui détermina Charles XII à le choisir pour son confesseur : je ne sais s'il a fait de ce prince un bon chrétien; mais assurément il n'en a pas fait un héros; et Charles XII serait ignoré, s'il n'était connu que par Nordberg.

Il est bon d'avertir ici que l'on a imprimé il y a quelques années une petite brochure intitulée, *Remarques historiques et critiques sur l'histoire de Charles XII par M. de Voltaire* [1]. Ce petit ouvrage est du comte Poniatowski; ce sont des réponses qu'il avait faites à de nouvelles questions de ma part dans son dernier voyage à Paris; mais son secrétaire en ayant fait une double copie, elle tomba entre les mains d'un libraire, qui ne manqua pas de l'imprimer; et un correcteur d'imprimerie de Hollande intitula *Critique* cette instruction de M. Poniatowski, pour la mieux débiter. C'est un des moindres brigandages qui s'exercent dans la librairie.

La Motraye, domestique de M. Fabrice [2], avait

---

[1] Ce titre est celui de l'ouvrage de La Motraye, dont Voltaire parle plus bas. L'écrit de Poniatowski est intitulé : *Remarques d'un seigneur polonais sur l'histoire de Charles XII*, et parut en 1741 : j'en ai parlé dans ma préface. B.

[2] La Motraye n'était pas domestique de Fabrice, dans le sens qu'a ce mot

aussi imprimé quelques remarques sur cette histoire. Parmi les erreurs et les petitesses dont cette critique de La Motraye est remplie, il ne laisse pas de se trouver quelque chose de vrai et d'utile; et j'ai eu soin d'en faire usage dans les dernières éditions, et surtout dans celle de 1739 : car, en fait d'histoire, rien n'est à négliger; et il faut consulter, si l'on peut, les rois et les valets de chambre.

aujourd'hui. J'ai parlé de son livre dans la note précédente et dans ma préface en tête du volume. B.

DISCOURS

SUR

L'HISTOIRE DE CHARLES XII[1].

Il y a bien peu de souverains dont on dût écrire une histoire particulière. En vain la malignité ou la flatterie s'est exercée sur presque tous les princes : il n'y en a qu'un très petit nombre dont la mémoire se conserve; et ce nombre serait encore plus petit si l'on ne se souvenait que de ceux qui ont été justes.

Les princes qui ont le plus de droit à l'immortalité sont ceux qui ont fait quelque bien aux hommes. Ainsi, tant que la France subsistera, on s'y souviendra de la tendresse que Louis XII avait pour son peuple; on excusera les grandes fautes de François Ier en faveur des arts et des sciences dont il a été le père; on bénira la mémoire de Henri IV, qui conquit son héritage à force de vaincre et de pardonner; on louera la magnificence de Louis XIV, qui a protégé les arts, que François Ier avait fait naître.

---

[1] Dans la première édition, 1731, deux volumes in-12, ce morceau était à la fin du tome second. C'est dans la seconde édition qu'il fut mis en tête de l'ouvrage, sous le titre de *Discours*, que Voltaire lui a toujours conservé. Dans l'édition de 1748, ce *Discours* ayant été placé par l'auteur après la préface qui précède, j'ai suivi cette disposition. B.

Par une raison contraire, on garde le souvenir des mauvais princes, comme on se souvient des inondations, des incendies, et des pestes.

Entre les tyrans et les bons rois sont les conquérants, mais plus approchants des premiers : ceux-ci ont une réputation éclatante, on est avide de connaître les moindres particularités de leur vie. Telle est la misérable faiblesse des hommes, qu'ils regardent avec admiration ceux qui ont fait du mal d'une manière brillante, et qu'ils parleront souvent plus volontiers du destructeur d'un empire que de celui qui l'a fondé.

Pour tous les autres princes, qui n'ont été illustres ni en paix, ni en guerre, et qui n'ont été connus ni par de grands vices, ni par de grandes vertus, comme leur vie ne fournit aucun exemple ni à imiter, ni à fuir, elle n'est pas digne qu'on s'en souvienne. De tant d'empereurs de Rome, d'Allemagne, de Moscovie, de tant de sultans, de califes, de papes, de rois, combien y en a-t-il dont le nom ne mérite de se trouver ailleurs que dans les tables chronologiques, où ils ne sont que pour servir d'époques?

Il y a un vulgaire parmi les princes comme parmi les autres hommes; cependant la fureur d'écrire est venue au point, qu'à peine un souverain cesse de vivre, que le public est inondé de volumes sous le nom de mémoires, d'histoire de sa vie, d'anecdotes de sa cour. Par là les livres se multiplient de telle sorte, qu'un homme qui vivrait cent ans, et qui les emploierait à lire, n'aurait pas le temps de parcourir ce qui s'est imprimé sur l'histoire seule, depuis deux siècles, en Europe.

Cette démangeaison de transmettre à la postérité des détails inutiles, et d'arrêter les yeux des siècles à venir sur des événements communs, vient d'une faiblesse très ordinaire à ceux qui ont vécu dans quelque cour, et qui ont eu le malheur d'avoir quelque part aux affaires publiques. Ils regardent la cour où ils ont vécu comme la plus belle qui ait jamais été; le roi qu'ils ont vu, comme le plus grand monarque; les affaires dont ils se sont mêlés, comme ce qui a jamais été de plus important dans le monde. Ils s'imaginent que la postérité verra tout cela avec les mêmes yeux.

Qu'un prince entreprenne une guerre, que sa cour soit troublée d'intrigues, qu'il achète l'amitié d'un de ses voisins, et qu'il vende la sienne à un autre; qu'il fasse enfin la paix avec ses ennemis après quelques victoires et quelques défaites; ses sujets, échauffés par la vivacité de ces événements présents, pensent être dans l'époque la plus singulière depuis la création. Qu'arrive-t-il? ce prince meurt; on prend après lui des mesures toutes différentes; on oublie, et les intrigues de sa cour, et ses maîtresses, et ses ministres, et ses généraux, et ses guerres, et lui-même.

Depuis le temps que les princes chrétiens tâchent de se tromper les uns les autres, et font des guerres et des alliances, on a signé des milliers de traités, et donné autant de batailles; les belles ou infames actions sont innombrables. Quand toute cette foule d'événements et de détails se présente devant la postérité, ils sont presque tous anéantis les uns par les autres; les seuls qui restent sont ceux qui ont produit de grandes révolutions, ou ceux qui, ayant été décrits par quelque écrivain excellent, se sauvent de la foule, comme des portraits d'hommes obscurs peints par de grands maîtres.

On se serait donc bien donné de garde d'ajouter cette histoire particulière de Charles XII, roi de Suède, à la multitude des livres dont le public est accablé, si ce prince et son rival, Pierre Alexiowitz, beaucoup plus grand homme que lui, n'avaient été, du consentement de toute la terre, les personnages les plus singuliers qui eussent paru depuis plus de vingt siècles. Mais on n'a pas été déterminé seulement à donner cette vie par la petite satisfaction d'écrire des faits extraordinaires; on a pensé que cette lecture pourrait être utile à quelques princes, si ce livre leur tombe par hasard entre les mains. Certainement il n'y a point de souverain qui, en lisant la vie de Charles XII, ne doive être guéri de la folie des conquêtes. Car, où est le souverain qui pût dire : J'ai plus de courage et de vertus, une ame plus forte, un corps plus robuste; j'entends mieux la guerre, j'ai de meilleures troupes que Charles XII? Que si, avec tous ces avantages, et après tant de victoires, ce roi a été si malheureux, que devraient espérer les autres princes qui auraient la même ambition, avec moins de talents et de ressources ?

On a composé cette histoire sur des récits de personnes connues, qui ont passé plusieurs années auprès de Charles XII et de Pierre-le-Grand, empereur de Moscovie, et qui, s'étant retirées dans un pays libre, long-temps après la mort de ces princes, n'avaient aucun intérêt de déguiser la vérité. M. Fabrice, qui a vécu sept années dans la familiarité de Charles XII; M de Fierville, envoyé de France; M. de Villelongue, colonel au service de Suède; M. Poniatowski même, ont fourni les mémoires.

On n'a pas avancé un seul fait sur lequel on n'ait consulté des témoins oculaires et irréprochables. C'est pourquoi on trouvera cette histoire fort différente des gazettes qui ont paru jusqu'ici sous le nom de la Vie de Charles XII. Si l'on a omis plusieurs petits combats donnés entre les officiers suédois et moscovites, c'est qu'on n'a point prétendu écrire l'histoire de ces officiers, mais seulement celle du roi de Suède; même, parmi les événements de sa vie, on n'a choisi que les plus intéressants. On est persuadé que l'histoire d'un prince n'est pas tout ce qu'il a fait, mais ce qu'il a fait de digne d'être transmis à la postérité.

On est obligé d'avertir que plusieurs choses, qui étaient vraies lorsqu'on écrivit cette histoire en 1728, cessent déjà de l'être aujourd'hui[1] en 1739. Le commerce commence, par exemple, à être moins négligé en Suède. L'infanterie polonaise est mieux disciplinée, et a des habits d'ordonnance qu'elle n'avait pas alors. Il faut toujours, lorsqu'on lit une histoire, songer au temps où l'auteur a écrit. Un homme qui ne lirait que le cardinal de Retz prendrait les Français

---

[1] Dans la première édition, qui est de 1731, on lisait : « Cessent déjà de « l'être aujourd'hui en 1731. » B.

pour des forcenés qui ne respirent que la guerre civile, la faction, et la folie. Celui qui ne lirait que l'histoire des belles années de Louis XIV dirait : Les Français sont nés pour obéir, pour vaincre, et pour cultiver les arts. Un autre qui verrait les mémoires des premières années de Louis XV ne remarquerait dans notre nation que de la mollesse, une avidité extrême de s'enrichir, et trop d'indifférence pour tout le reste. Les Espagnols d'aujourd'hui ne sont plus les Espagnols de Charles-Quint, et peuvent l'être dans quelques années. Les Anglais ne ressemblent pas plus aux fanatiques de Cromwell que les moines et les monsignori dont Rome est peuplée ne ressemblent aux Scipions. Je ne sais si les Suédois pourraient avoir tout d'un coup des troupes aussi formidables que celles de Charles XII. On dit d'un homme : Il était brave un tel jour ; il faudrait dire, en parlant d'une nation : Elle paraissait telle sous un tel gouvernement, et en telle année.

Si quelque prince et quelque ministre trouvaient dans cet ouvrage des vérités désagréables, qu'ils se souviennent qu'étant hommes publics, ils doivent compte au public de leurs actions ; que c'est à ce prix qu'ils achètent leur grandeur ; que l'histoire est un témoin et non un flatteur ; et que le seul moyen d'obliger les hommes à dire du bien de nous, c'est d'en faire.

REMARQUES
SUR L'HISTOIRE[1].

Ne cessera-t-on jamais de nous tromper sur l'avenir, le présent, et le passé? Il faut que l'homme soit bien né pour l'erreur, puisque dans ce siècle éclairé on prend tant de plaisir à nous débiter les fables d'Hérodote, et des fables encore qu'Hérodote n'aurait jamais osé conter même à des Grecs.

Que gagne-t-on à nous redire que Ménès était petit-fils de Noé? et par quel excès d'injustice peut-on se moquer des généalogies de Moréri, quand on en fabrique de pareilles? Certes Noé envoya sa famille voyager loin; son petit-fils Ménès en Égypte, son autre petit-fils à la Chine, je ne sais quel autre petit-fils en Suède, et un cadet en Espagne. Les voyages alors formaient les jeunes gens bien mieux qu'aujourd'hui : il a fallu chez nos nations modernes des dix ou douze siècles pour s'instruire un peu de la géométrie; mais ces voyageurs dont on parle étaient à peine arrivés dans des pays incultes, qu'on y prédisait les éclipses. On ne peut douter au moins que l'histoire authentique de la Chine ne rapporte des éclipses calculées

[1] Dans l'édition de 1756 des *OEuvres de Voltaire*, le tome VI, qui contenait les *Anecdotes sur le czar Pierre-le-Grand* et l'*Histoire de Charles XII*, avait, en forme de préface, ces *Remarques sur l'histoire*, imprimées dès 1742. B.

il y a environ quatre mille ans. Confucius en cite trente-six, dont les missionnaires mathématiciens ont vérifié trente-deux. Mais ces faits n'embarrassent point ceux qui ont fait Noé grand-père de Fo-hi; car rien ne les embarrasse.

D'autres adorateurs de l'antiquité nous font regarder les Égyptiens comme le peuple le plus sage de la terre, parceque, dit-on, les prêtres avaient chez eux beaucoup d'autorité; et il se trouve que ces prêtres si sages, ces législateurs d'un peuple sage, adoraient des singes, des chats, et des ognons. On a beau se récrier sur la beauté des anciens ouvrages égyptiens, ceux qui nous sont restés sont des masses informes; la plus belle statue de l'ancienne Égypte n'approche pas de celle du plus médiocre de nos ouvriers. Il a fallu que les Grecs enseignassent aux Égyptiens la sculpture; il n'y a jamais eu en Égypte aucun bon ouvrage que de la main des Grecs. Quelle prodigieuse connaissance, nous dit-on, les Égyptiens avaient de l'astronomie! les quatre côtés d'une grande pyramide sont exposés aux quatre régions du monde; ne voilà-t-il pas un grand effort d'astronomie? Ces Égyptiens étaient-ils autant de Cassini, de Halley, de Kepler, de Ticho-Brahé? Ces bonnes gens racontaient froidement à Hérodote que le soleil en onze mille ans s'était couché deux fois où il se lève : c'était là leur astronomie.

Il en coûtait, répète M. Rollin, cinquante mille écus pour ouvrir et fermer les écluses du lac Mœris. M. Rollin est cher en écluses, et se mécompte en arithmétique. Il n'y a point d'écluse qui ne doive s'ouvrir et se fermer pour un écu, à moins qu'elle ne soit très mal faite. Il en coûtait, dit-il, cinquante talents pour ouvrir et fermer ces écluses. Il faut savoir qu'on évalua le talent, du temps de Colbert, à trois mille livres de France. Rollin ne songe pas que depuis ce temps la valeur numéraire de nos espèces est augmentée presque du double, et qu'ainsi la peine d'ouvrir les écluses du lac Mœris aurait dû coûter, selon lui, environ trois cent mille francs, ce qui est à peu près deux cent quatre-vingt-dix-neuf mille neuf cent quatre-vingt-dix-sept livres plus qu'il ne faut. Tous les calculs de ses treize tomes se ressentent de cette inattention. Il répète encore après Hérodote qu'on entretenait d'ordinaire en Égypte, c'est-à-dire dans un pays beaucoup moins grand que la France, quatre cent mille soldats; qu'on donnait à chacun cinq livres de pain par jour, et deux livres de viande. C'est donc huit cent mille livres de viande par jour pour les seuls soldats, dans un pays où l'on n'en mangeait presque point. D'ailleurs à qui appartenaient ces quatre cent mille soldats, quand l'Égypte était divisée en plusieurs petites principautés? On ajoute que chaque soldat avait six arpents francs de contributions; voilà donc deux millions quatre cent mille arpents qui ne paient rien à l'état. C'est cependant ce petit état qui entretenait plus de soldats que n'en a aujourd'hui le grand-seigneur, maître de l'Égypte et de dix fois plus de pays que l'Égypte n'en contient. Louis XIV a eu quatre cent mille hommes sous les armes pendant quelques années; mais c'était un effort, et cet effort a ruiné la France.

Si on voulait faire usage de sa raison au lieu de sa

mémoire, et examiner plus que transcrire, on ne multiplierait pas à l'infini les livres et les erreurs; il faudrait n'écrire que des choses neuves et vraies. Ce qui manque d'ordinaire à ceux qui compilent l'histoire, c'est l'esprit philosophique : la plupart, au lieu de discuter des faits avec des hommes, font des contes à des enfants. Faut-il qu'au siècle où nous vivons, on imprime encore le conte des *Oreilles de Smerdis*, et de Darius, qui fut déclaré roi par son cheval, lequel hennit le premier; et de Sanacharib, ou Sennakérib, ou Sennacabon, dont l'armée fut détruite miraculeusement par des rats! Quand on veut répéter ces contes, il faut du moins les donner pour ce qu'ils sont.

Est-il permis à un homme de bon sens, né dans le dix-huitième siècle, de nous parler sérieusement des oracles de Delphes? tantôt de nous répéter que cet oracle devina que Crésus fesait cuire une tortue et du mouton dans une tourtière; tantôt de nous dire que des batailles furent gagnées suivant la prédiction d'Apollon, et d'en donner pour raison le pouvoir du diable? M. Rollin, dans sa compilation de l'histoire ancienne, prend le parti des oracles contre MM. Van Dale, Fontenelle, et Basnage. « Pour M. de Fontenelle, dit-il, il « ne faut regarder que comme un ouvrage de jeunesse « son livre contre les oracles, tiré de Van Dale. » J'ai bien peur que cet arrêt de la vieillesse de Rollin contre la jeunesse de Fontenelle ne soit cassé au tribunal de la raison; les rhéteurs n'y gagnent guère leurs causes contre les philosophes. Il n'y a qu'à voir ce que dit Rollin dans son dixième tome, où il veut parler de physique : il prétend qu'Archimède, voulant faire voir à son bon ami le roi de Syracuse la puissance des mécaniques, fit mettre à terre une galère, la fit charger doublement, et la remit doucement à flot en remuant un doigt, sans sortir de dessus sa chaise. On sent bien que c'est là le rhéteur qui parle : s'il avait été un peu philosophe, il aurait vu l'absurdité de ce qu'il avance.

Il me semble que si l'on voulait mettre à profit le temps présent, on ne passerait point sa vie à s'infatuer des fables anciennes. Je conseillerais à un jeune homme d'avoir une légère teinture de ces temps reculés ; mais je voudrais qu'on commençât une étude sérieuse de l'histoire au temps où elle devient véritablement intéressante pour nous : il me semble que c'est vers la fin du quinzième siècle. L'imprimerie, qu'on inventa en ce temps-là, commence à la rendre moins incertaine. L'Europe change de face ; les Turcs, qui s'y répandent, chassent les belles-lettres de Constantinople ; elles fleurissent en Italie ; elles s'établissent en France ; elles vont polir l'Angleterre, l'Allemagne, et le Septentrion. Une nouvelle religion sépare la moitié de l'Europe de l'obédience du pape. Un nouveau système de politique s'établit ; on fait, avec le secours de la boussole, le tour de l'Afrique ; et on commerce avec la Chine plus aisément que de Paris à Madrid. L'Amérique est découverte ; on subjugue un nouveau monde, et le nôtre est presque tout changé ; l'Europe chrétienne devient une espèce de république immense, où la balance du pouvoir est établie mieux qu'elle ne le fut en Grèce. Une correspondance perpétuelle en lie toutes les parties, malgré les guerres que l'ambition des rois suscite, et même malgré les guerres de religion, encore plus destructives. Les arts, qui font la gloire des états, sont portés à un point que la Grèce et Rome ne connurent jamais. Voilà l'histoire qu'il faut que tout homme sache ; c'est là qu'on ne trouve ni prédictions chimériques, ni oracles menteurs, ni faux miracles, ni fables insensées : tout y est vrai, aux petits détails près, dont il n'y a que les petits esprits qui se soucient beaucoup. Tout nous regarde, tout est fait pour nous ; l'argent sur lequel nous prenons nos repas, nos meubles, nos besoins, nos plaisirs nouveaux ; tout nous fait souvenir chaque jour que l'Amérique et les Grandes-Indes, et par conséquent toutes les parties du monde entier, sont réunies depuis environ deux siècles et demi par l'industrie de nos pères. Nous ne pouvons faire un pas qui ne nous avertisse du changement qui s'est opéré depuis dans le monde. Ici ce sont cent villes qui obéissaient au pape, et qui sont devenues libres. Là on a fixé pour un temps les priviléges de toute l'Allemagne. Ici se forme la plus belle des républiques dans un terrain que la mer menace chaque jour d'engloutir. L'Angleterre a réuni la vraie liberté avec la royauté ; la Suède l'imite, et le Danemark n'imite point la Suède. Que je voyage en Allemagne, en France, en Espagne, partout je trouve les traces de cette longue querelle qui a subsisté entre les maisons d'Autriche et de Bourbon, unies par tant de traités, qui ont tous produit des guerres funestes. Il n'y a point de particulier en Europe sur la fortune duquel tous ces changements n'aient influé. Il sied bien, après cela, de s'occuper de Salmanasar et de Mardokempad, et de rechercher les anecdotes du Persan Cayamarrat et de Sabaco Métophis! Un homme mûr, qui a des affaires sérieuses, ne répète point les contes de sa nourrice.

NOUVELLES
CONSIDÉRATIONS SUR L'HISTOIRE[1].

Peut-être arrivera-t-il bientôt dans la manière d'écrire l'histoire ce qui est arrivé dans la physique. Les nouvelles découvertes ont fait proscrire les anciens systèmes. On voudra connaître le genre humain dans ce détail intéressant qui fait aujourd'hui la base de la philosophie naturelle.

On commence à respecter très peu l'aventure de Curtius, qui referma un gouffre en se précipitant au fond lui et son cheval. On se moque des boucliers descendus du ciel, et de tous les beaux talismans dont les dieux fesaient présent si libéralement aux hommes, et des vestales qui mettaient un vaisseau à flot avec leur ceinture, et de toute cette foule de sottises célèbres dont les anciens historiens regorgent. On n'est guère plus content que, dans son histoire ancienne, M. Rollin nous parle sérieusement du roi Nabis, qui fesait embrasser sa femme par ceux qui lui appor-

---

[1] Ces *Nouvelles considérations* parurent en 1744, à la suite de *Mérope*, et en 1756, à la suite des *Remarques* qui précèdent : voyez ma note, page 18. B.

taient de l'argent, et qui mettait ceux qui lui en refusaient dans les bras d'une belle poupée toute semblable à la reine, et armée de pointes de fer sous son corps de jupe. On rit quand on voit tant d'auteurs répéter, les uns après les autres, que le fameux Othon, archevêque de Mayence, fut assiégé et mangé par une armée de rats, en 698 ; que des pluies de sang inondèrent la Gascogne en 1017 ; que deux armées de serpents se battirent près de Tournai en 1059. Les prodiges, les prédictions, les épreuves par le feu, etc., sont à présent dans le même rang que les contes d'Hérodote.

Je veux parler ici de l'histoire moderne, dans laquelle on ne trouve ni poupées qui embrassent les courtisans, ni évêques mangés par les rats [1].

On a grand soin de dire quel jour s'est donnée une bataille, et on a raison. On imprime les traités, on décrit la pompe d'un couronnement, la cérémonie de la réception d'une barrette, et même l'entrée d'un ambassadeur dans laquelle on n'oublie ni son suisse ni ses laquais. Il est bon qu'il y ait des archives de tout, afin qu'on puisse les consulter dans le besoin ; et je regarde à présent tous les gros livres comme des dictionnaires. Mais, après avoir lu trois ou quatre mille descriptions de batailles, et la teneur de quelques centaines de traités, j'ai trouvé que je n'étais guère plus instruit au fond. Je n'apprenais là que des événements. Je ne connais pas plus les Français et les Sarrasins par la bataille de Charles Martel, que je ne connais les Tartares et les Turcs par la victoire que

---

[1] Voyez tome XXIII, page 124. B.

Tamerlan remporta sur Bajazet. J'avoue que quand j'ai lu les mémoires du cardinal de Retz et de madame de Motteville, je sais ce que la reine-mère a dit mot pour mot à M. de Jersai ; j'apprends comment le coadjuteur a contribué aux barricades ; je peux me faire un précis des longs discours qu'il tenait à madame de Bouillon : c'est beaucoup pour ma curiosité ; c'est pour mon instruction très peu de chose. Il y a des livres qui m'apprennent les anecdotes vraies ou fausses d'une cour. Quiconque a vu les cours, ou a eu envie de les voir, est aussi avide de ces illustres bagatelles qu'une femme de province aime à savoir les nouvelles de sa petite ville : c'est au fond la même chose et le même mérite. On s'entretenait sous Henri IV des anecdotes de Charles IX. On parlait encore de M. le duc de Bellegarde dans les premières années de Louis XIV. Toutes ces petites miniatures se conservent une génération ou deux, et périssent ensuite pour jamais.

On néglige cependant pour elles des connaissances d'une utilité plus sensible et plus durable. Je voudrais apprendre quelles étaient les forces d'un pays avant une guerre, et si cette guerre les a augmentées ou diminuées. L'Espagne a-t-elle été plus riche avant la conquête du Nouveau-Monde qu'aujourd'hui ? De combien était-elle plus peuplée du temps de Charles-Quint que sous Philippe IV ? Pourquoi Amsterdam contenait-elle à peine vingt mille ames il y a deux cents ans ? pourquoi a-t-elle aujourd'hui deux cent quarante mille habitants ? et comment le sait-on positivement ? De combien l'Angleterre est-elle plus peuplée qu'elle ne l'était sous Henri VIII? Serait-il vrai, ce qu'on dit dans les *Lettres persanes*, que les hommes manquent à la terre, et qu'elle est dépeuplée en comparaison de ce qu'elle était il y a deux mille ans? Rome, il est vrai, avait alors plus de citoyens qu'aujourd'hui. J'avoue qu'Alexandrie et Carthage étaient de grandes villes; mais Paris, Londres, Constantinople, le grand Caire, Amsterdam, Hambourg, n'existaient pas. Il y avait trois cents nations dans les Gaules; mais ces trois cents nations ne valaient la nôtre ni en nombre d'hommes ni en industrie. L'Allemagne était une forêt : elle est couverte de cent villes opulentes. Il semble que l'esprit de critique, lassé de ne persécuter que des particuliers, ait pris pour objet l'univers. On crie toujours que ce monde dégénère; et on veut encore qu'il se dépeuple. Quoi donc! nous faudra-t-il regretter les temps où il n'y avait pas de grand chemin de Bordeaux à Orléans, et où Paris était une petite ville dans laquelle on s'égorgeait? On a beau dire, l'Europe a plus d'hommes qu'alors, et les hommes valent mieux. On pourra savoir dans quelques années combien l'Europe est en effet peuplée; car, dans presque toutes les grandes villes, on rend public le nombre des naissances au bout de l'année, et sur la règle exacte et sûre que vient de donner un Hollandais aussi habile qu'infatigable, on sait le nombre des habitants par celui des naissances. Voilà déjà un des objets de la curiosité de quiconque veut lire l'histoire en citoyen et en philosophe. Il sera bien loin de s'en tenir à cette connaissance; il recherchera quel a été le vice radical et la vertu dominante d'une nation;

pourquoi elle a été puissante ou faible sur la mer ; comment et jusqu'à quel point elle s'est enrichie depuis un siècle ; les registres des exportations peuvent l'apprendre. Il voudra savoir comment les arts, les manufactures, se sont établies ; il suivra leur passage et leur retour d'un pays dans un autre. Les changements dans les mœurs et dans les lois seront enfin son grand objet. On saurait ainsi l'histoire des hommes, au lieu de savoir une faible partie de l'histoire des rois et des cours.

En vain je lis les annales de France ; nos historiens se taisent tous sur ces détails. Aucun n'a eu pour devise, *Homo sum, humani nil a me alienum puto*[1]. Il faudrait donc, me semble, incorporer avec art ces connaissances utiles dans le tissu des événements. Je crois que c'est la seule manière d'écrire l'histoire moderne en vrai politique et en vrai philosophe. Traiter l'histoire ancienne, c'est compiler, me semble, quelques vérités avec mille mensonges. Cette histoire n'est peut-être utile que de la même manière dont l'est la fable ; par de grands événements qui font le sujet perpétuel de nos tableaux, de nos poëmes, de nos conversations, et dont on tire des traits de morale. Il faut savoir les exploits d'Alexandre, comme on sait les travaux d'Hercule. Enfin cette histoire ancienne me paraît, à l'égard de la moderne, ce que sont les vieilles médailles en comparaison des monnaies courantes ; les premières restent dans les cabinets ; les secondes circulent dans l'univers pour le commerce des hommes.

Mais, pour entreprendre un tel ouvrage, il faut des

---

[1] Térence, *Heautontimorumenos*, I, 1. B.

hommes qui connaissent autre chose que les livres; il faut qu'ils soient encouragés par le gouvernement, autant au moins pour ce qu'ils feront, que le furent les Boileau, les Racine, les Valincour, pour ce qu'ils ne firent point; et qu'on ne dise pas d'eux ce que disait de ces messieurs un commis du trésor royal, homme d'esprit : « Nous n'avons vu encore d'eux que leurs « signatures. »

AVIS IMPORTANT

SUR

L'HISTOIRE DE CHARLES XII[1].

On se croit obligé, par respect pour le public et pour la vérité, de mettre au jour un témoignage irrécusable qui apprendra quelle foi on doit ajouter à l'*Histoire de Charles XII*.

Il n'y a pas long-temps que le roi de Pologne, duc de Lorraine, se fesait relire cet ouvrage à Commerci; il fut si frappé de la vérité de tant de faits dont il avait été le témoin, et si indigné de la hardiesse avec laquelle on les a combattus dans quelques libelles et dans quelques journaux, qu'il voulut fortifier par le sceau de son témoignage la créance que mérite l'historien; et que, ne pouvant écrire lui-même, il ordonna à un de ses grands officiers de dresser l'acte suivant[a] :

« Nous, lieutenant-général des armées du roi, « grand maréchal des logis de sa majesté polonaise,

---

[1] Cet *Avis important*, et l'*Autre avis* qui le suit, sont dans l'édition in-4 de 1768. B.

[a] On est obligé de le faire imprimer; on a pris seulement la liberté d'épargner aux yeux du lecteur quelques termes trop honorables : on sent assez qu'on ne les doit qu'à l'indulgence et à la bonté, et on se réduit uniquement au témoignage donné en faveur de la vérité.

« et commandant en Touľois, les deux Barrois, etc.,
« certifions que sa majesté polonaise, après avoir en-
« tendu la lecture de l'*Histoire de Charles XII*, écrite
« par M. de Voltaire (dernière édition de Genève),
« après avoir loué le style..... de cette histoire, et avoir
« admiré ces traits....... qui caractérisent tous les ou-
« vrages de cet illustre autéur, nous a fait l'honneur
« de nous dire qu'il était prêt à donner un certificat à
« M. de Voltaire, pour constater l'exacte vérité des
« faits contenus dans cette histoire. Ce prince a ajouté
« que M. de Voltaire n'a oublié ni déplacé aucun fait,
« aucune circonstance intéressante; que tout est vrai,
« que tout est en son ordre dans cette histoire; qu'il
« a parlé sur la Pologne, et sur tous les événements
« qui y sont arrivés, etc., comme s'il en eût été témoin
« oculaire. Certifions, de plus, que ce prince nous a
« ordonné d'écrire sur-le-champ à M. de Voltaire pour
« lui rendre compte de ce que nous venions d'entendre,
« et l'assurer de son estime et de son amitié.

« Le vif intérêt que nous prenons à la gloire de
« M. de Voltaire, et celui que tout honnête homme
« doit avoir pour ce qui constate la vérité des faits
« dans les histoires contemporaines, nous a pressé de
« demander au roi de Pologne la permission d'envoyer
« à M. de Voltaire un certificat en forme de tout ce
« que sa majesté nous avait fait l'honneur de nous dire.
« Le roi de Pologne non seulement y a consenti, mais
« même nous a ordonné de l'envoyer avec prière à

« M. de Voltaire d'en faire usage toutes les fois qu'il le
« jugera à propos, soit en le communiquant, soit en
« le fesant imprimer, etc. »

Fait à Commerci, ce 11 juillet 1759.

LE COMTE DE TRESSAN[1].

AUTRE AVIS.

Le P. Barre de Sainte-Geneviève, auteur d'une *Histoire d'Allemagne*, a mis dans différents endroits de son ouvrage plus de deux cents pages qui se trouvent dans l'*Histoire de Charles XII* par M. de Voltaire. Quelques critiques n'ont pas manqué d'en conclure que M. de Voltaire était un plagiaire. Il est sûr que l'un des deux l'est; mais les critiques devaient savoir que M. de Voltaire a écrit plus de quinze ans avant le P. Barre[2]. D'ailleurs la différence du style dans tout ce que le P. Barre n'a pas copié est encore une preuve assez sensible. Les éditeurs ont cru devoir indiquer au moins quelques endroits que le P. Barre a copiés.

---

[1] Ce certificat a été imprimé dans l'*Histoire de Pierre I*er*; plusieurs années avant la mort du roi de Pologne. K. — Il avait été imprimé, dès 1759, dans le premier volume de l'*Histoire de l'empire de Russie sous Pierre-le-Grand*. Le roi de Pologne, Stanislas, n'est mort qu'en 1766; le comte de Tressan en 1783. B.

[2] L'*Histoire générale d'Allemagne*, par le P. Barre, ne parut qu'en 1748, c'est-à-dire dix-sept ans après la première édition de l'*Histoire de Charles XII*, par Voltaire. B.

HISTOIRE DE CHARLES XII,

ROI DE SUÈDE.

LIVRE PREMIER.

ARGUMENT.

Histoire abrégée de la Suède jusqu'à Charles XII. Son éducation ; ses ennemis. Caractère du czar Pierre Alexiowitz. Particularités très curieuses sur ce prince et sur la nation russe. La Moscovie, la Pologne, et le Danemark, se réunissent contre Charles XII.

La Suède et la Finlande composent un royaume large d'environ deux cents de nos lieues, et long de trois cents. Il s'étend du midi au nord depuis le cinquante-cinquième degré, ou à peu près, jusqu'au soixante et dixième, sous un climat rigoureux, qui n'a presque ni printemps, ni automne. L'hiver y règne neuf mois de l'année : les chaleurs de l'été succèdent tout-à-coup à un froid excessif ; et il y gèle dès le mois d'octobre, sans aucune de ces gradations insensibles qui amènent ailleurs les saisons, et en rendent le changement plus doux. La nature, en récompense, a donné à ce climat rude un ciel serein, un air pur. L'été, presque toujours échauffé par le soleil, y produit les fleurs et les fruits en peu de temps. Les longues nuits de l'hiver y sont adoucies par des aurores et des crépuscules qui durent à proportion que le soleil s'éloigne moins de la Suède; et la lumière de la lune, qui n'y est obscurcie par aucun nuage, augmentée encore par le reflet de la neige qui couvre la terre, et très souvent par des feux semblables à la lumière zodiacale, fait qu'on voyage en Suède la nuit comme le jour. Les bestiaux y sont plus petits que dans les pays méridionaux de l'Europe, faute de pâturages. Les hommes y sont grands; la sérénité du ciel les rend sains, la rigueur du climat les fortifie : ils vivent long-temps, quand ils ne s'affaiblissent pas par l'usage immodéré des liqueurs fortes et des vins, que les nations septentrionales semblent aimer d'autant plus que la nature les leur a refusés.

Les Suédois sont bien faits, robustes, agiles, capables de soutenir les plus grands travaux, la faim et la misère; nés guerriers, pleins de fierté, plus braves qu'industrieux, ayant long-temps négligé et cultivant mal aujourd'hui le commerce, qui seul pourrait leur donner ce qui manque à leur pays. On dit que c'est principalement de la Suède, dont une partie se nomme encore Gothie, que se débordèrent ces multitudes de Goths qui inondèrent l'Europe, et l'arrachèrent à l'empire romain, qui en avait été cinq cents années l'usurpateur, le législateur, et le tyran.

Les pays septentrionaux étaient alors beaucoup plus peuplés qu'ils ne le sont de nos jours, parceque la religion laissait aux habitants la liberté de donner plus de citoyens à l'état par la pluralité de leurs femmes ; que ces femmes elles-mêmes ne connaissaient d'opprobre que la stérilité et l'oisiveté, et qu'aussi laborieuses et aussi robustes que les hommes, elles en étaient plus tôt et plus long-temps fécondes. Mais la Suède, avec ce qui lui reste aujourd'hui de la Finlande, n'a pas plus de quatre millions d'habitants. Le pays est stérile et pauvre. La Scanie est sa seule province qui porte du froment. Il n'y a pas plus de neuf millions de nos livres en argent monnayé dans tout le pays. La banque publique, qui est la plus ancienne de l'Europe, y fut introduite par nécessité, parceque les paiements se fesant en monnaie de cuivre et de fer, le transport était trop difficile.

La Suède fut toujours libre jusqu'au milieu du quatorzième siècle. Dans ce long espace de temps, le gouvernement changea plus d'une fois ; mais toutes les innovations furent en faveur de la liberté. Leur premier magistrat eut le nom de roi, titre qui, en différents pays, se donne à des puissances bien différentes ; car en France, en Espagne, il signifie un homme absolu, et en Pologne, en Suède, en Angleterre, l'homme de la république [1]. Ce roi ne pouvait rien sans le sénat ; et le sénat dépendait des états-généraux, que l'on convoquait souvent. Les représentants de la nation, dans ces grandes assemblées,

---

[1] De cette phrase, qui n'est plus juste en ce qui regarde la France, l'auteur avait, à quelques mots près, formé, en 1739, une note sur la huitième des *Lettres philosophiques* : voyez tome XXXVII, pages 148-149. B.

étaient les gentilshommes, les évêques, les députés des villes; avec le temps on y admit les paysans mêmes, portion du peuple injustement méprisée ailleurs, et esclave dans presque tout le Nord.

Environ l'an 1492, cette nation, si jalouse de sa liberté, et qui est encore fière aujourd'hui d'avoir subjugué Rome, il y a treize siècles[1], fut mise sous le joug par une femme et par un peuple moins puissant que les Suédois.

Marguerite de Valdemar, la Sémiramis du Nord, reine de Danemark et de Norvége, conquit la Suède par force et par adresse, et fit un seul royaume de ces trois vastes états. Après sa mort, la Suède fut déchirée par des guerres civiles : elle secoua le joug des Danois, elle le reprit; elle eut des rois, elle eut des administrateurs. Deux tyrans l'opprimèrent d'une manière horrible vers l'an 1520 : l'un était Christiern II, roi de Danemark, monstre formé de vices sans aucune vertu[2]; l'autre, un archevêque d'Upsal[3], primat du royaume, aussi barbare que Christiern. Tous deux de concert firent saisir un jour les consuls, les magistrats de Stockholm, avec quatre-vingt-quatorze sénateurs, et les firent massacrer par des bourreaux, sous prétexte qu'ils étaient excommuniés par le pape, pour avoir défendu les droits de l'état contre l'archevêque[4].

Tandis que ces deux hommes, ligués pour opprimer, désunis quand il fallait partager les dépouilles,

---

[1] Rome fut prise par Alaric, en 409. B.
[2] Voyez tome XVII, pages 153-58. B. — [3] Troll. B.
[4] Voyez tome XVII, pages 261-62. B.

exerçaient ce que le despotisme a de plus tyrannique, et ce que la vengeance a de plus cruel, un nouvel événement changea la face du Nord.

Gustave Vasa, jeune homme descendu des anciens rois du pays, sortit du fond des forêts de la Dalécarlie où il était caché, et vint délivrer la Suède. C'était une de ces grandes ames que la nature forme si rarement, avec toutes les qualités nécessaires pour commander aux hommes. Sa taille avantageuse et son grand air lui fesaient des partisans dès qu'il se montrait. Son éloquence, à qui sa bonne mine donnait de la force, était d'autant plus persuasive qu'elle était sans art : son génie formait de ces entreprises que le vulgaire croit téméraires, et qui ne sont que hardies aux yeux des grands hommes; son courage infatigable les fesait réussir. Il était intrépide avec prudence, d'un naturel doux dans un siècle féroce, vertueux enfin, à ce que l'on dit, autant qu'un chef de parti peut l'être.

Gustave Vasa avait été otage de Christiern, et retenu prisonnier contre le droit des gens. Échappé de sa prison, il avait erré, déguisé en paysan, dans les montagnes et dans les bois de la Dalécarlie. Là, il s'était vu réduit à la nécessité de travailler aux mines de cuivre, pour vivre et pour se cacher. Enseveli dans ces souterrains, il osa songer à détrôner le tyran. Il se découvrit aux paysans; il leur parut un homme d'une nature supérieure, pour qui les hommes ordinaires croient sentir une soumission naturelle. Il fit en peu de temps de ces sauvages des soldats aguerris. Il attaqua Christiern et l'archevêque, les vainquit souvent, les chassa tous deux de la Suède, et fut élu avec justice, par les états, roi du pays dont il était le libérateur.

A peine affermi sur le trône, il tenta une entreprise plus difficile que des conquêtes. Les véritables tyrans de l'état étaient les évêques, qui, ayant presque toutes les richesses de la Suède, s'en servaient pour opprimer les sujets, et pour faire la guerre aux rois. Cette puissance était d'autant plus terrible, que l'ignorance des peuples l'avait rendue sacrée. Il punit la religion catholique des attentats de ses ministres. En moins de deux ans, il rendit la Suède luthérienne, par la supériorité de sa politique plus encore que par autorité. Ayant ainsi conquis ce royaume, comme il le disait, sur les Danois et sur le clergé, il régna heureux et absolu jusqu'à l'âge de soixante et dix ans, et mourut plein de gloire, laissant sur le trône sa famille et sa religion.

L'un de ses descendants fut ce Gustave-Adolphe, qu'on nomme le *grand Gustave.* Ce roi conquit l'Ingrie, la Livonie, Brême, Verden, Vismar, la Poméranie, sans compter plus de cent places en Allemagne, rendues par la Suède après sa mort. Il ébranla le trône de Ferdinand II. Il protégea les luthériens en Allemagne, secondé en cela par les intrigues de Rome même, qui craignait encore plus la puissance de l'empereur que celle de l'hérésie. Ce fut lui qui, par ses victoires, contribua alors en effet à l'abaissement de la maison d'Autriche; entreprise dont on attribue toute la gloire au cardinal de Richelieu, qui savait l'art de se faire une réputation, tandis que Gustave se bornait à faire de grandes choses. Il allait porter la guerre au-delà du Danube, et peut-être détrôner l'empereur, lorsqu'il fut tué, à l'âge de trente-sept ans, dans la bataille de Lutzen [1], qu'il gagna contre Valstein, emportant dans le tombeau le nom de *Grand*, les regrets du Nord, et l'estime de ses ennemis.

Sa fille Christine, née avec un génie rare, aima mieux converser avec des savants que de régner sur un peuple qui ne connaissait que les armes. Elle se rendit aussi illustre en quittant le trône, que ses ancêtres l'étaient pour l'avoir conquis ou affermi. Les protestants l'ont déchirée, comme si on ne pouvait pas avoir de grandes vertus sans croire à Luther; et les papes triomphèrent trop de la conversion d'une femme qui n'était que philosophe [2]. Elle se retira à Rome, où elle passa le reste de ses jours dans le centre des arts qu'elle aimait, et pour lesquels elle avait renoncé à un empire à l'âge de vingt-sept ans.

Avant d'abdiquer, elle engagea les états de la Suède à élire en sa place son cousin Charles-Gustave, dixième de ce nom, fils du comte palatin, duc de Deux-Ponts. Ce roi ajouta de nouvelles conquêtes à celles de Gustave-Adolphe : il porta d'abord ses armes en Pologne, où il gagna la célèbre bataille de Varsovie, qui dura trois jours. Il fit long-temps la guerre heureusement contre les Danois, assiégea leur capitale, réunit la Scanie à la Suède, et fit assurer, du moins pour un

---

[1] 16 novembre 1632 : voyez tome XVIII, page 228. B.

[2] Voltaire parla plus tard avec moins de réserve de Christine; voyez, tome XIX, le chap. VI du *Siècle de Louis XIV*; et ma note, tome XXIII, page 598. B.

temps, la possession de Slesvick au duc de Hosltein. Ensuite, ayant éprouvé des revers et fait la paix avec ses ennemis, il tourna son ambition contre ses sujets. Il conçut le dessein d'établir en Suède la puissance arbitraire; mais il mourut[1] à l'âge de trente-sept ans, comme le grand Gustave, avant d'avoir pu achever cet ouvrage du despotisme, que son fils Charles XI éleva jusqu'au comble.

Charles XI, guerrier comme tous ses ancêtres, fut plus absolu qu'eux. Il abolit l'autorité du sénat, qui fut déclaré le sénat du roi, et non du royaume. Il était frugal, vigilant, laborieux, tel qu'on l'eût aimé, si son despotisme n'eût réduit les sentiments de ses sujets pour lui à celui de la crainte.

Il épousa, en 1680, Ulrique-Éléonore, fille de Frédéric III, roi de Danemark, princesse vertueuse et digne de plus de confiance que son époux ne lui en témoigna. De ce mariage, naquit, le 27 de juin 1682, le roi Charles XII, l'homme le plus extraordinaire peut-être qui ait jamais été sur la terre, qui a réuni en lui toutes les grandes qualités de ses aïeux, et qui n'a eu d'autre défaut ni d'autre malheur que de les avoir toutes outrées. C'est lui dont on se propose ici d'écrire ce qu'on a appris de certain touchant sa personne et ses actions.

Le premier livre qu'on lui fit lire fut l'ouvrage de Samuel Puffendorf[2], afin qu'il pût connaître de bonne heure ses états et ceux de ses voisins. Il apprit d'abord

---

[1] Le 23 février 1660. B.

[2] L'ouvrage de Puffendorf, écrit en latin, traite *Du droit de la nature et des gens*. Il a été traduit en français par Barbeyrac. B.

l'allemand, qu'il parla toujours depuis aussi bien que sa langue maternelle. A l'âge de sept ans, il savait manier un cheval. Les exercices violents où il se plaisait, et qui découvraient ses inclinations martiales, lui formèrent de bonne heure une constitution vigoureuse, capable de soutenir les fatigues où le portait son tempérament.

Quoique doux dans son enfance, il avait une opiniâtreté insurmontable; le seul moyen de le plier était de le piquer d'honneur : avec le mot de gloire on obtenait tout de lui. Il avait de l'aversion pour le latin ; mais dès qu'on lui eut dit que le roi de Pologne et le roi de Danemark l'entendaient, il l'apprit bien vite, et en retint assez pour le parler le reste de sa vie. On s'y prit de la même manière pour l'engager à entendre le français; mais il s'obstina tant qu'il vécut à ne jamais s'en servir, même avec des ambassadeurs français qui ne savaient point d'autre langue.

Dès qu'il eut quelque connaissance de la langue latine, on lui fit traduire Quinte-Curce : il prit pour ce livre un goût que le sujet lui inspirait beaucoup plus encore que le style. Celui qui lui expliquait cet auteur lui ayant demandé ce qu'il pensait d'Alexandre : « Je « pense, dit le prince, que je voudrais lui ressembler. « — Mais, lui dit-on, il n'a vécu que trente-deux ans. « — Ah! reprit-il, n'est-ce pas assez quand on a con- « quis des royaumes ? » On ne manqua pas de rapporter ces réponses au roi son père, qui s'écria : « Voilà « un enfant qui vaudra mieux que moi, et qui ira plus « loin que le grand Gustave. » Un jour il s'amusait dans l'appartement du roi à regarder deux cartes géographiques, l'une d'une ville de Hongrie prise par les Turcs sur l'empereur, et l'autre de Riga, capitale de la Livonie, province conquise par les Suédois depuis un siècle. Au bas de la carte de la ville hongroise, il y avait ces mots tirés du livre de Job : « Dieu me l'a « donnée, Dieu me l'a ôtée; le nom du Seigneur soit « béni. » Le jeune prince ayant lu ces paroles, prit sur-le-champ un crayon, et écrivit au bas de la carte de Riga : « Dieu me l'a donnée, le diable ne me l'ôtera « pas[a]. » Ainsi, dans les actions les plus indifférentes de son enfance, ce naturel indomptable laissait souvent échapper de ces traits qui caractérisent les ames singulières, et qui marquaient ce qu'il devait être un jour.

Il avait onze ans lorsqu'il perdit sa mère. Cette princesse mourut en 1693, le 5 août, d'une maladie causée, dit-on, par les chagrins que lui donnait son mari, et par les efforts qu'elle fesait pour les dissimuler[b]. Charles XI avait dépouillé de leurs biens un grand nombre de ses sujets par le moyen d'une espèce de cour de justice nommée la chambre des liquidations, établie de son autorité seule. Une foule de citoyens ruinés par cette chambre, nobles, marchands, fermiers, veuves, orphelins, remplissaient les rues de Stockholm, et venaient tous les jours à la porte du palais pousser des cris inutiles. La reine secourut ces malheureux de tout ce qu'elle avait : elle leur donna son argent, ses pierreries, ses meubles, ses habits

---

[a] Deux ambassadeurs de France en Suède m'ont conté ce fait.
[b] Le P. Barre, génovéfain, a copié tout cet article dans son *Histoire d'Allemagne*, tome VII, et il l'applique à un comte de Virtemberg.

même. Quand elle n'eut plus rien à leur donner, elle se jeta en larmes aux pieds de son mari pour le prier d'avoir compassion de ses sujets. Le roi lui répondit gravement : « Madame, nous vous avons prise pour « nous donner des enfants, et non pour nous donner « des avis. » Depuis ce temps il la traita, dit-on, avec une dureté qui avança ses jours.

Il mourut quatre ans après elle, le 15 avril 1697, dans la cinquante-deuxième [1] année de son âge, et dans la trente-septième de son règne, lorsque l'Empire, l'Espagne, la Hollande, d'un côté, et la France de l'autre, venaient de remettre la décision de leurs querelles à sa médiation, et qu'il avait déjà entamé l'ouvrage de la paix entre ces puissances.

Il laissa à son fils, âgé de quinze ans, un trône affermi et respecté au-dehors, des sujets pauvres, mais belliqueux et soumis, avec des finances en bon ordre, ménagées par des ministres habiles.

Charles XII, à son avénement, non seulement se trouva maître absolu et paisible de la Suède et de la Finlande, mais il régnait encore sur la Livonie, la Carélie, l'Ingrie ; il possédait Vismar, Vibourg, les îles de Rugen, d'Oesel, et la plus belle partie de la Poméranie, le duché de Brême et de Verden ; toutes conquêtes de ses ancêtres, assurées à sa couronne par une longue possession et par la foi des traités solennels de Munster et d'Oliva, soutenus de la terreur des armes suédoises. La paix de Rysvick, commencée sous les

---

[1] Toutes les éditions, même du vivant de l'auteur, portent, *quarante-deuxième*. Charles XI étant né en 1645, suivant l'*Art de vérifier les dates*, et mort en 1697, j'ai fait la correction nécessaire. B.

auspices du père, fut conclue sous ceux du fils : il fut le médiateur de l'Europe dès qu'il commença à régner.

Les lois suédoises fixent la majorité des rois à quinze ans : mais Charles XI, absolu en tout, retarda, par son testament, celle de son fils jusqu'à dix-huit. Il favorisait, par cette disposition, les vues ambitieuses de sa mère, Edwige-Éléonore de Holstein, veuve de Charles X. Cette princesse fut déclarée, par le roi son fils, tutrice du jeune roi son petit-fils, et régente du royaume, conjointement avec un conseil de cinq personnes.

La régente avait eu part aux affaires sous le règne du roi son fils. Elle était avancée en âge; mais son ambition, plus grande que ses forces et que son génie, lui fesait espérer de jouir long-temps des douceurs de l'autorité sous le roi son petit-fils. Elle l'éloignait autant qu'elle pouvait des affaires. Le jeune prince passait son temps à la chasse, ou s'occupait à faire la revue des troupes : il fesait même quelquefois l'exercice avec elles; ces amusements ne semblaient que l'effet naturel de la vivacité de son âge. Il ne paraissait dans sa conduite aucun dégoût qui pût alarmer la régente; et cette princesse se flattait que les dissipations de ces exercices le rendraient incapable d'application, et qu'elle en gouvernerait plus long-temps.

Un jour, au mois de novembre, la même année de la mort de son père, il venait de faire la revue de plusieurs régiments : le conseiller d'état Piper était auprès de lui ; le roi paraissait abîmé dans une rêverie profonde. « Puis-je prendre la liberté, lui dit Piper, de
« demander à votre majesté à quoi elle songe si sé-

« rieusement?—Je songe, répondit le prince, que je
« me sens digne de commander à ces braves gens : et
« je voudrais que ni eux ni moi ne reçussions l'ordre
« d'une femme. » Piper saisit dans le moment l'occasion de faire une grande fortune. Il n'avait pas assez
de crédit pour oser se charger lui-même de l'entreprise dangereuse d'ôter la régence à la reine, et d'avancer la majorité du roi; il proposa cette négociation
au comte Axel Sparre, homme ardent, et qui cherchait à se donner de la considération : il le flatta de la
confiance du roi. Sparre le crut, se chargea de tout,
et ne travailla que pour Piper. Les conseillers de la
régence furent bientôt persuadés. C'était à qui précipiterait l'exécution de ce dessein pour s'en faire un
mérite auprès du roi.

Ils allèrent en corps en faire la proposition à la
reine, qui ne s'attendait pas à une pareille déclaration.
Les états-généraux étaient assemblés alors. Les conseillers de la régence y proposèrent l'affaire : il n'y
eut pas une voix contre : la chose fut emportée d'une
rapidité que rien ne pouvait arrêter ; de sorte que
Charles XII souhaita de régner, et en trois jours les
états lui déférèrent le gouvernement. Le pouvoir de
la reine et son crédit tombèrent en un instant. Elle
mena depuis une vie privée, plus sortable à son âge,
quoique moins à son humeur. Le roi fut couronné le
24 décembre suivant. Il fit son entrée dans Stockholm
sur un cheval alezan, ferré d'argent, ayant le sceptre
à la main et la couronne en tête, aux acclamations de
tout un peuple, idolâtre de ce qui est nouveau, et conce-

vant toujours de grandes espérances d'un jeune prince.

L'archevêque d'Upsal est en possession de faire la cérémonie du sacre et du couronnement : c'est, de tant de droits que ses prédécesseurs s'étaient arrogés, presque le seul qui lui reste. Après avoir, selon l'usage, donné l'onction au prince, il tenait entre ses mains la couronne pour la lui remettre sur la tête; Charles l'arracha des mains de l'archevêque, et se couronna lui-même en regardant fièrement le prélat. La multitude, à qui tout air de grandeur impose toujours, applaudit à l'action du roi. Ceux même qui avaient le plus gémi sous le despotisme du père se laissèrent entraîner à louer dans le fils cette fierté qui était l'augure de leur servitude.

Dès que Charles fut maître, il donna sa confiance et le maniement des affaires au conseiller Piper, qui fut bientôt son premier ministre sans en avoir le nom. Peu de jours après il le fit comte; ce qui est une qualité éminente en Suède, et non un vain titre qu'on puisse prendre sans conséquence comme en France.

Les premiers temps de l'administration du roi ne donnèrent point de lui des idées favorables : il parut qu'il avait été plus impatient que digne de régner. Il n'avait, à la vérité, aucune passion dangereuse; mais on ne voyait dans sa conduite que des emportements de jeunesse et de l'opiniâtreté. Il paraissait inappliqué et hautain. Les ambassadeurs qui étaient à sa cour le prirent même pour un génie médiocre, et le peignirent tel à leurs maîtres[a]. La Suède avait de lui la même

---

[a] Les lettres originales en font foi.

opinion; personne ne connaissait son caractère; il l'ignorait lui-même, lorsque des orages formés tout-à-coup dans le Nord donnèrent à ses talents cachés occasion de se déployer.

Trois puissants princes, voulant se prévaloir de son extrême jeunesse, conspirèrent sa ruine presque en même temps. Le premier fut Frédéric IV, roi de Danemark, son cousin; le second, Auguste [1], électeur de Saxe, roi de Pologne; Pierre-le-Grand, czar de Moscovie, était le troisième et le plus dangereux. Il faut développer l'origine de ces guerres, qui ont produit de si grands événements, et commencer par le Danemark.

De deux sœurs qu'avait Charles XII, l'aînée avait épousé le duc de Holstein, jeune prince plein de bravoure et de douceur. Le duc, opprimé par le roi de Danemark, vint à Stockholm avec son épouse se jeter entre les bras du roi, et lui demander du secours, non seulement comme à son beau-frère, mais comme au roi d'une nation qui a pour les Danois une haine irréconciliable.

L'ancienne maison de Holstein, fondue dans celle d'Oldenbourg, était montée sur le trône de Danemark par élection en 1449. Tous les royaumes du Nord étaient alors électifs. Celui de Danemark devint bientôt héréditaire. Un de ses rois, nommé Christiern III, eut pour son frère Adolphe une tendresse ou des ménagements dont on ne trouve guère d'exemple chez les princes. Il ne voulait point le laisser sans souve-

---

[1] Voyez ma note, tome XXIII, page 27. B.

raineté, mais il ne pouvait démembrer ses propres états. Il partagea avec lui, par un accord bizarre, les duchés de Holstein-Gottorp et de Slesvick, établissant que les descendants d'Adolphe gouverneraient désormais le Holstein conjointement avec les rois de Danemark; que ces deux duchés leur appartiendraient en commun, et que le roi de Danemark ne pourrait rien innover dans le Holstein sans le duc, ni le duc sans le roi. Une union si étrange, dont pourtant il y avait déjà eu un exemple dans la même maison pendant quelques années, était, depuis près de quatre-vingts ans, une source de querelles entre la branche de Danemark et celle de Holstein-Gottorp; les rois cherchant toujours à opprimer les ducs, et les ducs à être indépendants. Il en avait coûté la liberté et la souveraineté au dernier duc. Il avait recouvré l'une et l'autre aux conférences d'Altena, en 1689, par l'entremise de la Suède, de l'Angleterre, et de la Hollande, garants de l'exécution du traité. Mais comme un traité entre les souverains n'est souvent qu'une soumission à la nécessité jusqu'à ce que le plus fort puisse accabler le plus faible, la querelle renaissait plus envenimée que jamais entre le nouveau roi de Danemark et le jeune duc. Tandis que le duc était à Stockholm, les Danois fesaient déjà des actes d'hostilité dans le pays de Holstein, et se liguaient secrètement avec le roi de Pologne pour accabler le roi de Suède lui-même.

Frédéric-Auguste, électeur de Saxe, que ni l'éloquence et les négociations de l'abbé de Polignac, ni les grandes qualités du prince de Conti, son concurrent au trône, n'avaient pu empêcher d'être élu depuis deux ans roi de Pologne, était un prince moins connu encore par sa force de corps incroyable que par sa bravoure et la galanterie de son esprit. Sa cour était la plus brillante de l'Europe après celle de Louis XIV. Jamais prince ne fut plus généreux, ne donna plus, n'accompagna ses dons de tant de grace. Il avait acheté la moitié des suffrages de la noblesse polonaise, et forcé l'autre par l'approche d'une armée saxonne. Il crut avoir besoin de ses troupes pour se mieux affermir sur le trône, mais il fallait un prétexte pour les retenir en Pologne. Il les destina à attaquer le roi de Suède en Livonie, à l'occasion que l'on va rapporter.

La Livonie, la plus belle et la plus fertile province du Nord, avait appartenu autrefois aux chevaliers de l'ordre teutonique. Les Russes, les Polonais, et les Suédois, s'en étaient disputé la possession. La Suède l'avait enlevée depuis près de cent années, et elle lui avait été enfin cédée solennellement par la paix d'Oliva.

[a] Le feu roi Charles XI, dans ses sévérités pour ses sujets, n'avait pas épargné les Livoniens. Il les avait dépouillés de leurs priviléges et d'une partie de leurs patrimoines. Patkul, malheureusement célèbre depuis par sa mort tragique, fut député de la noblesse livonienne pour porter au trône les plaintes de la province. Il fit à son maître une harangue respectueuse, mais forte et pleine de cette éloquence mâle que donne la calamité quand elle est jointe à la hardiesse. Mais

---

[a] Tout cet article se trouve presque mot pour mot au tome X du P. Barre.

les rois ne regardent trop souvent ces harangues publiques que comme des cérémonies vaines qu'il est d'usage de souffrir, sans y faire attention. Toutefois Charles XI, dissimulé quand il ne se livrait pas aux emportements de sa colère, frappa doucement sur l'épaule de Patkul : « Vous avez parlé pour votre patrie « en brave homme, lui dit-il, je vous en estime ; con- « tinuez. » Mais peu de jours après il le fit déclarer coupable de lèse-majesté, et comme tel, condamner à la mort. Patkul, qui s'était caché, prit la fuite. Il porta dans la Pologne ses ressentiments. Il fut admis depuis devant le roi Auguste. Charles XI était mort ; mais la sentence de Patkul et son indignation subsistaient. Il représenta au monarque polonais la facilité de la conquête de la Livonie ; des peuples désespérés, prêts à secouer le joug de la Suède ; un roi enfant, incapable de se défendre. Ces sollicitations furent bien reçues d'un prince déjà tenté de cette conquête. Auguste, à son couronnement, avait promis de faire ses efforts pour recouvrer les provinces que la Pologne avait perdues. Il crut, par son irruption en Livonie, plaire à la république, et affermir son pouvoir ; mais il se trompa dans ces deux idées, qui paraissaient si vraisemblables. Tout fut prêt bientôt pour une invasion soudaine, sans même daigner recourir d'abord à la vaine formalité des déclarations de guerre et des manifestes. Le nuage grossissait en même temps du côté de la Moscovie. Le monarque qui la gouvernait mérite l'attention de la postérité[1].

---

[1] Ce n'est que trente ans après son *Histoire de Charles XII,* que Voltaire a écrit son *Histoire de Pierre-le-Grand.* B.

Pierre Alexiowitz, czar de Russie, s'était déjà rendu redoutable par la bataille qu'il avait gagnée sur les Turcs en 1697, et par la prise d'Azof, qui lui ouvrait l'empire de la mer Noire. Mais c'était par des actions plus étonnantes que des victoires qu'il cherchait le nom de *grand*. La Moscovie, ou Russie, embrasse le nord de l'Asie et celui de l'Europe, et, depuis les frontières de la Chine, s'étend l'espace de quinze cents lieues jusqu'aux confins de la Pologne et de la Suède. Mais ce pays immense était à peine connu de l'Europe avant le czar Pierre. Les Moscovites étaient moins civilisés que les Mexicains quand ils furent découverts par Cortès; nés tous esclaves de maîtres aussi barbares qu'eux, ils croupissaient dans l'ignorance, dans le besoin de tous les arts, et dans l'insensibilité de ces besoins qui étouffait toute industrie. Une ancienne loi, sacrée parmi eux, leur défendait, sous peine de mort, de sortir de leur pays sans la permission de leur patriarche. Cette loi, faite pour leur ôter les occasions de connaître leur joug, plaisait à une nation qui, dans l'abîme de son ignorance et de sa misère, dédaignait tout commerce avec les nations étrangères.

L'ère des Moscovites commençait à la création du monde; ils comptaient 7207 ans au commencement du siècle passé [1], sans pouvoir rendre raison de cette date. Le premier jour de leur année revenait au 13 de notre mois de septembre. Ils alléguaient, pour raison de cet établissement, qu'il était vraisemblable que Dieu avait créé le monde en automne, dans la saison

---

[1] Voltaire écrivait dans le dix-huitième siècle. Le *siècle passé* signifie donc ici le dix-septième siècle. B.

4.

où les fruits de la terre sont dans leur maturité. Ainsi, les seules apparences de connaissances qu'ils eussent, étaient des erreurs grossières : personne ne se doutait parmi eux que l'automne de Moscovie pût être le printemps d'un autre pays dans les climats opposés. Il n'y avait pas long-temps que le peuple avait voulu brûler à Moscou le secrétaire d'un ambassadeur de Perse, qui avait prédit une éclipse de soleil. Ils ignoraient jusqu'à l'usage des chiffres; ils se servaient, pour leurs calculs, de petites boules enfilées dans des fils d'archal. Il n'y avait pas d'autre manière de compter dans tous les bureaux de recettes et dans le trésor du czar.

[a] Leur religion était et est encore celle des chrétiens grecs, mais mêlée de superstitions, auxquelles ils étaient d'autant plus fortement attachés qu'elles étaient plus extravagantes, et que le joug en était plus gênant. Peu de Moscovites osaient manger du pigeon, parceque le Saint-Esprit est peint en forme de colombe. Ils observaient régulièrement quatre carêmes par an; et, dans ces temps d'abstinence, ils n'osaient se nourrir ni d'œufs ni de lait. Dieu et saint Nicolas étaient les objets de leur culte, et immédiatement après eux, le czar et le patriarche. L'autorité de ce dernier était sans bornes, comme leur ignorance. Il rendait des arrêts de mort, et infligeait les supplices les plus cruels, sans qu'on pût appeler de son tribunal. Il se promenait à cheval deux fois l'an, suivi de tout son clergé en cérémonie : le czar, à pied, tenait la bride du cheval; et le peuple se prosternait dans

---

[a] Tout ce morceau est copié mot à mot par le génovéfain Barre, dans son *Histoire d'Allemagne*, tome IX, page 75 et suivantes.

les rues comme les Tartares devant leur grand-lama. La confession était pratiquée; mais ce n'était que dans le cas des plus grands crimes : alors l'absolution leur paraissait nécessaire, mais non le repentir. Ils se croyaient purs devant Dieu avec la bénédiction de leurs papas. Ainsi ils passaient sans remords de la confession au vol et à l'homicide; et ce qui est un frein pour d'autres chrétiens était chez eux un encouragement à l'iniquité. Ils fesaient scrupule de boire du lait un jour de jeûne; mais les pères de famille, les prêtres, les femmes, les filles, s'enivraient d'eau-de-vie les jours de fête. On disputait cependant sur la religion en ce pays comme ailleurs; la plus grande querelle était pour savoir si les laïques devaient faire le signe de la croix avec deux doigts ou avec trois. Un certain Jacob Nursuff, sous le précédent règne, avait excité une sédition dans Astracan au sujet de cette dispute. Il y avait même des fanatiques, comme parmi ces nations policées chez qui tout le monde est théologien; et Pierre, qui poussa toujours la justice jusqu'à la cruauté, fit périr par le feu quelques uns de ces misérables qu'on nommait *vosko-jésuites*.

Le czar, dans son vaste empire, avait beaucoup d'autres sujets qui n'étaient pas chrétiens. Les Tartares, qui habitent le bord occidental de la mer Caspienne et des Palus-Méotides, sont mahométans. Les Sibériens, les Ostiaques, les Samoïèdes, qui sont vers la mer Glaciale, étaient des sauvages, dont les uns étaient idolâtres, les autres n'avaient pas même la connaissance d'un dieu : et cependant les Suédois envoyés prisonniers parmi eux ont été plus contents de leurs mœurs que de celles des anciens Moscovites.

Pierre Alexiowitz avait reçu une éducation qui tendait à augmenter encore la barbarie de cette partie du monde. Son naturel lui fit d'abord aimer les étrangers, avant qu'il sût à quel point ils pouvaient lui être utiles. Le Fort, comme on l'a déjà dit[1], fut le premier instrument dont il se servit pour changer depuis la face de la Moscovie. Son puissant génie, qu'une éducation barbare avait retenu et n'avait pu détruire, se développa presque tout-à-coup. Il résolut d'être homme, de commander à des hommes, et de créer une nation nouvelle. Plusieurs princes avaient avant lui renoncé à des couronnes par dégoût pour le poids des affaires; mais aucun n'avait cessé d'être roi pour apprendre mieux à régner; c'est ce que fit Pierre-le-Grand.

Il quitta la Russie en 1698, n'ayant encore régné que deux années, et alla en Hollande, déguisé sous un nom vulgaire, comme s'il avait été un domestique de ce même Le Fort, qu'il envoyait ambassadeur extraordinaire auprès des états-généraux. Arrivé à Am-

---

[1] Dans les éditions de 1731 à 1746 inclusivement, on lisait : « Le hasard « voulut que le fils d'un Français réfugié à Genève, nommé Le Fort, vint « chercher de l'emploi dans les troupes moscovites, etc. » Tout le reste du passage a aussi été changé. Dans l'édition de 1748, Voltaire mit : « Un jeune « Genevois, nommé Le Fort, d'une ancienne famille de Genève, fils d'un « marchand droguiste, fut le premier instrument, etc. » C'est ce que porte encore l'édition de 1751. Mais l'édition de Dresde, 1752, contient la version actuelle : « Le Fort, comme on l'a déjà dit, fut, etc. » C'est dans ses *Anecdotes sur le czar Pierre-le-Grand*, publiées en 1748 (voyez t. XXXIX), que Voltaire avait déjà parlé de Le Fort. B.

sterdam, inscrit dans le rôle des charpentiers de l'amirauté des Indes, il y travaillait dans le chantier comme les autres charpentiers. Dans les intervalles de son travail, il apprenait les parties des mathématiques qui peuvent être utiles à un prince, les fortifications, la navigation, l'art de lever des plans. Il entrait dans les boutiques des ouvriers, examinait toutes les manufactures; rien n'échappait à ses observations. De là il passa en Angleterre, où il se perfectionna dans la science de la construction des vaisseaux; il repassa en Hollande, et vit tout ce qui pouvait tourner à l'avantage de son pays. Enfin, après deux ans de voyages et de travaux, auxquels nul autre homme que lui n'eût voulu se soumettre, il reparut en Russie, amenant avec lui les arts de l'Europe. Des artisans de toute espèce l'y suivirent en foule. On vit pour la première fois de grands vaisseaux russes sur la mer Noire, dans la Baltique, et dans l'Océan. Des bâtiments d'une architecture régulière et noble furent élevés au milieu des huttes moscovites. Il établit des colléges, des académies, des imprimeries, des bibliothèques; les villes furent policées, les habillements, les coutumes changèrent peu-à-peu, quoique avec difficulté. Les Moscovites connurent par degrés ce que c'est que la société. Les superstitions même furent abolies; la dignité de patriarche fut éteinte: le czar se déclara le chef de la religion; et cette dernière entreprise, qui aurait coûté le trône et la vie à un prince moins absolu, réussit presque sans contradiction, et lui assura le succès de toutes les autres nouveautés.

Après avoir abaissé un clergé ignorant et barbare,

il osa essayer de l'instruire, et par là même il risqua de le rendre redoutable ; mais il se croyait assez puissant pour ne le pas craindre. Il a fait enseigner, dans le peu de cloîtres qui restent, la philosophie et la théologie. Il est vrai que cette théologie tient encore de ce temps sauvage dont Pierre Alexiowitz a retiré sa patrie. Un homme digne de foi m'a assuré qu'il avait assisté à une thèse publique, où il s'agissait de savoir si l'usage du tabac à fumer était un péché. Le répondant prétendait qu'il était permis de s'enivrer d'eau-de-vie, mais non de fumer, parceque la très sainte Écriture dit que ce qui sort de la bouche de l'homme le souille, et que ce qui y entre ne le souille point.

Les moines ne furent pas contents de la réforme. A peine le czar eut-il établi des imprimeries, qu'ils s'en servirent pour le décrier : ils imprimèrent qu'il était l'antechrist ; leurs preuves étaient qu'il ôtait la barbe aux vivants, et qu'on fesait, dans son académie, des dissections de quelques morts. Mais un autre moine, qui voulait faire fortune, réfuta ce livre, et démontra que Pierre n'était pas l'antechrist, parceque le nombre 666 n'était pas dans son nom. L'auteur du libelle fut roué, et celui de la réfutation fut fait évêque de Rezan.

Le réformateur de la Moscovie a surtout porté une loi sage, qui fait honte à beaucoup d'états policés ; c'est qu'il n'est permis à aucun homme au service de l'état, ni à un bourgeois établi, ni surtout à un mineur, de passer dans un cloître.

Ce prince comprit combien il importe de ne point consacrer à l'oisiveté des sujets qui peuvent être utiles, et de ne point permettre qu'on dispose à jamais de sa liberté, dans un âge où l'on ne peut disposer de la moindre partie de sa fortune. Cependant l'industrie des moines élude tous les jours cette loi, faite pour le bien de l'humanité; comme si les moines gagnaient en effet à peupler les cloîtres aux dépens de la patrie.

Le czar n'a pas assujetti seulement l'Église à l'état, à l'exemple des sultans turcs; mais, plus grand politique, il a détruit une milice semblable à celle des janissaires; et ce que les Ottomans ont vainement tenté[1], il l'a exécuté en peu de temps; il a dissipé les janissaires moscovites, nommés strélitz, qui tenaient les czars en tutelle. Cette milice, plus formidable à ses maîtres qu'à ses voisins, était composée d'environ trente mille hommes de pied, dont la moitié restait à Moscou, et l'autre était répandue sur les frontières. Un strélitz n'avait que quatre roubles par an de paie; mais des priviléges ou des abus le dédommageaient amplement. Pierre forma d'abord une compagnie d'étrangers, dans laquelle il s'enrôla lui-même, et ne dédaigna pas de commencer par être tambour, et d'en faire les fonctions, tant la nation avait besoin d'exemples. Il fut officier par degrés. Il fit petit à petit de nouveaux régiments; et enfin, se sentant maître de troupes disciplinées, il cassa les strélitz, qui n'osèrent désobéir.

La cavalerie était à peu près ce qu'est la cavalerie polonaise, et ce qu'était autrefois la française, quand

[1] Les janissaires ont enfin été détruits par le sultan Mahmoud II, aujourd'hui régnant (1829). B.

le royaume de France n'était qu'un assemblage de fiefs. Les gentilshommes russes montaient à cheval à leurs dépens, et combattaient sans discipline, quelquefois sans autres armes qu'un sabre ou un carquois, incapables d'être commandés, et par conséquent de vaincre.

Pierre-le-Grand leur apprit à obéir par son exemple et par les supplices; car il servait en qualité de soldat et d'officier subalterne, et punissait rigoureusement en czar les boïards, c'est-à-dire les gentilshommes qui prétendaient que le privilége de la noblesse était de ne servir l'état qu'à leur volonté. Il établit un corps régulier pour servir l'artillerie, et prit cinq cents cloches aux églises pour fondre des canons. Il a eu treize mille canons de fonte en l'année 1714. Il a formé aussi des corps de dragons, milice très convenable au génie des Moscovites, et à la forme de leurs chevaux, qui sont petits. La Moscovie a aujourd'hui, en 1738, trente régiments de dragons de mille hommes chacun, bien entretenus.

C'est lui qui a établi des houssards en Russie. Enfin il a eu jusqu'à une école d'ingénieurs, dans un pays où personne ne savait avant lui les éléments de la géométrie.

Il était bon ingénieur lui-même; mais surtout il excellait dans tous les arts de la marine; bon capitaine de vaisseau, habile pilote, bon matelot, adroit charpentier, et d'autant plus estimable dans ces arts qu'il était né avec une crainte extrême de l'eau. Il ne pouvait, dans sa jeunesse, passer sur un pont sans frémir : il fesait fermer alors les volets de bois de son carrosse; le courage et le génie domptèrent en lui cette faiblesse machinale.

Il fit construire un beau port auprès d'Azof, à l'embouchure du Tanaïs : il voulait y entretenir des galères; et dans la suite, croyant que ces vaisseaux longs, plats, et légers, devaient réussir dans la mer Baltique, il en a fait construire plus de trois cents dans sa ville favorite de Pétersbourg ; il a montré à ses sujets l'art de les bâtir avec du simple sapin, et celui de les conduire. Il avait appris jusqu'à la chirurgie : on l'a vu, dans un besoin, faire la ponction à un hydropique ; il réussissait dans les mécaniques, et instruisait les artisans.

Les finances du czar étaient à la vérité peu de chose par rapport à l'immensité de ses états; il n'a jamais eu vingt-quatre millions de revenu, à compter le marc à près de cinquante livres, comme nous fesons aujourd'hui, et comme nous ne ferons peut-être pas demain ; mais c'est être très riche chez soi que de pouvoir faire de grandes choses. Ce n'est pas la rareté de l'argent, mais celle des hommes et des talents qui rend un empire faible.

La nation russe n'est pas nombreuse, quoique les femmes y soient fécondes et les hommes robustes. Pierre lui-même, en policant ses états, a malheureusement contribué à leur dépopulation. De fréquentes recrues dans des guerres long-temps malheureuses, des nations transplantées des bords de la mer Caspienne à ceux de la mer Baltique, consumées dans les travaux, détruites par les maladies, les trois quarts des enfants mourant en Moscovie de la petite vérole, plus dangereuse en ces climats qu'ailleurs; enfin, les tristes suites d'un gouvernement long-temps sauvage et barbare, même dans sa police, sont cause que cette grande partie du continent a encore de vastes déserts. On compte à présent en Russie cinq cent mille familles de gentilshommes, deux cent mille de gens de loi, un peu plus de cinq millions de bourgeois et de paysans payant une espèce de taille, six cent mille hommes dans les provinces conquises sur la Suède : les Cosaques de l'Ukraine et les Tartares, vassaux de la Moscovie, ne montent pas à plus de deux millions; enfin l'on a trouvé que ces pays immenses ne contiennent pas plus de quatorze millions d'hommes[a]; c'est-à-dire un peu plus des deux tiers des habitants de la France.

Le czar Pierre, en changeant les mœurs, les lois, la milice, la face de son pays, voulut aussi être grand par le commerce, qui fait à-la-fois la richesse d'un état et les avantages du monde entier. Il entreprit de rendre la Russie le centre du négoce de l'Asie et de l'Europe. Il voulait joindre par des canaux, dont il dressa le plan, la Duine, le Volga, le Tanaïs, et s'ouvrir des chemins nouveaux de la mer Baltique au Pont-Euxin et à la mer Caspienne, et de ces deux mers à l'Océan septentrional.

Le port d'Archangel, fermé par les glaces neuf mois de l'année, et dont l'abord exigeait un circuit long et dangereux, ne lui paraissait pas assez commode. Il

---

[a] Cela fut écrit en 1727; la population a augmenté depuis par les conquêtes, par la police, et par le soin d'attirer les étrangers.

avait, dès l'an 1700, le dessein de bâtir sur la mer Baltique un port qui deviendrait le magasin du Nord, et une ville qui serait la capitale de son empire.

Il cherchait déjà un passage par les mers du nord-est à la Chine; et les manufactures de Paris et de Pékin devaient embellir sa nouvelle ville.

Un chemin par terre, de sept cent cinquante-quatre verstes[a], pratiqué à travers des marais qu'il fallait combler, conduit de Moscou à sa nouvelle ville. La plupart de ses projets ont été exécutés par ses mains; et deux impératrices[1], qui lui ont succédé l'une après l'autre, ont encore été au-delà de ses vues, quand elles étaient praticables; et n'ont abandonné que l'impossible.

Il a voyagé toujours dans ses états, autant que ses guerres l'ont pu permettre; mais il a voyagé en législateur et en physicien, examinant partout la nature, cherchant à la corriger ou à la perfectionner, sondant lui-même les profondeurs des fleuves et des mers, ordonnant des écluses, visitant des chantiers, fesant fouiller des mines, éprouvant les métaux, fesant lever des cartes exactes, et y travaillant de sa main.

Il a bâti dans un lieu sauvage la ville impériale de Pétersbourg, qui contient aujourd'hui soixante mille maisons, où s'est formée de nos jours une cour brillante, et où enfin on connaît les plaisirs délicats. Il a bâti le port de Cronstadt sur la Néva, Sainte-Croix sur les frontières de la Perse, des forts dans l'Ukraine,

---

[a] Un verste est de 750 pas.

[1] Anne et Élisabeth. Voyez, tome XXV, l'*Avant-propos de l'Histoire de Russie*. B.

dans la Sibérie; des amirautés à Archangel, à Péters-bourg, à Astracan, à Azof; des arsenaux, des hôpitaux; il fesait toutes ses maisons petites et de mauvais goût; mais il prodiguait pour les maisons publiques la magnificence et la grandeur.

Les sciences, qui ont été ailleurs le fruit tardif de tant de siècles, sont venues par ses soins dans ses états toutes perfectionnées. Il a créé une académie sur le modèle des sociétés fameuses de Paris et de Londres : les Delisle, les Bulfinger, les Hermann, les Bernoulli, le célèbre Wolf, homme excellent en tout genre de philosophie, ont été appelés à grands frais à Pétersbourg. Cette académie subsiste encore, et il se forme enfin des philosophes moscovites.

Il a forcé la jeune noblesse de ses états à voyager, à s'instruire, à rapporter en Russie la politesse étrangère. J'ai vu de jeunes Russes pleins d'esprit et de connaissances. C'est ainsi qu'un seul homme a changé le plus grand empire du monde. Il est affreux qu'il ait manqué à ce réformateur des hommes la principale vertu, l'humanité. De la brutalité dans ses plaisirs, de la férocité dans ses mœurs, de la barbarie dans ses vengeances, se mêlaient à tant de vertus. Il policait ses peuples, et il était sauvage. Il a, de ses propres mains, été l'exécuteur de ses sentences sur des criminels; et dans une débauche de table il a fait voir son adresse à couper des têtes. Il y a dans l'Afrique des souverains qui versent le sang de leurs sujets de leurs mains; mais ces monarques passent pour des barbares. La mort d'un fils qu'il fallait corriger ou déshériter rendrait la mémoire de Pierre odieuse, si le bien qu'il a fait à ses sujets ne fesait presque pardonner sa cruauté envers son propre sang.

Tel était le czar Pierre ; et ses grands desseins n'étaient encore qu'ébauchés, lorsqu'il se joignit aux rois de Pologne et de Danemark contre un enfant qu'ils méprisaient tous. Le fondateur de la Russie voulut être conquérant ; il crut qu'il pourrait le devenir sans peine, et qu'une guerre si bien projetée serait utile à tous ses desseins. L'art de la guerre était un art nouveau qu'il fallait montrer à ses peuples.

D'ailleurs il avait besoin d'un port à l'orient de la mer Baltique pour l'exécution de toutes ses idées. Il avait besoin de la province de l'Ingrie, qui est au nord-est de la Livonie ; les Suédois en étaient maîtres, il fallait la leur arracher. Ses prédécesseurs avaient eu des droits sur l'Ingrie, l'Estonie, la Livonie ; le temps semblait propice pour faire revivre ces droits perdus depuis cent ans, et anéantis par des traités. Il conclut donc une ligue avec le roi de Pologne, pour enlever au jeune Charles XII tous ces pays qui sont entre le golfe de Finlande, la mer Baltique, la Pologne, et la Moscovie.

FIN DU LIVRE PREMIER.

LIVRE SECOND.

ARGUMENT.

Changement prodigieux et subit dans le caractère de Charles XII. A l'âge de dix-huit ans il soutient la guerre contre le Danemark, la Pologne, et la Moscovie; termine la guerre de Danemark en six semaines; défait quatre-vingt mille Moscovites avec huit mille Suédois, et passe en Pologne. Description de la Pologne et de son gouvernement. Charles gagne plusieurs batailles, et est maître de la Pologne, où il se prépare à nommer un roi.

Trois puissants rois menaçaient ainsi l'enfance de Charles XII. Les bruits de ces préparatifs consternaient la Suède, et alarmaient le conseil. Les grands généraux étaient morts; on avait raison de tout craindre sous un jeune roi qui n'avait encore donné de lui que de mauvaises impressions. Il n'assistait presque jamais dans le conseil que pour croiser les jambes sur la table; distrait, indifférent, il n'avait paru prendre part à rien.

Le conseil délibéra en sa présence sur le danger où l'on était : quelques conseillers proposaient de détourner la tempête par des négociations : tout d'un coup le jeune prince se lève avec l'air de gravité et d'assurance d'un homme supérieur qui a pris son parti. « Messieurs, dit-il, j'ai résolu de ne jamais faire une guerre « injuste, mais de n'en finir une légitime que par la « perte de mes ennemis. Ma résolution est prise : j'irai

« attaquer le premier qui se déclarera ; et, quand je
« l'aurai vaincu, j'espère faire quelque peur aux au-
« tres. » Ces paroles étonnèrent tous ces vieux conseillers ; ils se regardèrent sans oser répondre. Enfin,
étonnés d'avoir un tel roi, et honteux d'espérer moins
que lui, ils reçurent avec admiration ses ordres pour
la guerre.

On fut bien plus surpris encore quand on le vit renoncer tout d'un coup aux amusements les plus innocents de la jeunesse. Du moment qu'il se prépara à la guerre, il commença une vie toute nouvelle, dont il ne s'est jamais depuis écarté un seul moment. Plein de l'idée d'Alexandre et de César, il se proposa d'imiter tout de ces deux conquérants, hors leurs vices. Il ne connut plus ni magnificence, ni jeux, ni délassements ; il réduisit sa table à la frugalité la plus grande. Il avait aimé le faste dans les habits ; il ne fut vêtu depuis que comme un simple soldat. On l'avait soupçonné d'avoir eu une passion pour une femme de sa cour : soit que cette intrigue fût vraie ou non, il est certain qu'il renonça alors aux femmes pour jamais, non seulement de peur d'en être gouverné, mais pour donner l'exemple à ses soldats, qu'il voulait contenir dans la discipline la plus rigoureuse ; peut-être encore par la vanité d'être le seul de tous les rois qui domptât un penchant si difficile à surmonter. Il résolut aussi de s'abstenir de vin tout le reste de sa vie. Les uns m'ont dit qu'il n'avait pris ce parti que pour dompter en tout la nature, et pour ajouter une nouvelle vertu à son héroïsme ; mais le plus grand nombre m'a assuré qu'il voulut par là se punir d'un excès qu'il avait commis, et d'un affront qu'il avait fait à table à une femme, en présence même de la reine sa mère. Si cela est ainsi, cette condamnation de soi-même, et cette privation qu'il s'imposa toute sa vie, sont une espèce d'héroïsme non moins admirable [1].

Il commença par assurer des secours au duc de Holstein, son beau-frère. Huit mille hommes furent envoyés d'abord en Poméranie, province voisine du Holstein, pour fortifier le duc contre les attaques des Danois. Le duc en avait besoin. Ses états étaient déjà ravagés, son château de Gottorp pris, sa ville de Tonningue pressée par un siége opiniâtre, où le roi de Danemark était venu en personne, pour jouir d'une conquête qu'il croyait sûre. Cette étincelle commençait à embraser l'empire. D'un côté, les troupes saxonnes du roi de Pologne, celles de Brandebourg, de Volfenbuttel, de Hesse-Cassel, marchaient pour se joindre aux Danois. De l'autre, les huit mille hommes du roi de Suède, les troupes d'Hanovre et de Zell, et trois régiments de Hollande, venaient secourir le duc [a]. Tandis que le petit pays de Holstein était ainsi le théâtre de la guerre, deux escadres, l'une d'Angleterre et l'autre de Hollande, parurent dans la mer Baltique. Ces deux états étaient garants du traité d'Altena, rompu par les Danois ; l'Angleterre et les états-généraux s'empressaient alors à secourir le duc de Holstein opprimé, parceque l'intérêt de leur commerce s'op-

---

[1] Les premières éditions présentent un texte différent : Voltaire le changea d'après une des *Remarques d'un seigneur polonais* (Poniatowski). B.

[a] Copié mot pour mot par le P. Barre, tome X, page 393 et suiv.

posait à l'agrandissement du roi de Danemark. Ils savaient que le Danois, étant maître du passage du Sund, imposerait des lois onéreuses aux nations commerçantes quand il serait assez fort pour en user impunément. Cet intérêt a long-temps engagé les Anglais et les Hollandais à tenir, autant qu'ils l'ont pu, la balance égale entre les princes du Nord : ils se joignirent au jeune roi de Suède, qui semblait devoir être accablé par tant d'ennemis réunis, et le secoururent par la même raison pour laquelle on l'attaquait, parcequ'on ne le croyait pas capable de se défendre.

Il était à la chasse aux ours quand il reçut la nouvelle de l'irruption des Saxons en Livonie : il fesait cette chasse d'une manière aussi nouvelle que dangereuse. On n'avait d'autres armes que des bâtons fourchus derrière un filet tendu à des arbres. Un ours d'une grandeur démesurée vint droit au roi, qui le terrassa après une longue lutte, à l'aide du filet et de son bâton. Il faut avouer qu'en considérant de telles aventures, la force prodigieuse du roi Auguste et les voyages du czar, on croirait être au temps des Hercule et des Thésée.

Il partit pour sa première campagne le 8 mai nouveau style[1] de l'année 1700. Il quitta Stockholm, où il ne revint jamais. Une foule innombrable de peuple l'accompagna jusqu'au port de Carlscrona, en fesant des vœux pour lui, en versant des larmes, et en l'admirant. Avant de sortir de Suède, il établit à

---

[1] Ce n'est qu'en 1753, et conséquemment long-temps après la composition de l'*Histoire de Charles XII*, que le nouveau style a été reçu en Suède. B.

Stockholm un conseil de défense, composé de plusieurs sénateurs. Cette commission devait prendre soin de tout ce qui regardait la flotte, les troupes, et les fortifications du pays. Le corps du sénat devait régler tout le reste provisionnellement dans l'intérieur du royaume. Ayant ainsi mis un ordre certain dans ses états, son esprit, libre de tout autre soin, ne s'occupa plus que de la guerre. Sa flotte était composée de quarante-trois vaisseaux : celui qu'il monta, nommé *le roi Charles*, le plus grand qu'on ait jamais vu, était de cent vingt pièces de canon ; le comte de Piper, son premier ministre, et le général Rehnsköld[1], s'y embarquèrent avec lui. Il joignit les escadres des alliés. La flotte danoise évita le combat, et laissa la liberté aux trois flottes combinées de s'approcher assez près de Copenhague pour y jeter quelques bombes.

Il est certain que ce fut le roi lui-même qui proposa alors au général Rehnsköld de faire une descente, et d'assiéger Copenhague par terre, tandis qu'elle serait bloquée par mer. Rehnsköld fut étonné d'une proposition qui marquait autant d'habileté que de courage dans un jeune prince sans expérience. Bientôt tout fut prêt pour la descente; les ordres furent donnés pour faire embarquer cinq mille hommes qui étaient sur les côtes de Suède, et qui furent joints aux troupes qu'on avait à bord. Le roi quitta son grand vaisseau, et monta une frégate plus légère : on commença par faire partir trois cents grenadiers dans de petites chaloupes. Entre ces chaloupes, de petits bateaux plats portaient des fascines, des chevaux de frise, et les instruments des

---

[1] Voltaire a écrit Renschild. B.

pionniers : cinq cents hommes d'élite suivaient dans d'autres chaloupes ; après venaient les vaisseaux de guerre du roi, avec deux frégates anglaises et deux hollandaises, qui devaient favoriser la descente à coups de canon.

Copenhague, ville capitale du Danemark, est située dans l'île de Séeland, au milieu d'une belle plaine, ayant au nord-ouest le Sund, et à l'orient la mer Baltique, où était alors le roi de Suède. Au mouvement imprévu des vaisseaux qui menaçaient d'une descente, les habitants, consternés par l'inaction de leur flotte et par le mouvement des vaisseaux suédois, regardaient avec crainte en quel endroit fondrait l'orage : la flotte de Charles s'arrêta vis-à-vis Humblebek, à sept milles de Copenhague. Aussitôt les Danois rassemblent en cet endroit leur cavalerie. Des milices furent placées derrière d'épais retranchements, et l'artillerie qu'on put y conduire fut tournée contre les Suédois.

Le roi quitta alors sa frégate pour s'aller mettre dans la première chaloupe, à la tête de ses gardes. L'ambassadeur de France était alors auprès de lui. « Monsieur l'ambassadeur, lui dit-il en latin (car il ne « voulait jamais parler français), vous n'avez rien à « démêler avec les Danois : vous n'irez pas plus loin, « s'il vous plaît. — Sire, lui répondit le comte de Guis-« card, en français, le roi mon maître m'a ordonné de « résider auprès de votre majesté ; je me flatte que vous « ne me chasserez pas aujourd'hui de votre cour, qui « n'a jamais été si brillante. » En disant ces paroles, il donna la main au roi, qui sauta dans la chaloupe où le comte de Piper et l'ambassadeur entrèrent[a]. On s'avançait sous les coups de canon des vaisseaux qui favorisaient la descente. Les bateaux de débarquement n'étaient encore qu'à trois cents pas du rivage. Charles XII, impatient de ne pas aborder assez près ni assez tôt, se jette de sa chaloupe dans la mer, l'épée à la main, ayant de l'eau par-delà la ceinture : ses ministres, l'ambassadeur de France, les officiers, les soldats, suivent aussitôt son exemple, et marchent au rivage, malgré une grêle de mousquetades. Le roi, qui n'avait jamais entendu de sa vie de mousqueterie chargée à balle, demanda au major-général Stuart, qui se trouva auprès de lui, ce que c'était que ce petit sifflement qu'il entendait à ses oreilles. « C'est le bruit « que font les balles de fusil qu'on vous tire, » lui dit le major. « Bon, dit le roi, ce sera là dorénavant « ma musique. » Dans le même moment le major, qui expliquait le bruit des mousquetades, en reçut une dans l'épaule, et un lieutenant tomba mort à l'autre côté du roi.

Il est ordinaire à des troupes attaquées dans leurs retranchements d'être battues, parceque ceux qui attaquent ont toujours une impétuosité que ne peuvent avoir ceux qui se défendent, et qu'attendre les ennemis dans ses lignes, c'est souvent un aveu de sa faiblesse et de leur supériorité. La cavalerie danoise et les milices s'enfuirent après une faible résistance. Le roi, maître de leurs retranchements, se jeta à genoux pour remercier Dieu du premier succès de ses armes. Il fit sur-le-champ élever des redoutes vers la ville, et

---

[a] Copié par le P. Barre, tome X, page 396.

marqua lui-même un campement. En même temps il renvoya ses vaisseaux en Scanie, partie de la Suède voisine de Copenhague, pour chercher neuf mille hommes de renfort. Tout conspirait à servir la vivacité de Charles. Les neuf mille hommes étaient sur le rivage, prêts à s'embarquer, et dès le lendemain un vent favorable les lui amena.

Tout cela s'était fait à la vue de la flotte danoise, qui n'avait osé s'avancer. Copenhague, intimidée, envoya aussitôt des députés au roi pour le supplier de ne point bombarder la ville. Il les reçut à cheval, à la tête de son régiment des gardes : les députés se mirent à genoux devant lui ; il fit payer à la ville quatre cent mille rixdales, avec ordre de faire voiturer au camp toutes sortes de provisions, qu'il promit de faire payer fidèlement. On lui apporta des vivres, parcequ'il fallait obéir ; mais on ne s'attendait guère que des vainqueurs daignassent payer ; ceux qui les apportèrent furent bien étonnés d'être payés généreusement et sans délai par les moindres soldats de l'armée. Il régnait depuis long-temps dans les troupes suédoises une discipline qui n'avait pas peu contribué à leurs victoires : le jeune roi en augmenta encore la sévérité. Un soldat n'eût pas osé refuser le paiement de ce qu'il achetait, encore moins aller en maraude, pas même sortir du camp. Il voulut de plus que, dans une victoire, ses troupes ne dépouillassent les morts qu'après en avoir eu la permission ; et il parvint aisément à faire observer cette loi. On fesait toujours dans son camp la prière deux fois par jour, à sept heures du matin, et à quatre heures du soir : il ne manqua jamais d'y assister, et de donner à ses soldats l'exemple de la piété, qui fait toujours impression sur les hommes, quand ils n'y soupçonnent pas de l'hypocrisie. Son camp, mieux policé que Copenhague, eut tout en abondance; les paysans aimaient mieux vendre leurs denrées aux Suédois, leurs ennemis, qu'aux Danois, qui ne les payaient pas si bien. Les bourgeois de la ville furent même obligés de venir plus d'une fois chercher au camp du roi de Suède des provisions qui manquaient dans leurs marchés.

Le roi de Danemark était alors dans le Holstein, où il semblait ne s'être rendu que pour lever le siége de Tonningue. Il voyait la mer Baltique couverte de vaisseaux ennemis, un jeune conquérant déjà maître de la Séeland, et prêt à s'emparer de la capitale. Il fit publier dans ses états que ceux qui prendraient les armes contre les Suédois auraient leur liberté. Cette déclaration était d'un grand poids dans un pays autrefois libre, où tous les paysans, et même beaucoup de bourgeois, sont esclaves aujourd'hui. Charles fit dire au roi de Danemark qu'il ne fesait la guerre que pour l'obliger à faire la paix, qu'il n'avait qu'à se résoudre à rendre justice au duc de Holstein, ou à voir Copenhague détruite, et son royaume mis à feu et à sang. Le Danois était trop heureux d'avoir affaire à un vainqueur qui se piquait de justice. On assembla un congrès dans la ville de Travendal, sur les frontières du Holstein. Le roi de Suède ne souffrit pas que l'art des ministres traînât les négociations en longueur : il voulut que le traité s'achevât aussi rapidement qu'il était descendu en Séeland. Effectivement il fut conclu le 5 d'août, à l'avantage du duc de Holstein, qui fut indemnisé de tous les frais de la guerre, et délivré d'oppression. Le roi de Suède ne voulut rien pour lui-même, satisfait d'avoir secouru son allié et humilié son ennemi. Ainsi Charles XII, à dix-huit ans, commença et finit cette guerre en moins de six semaines.

Précisément dans le même temps, le roi de Pologne investissait la ville de Riga, capitale de la Livonie, et le czar s'avançait du côté de l'orient, à la tête de près de cent mille hommes. Riga était défendue par le vieux comte Dahlberg, général suédois, qui, à l'âge de quatre-vingts ans, joignait le feu d'un jeune homme à l'expérience de soixante campagnes. Le comte Fleming, depuis ministre de Pologne, grand homme de guerre et de cabinet, et le Livonien Patkul, pressaient tous deux le siége sous les yeux du roi; mais, malgré plusieurs avantages que les assiégeants avaient remportés, l'expérience du vieux comte Dahlberg rendait inutiles leurs efforts, et le roi de Pologne désespérait de prendre la ville. Il saisit enfin une occasion honorable de lever le siége. Riga était pleine de marchandises appartenantes aux Hollandais. Les états-généraux ordonnèrent à leur ambassadeur auprès du roi Auguste de lui faire sur cela des représentations. Le roi de Pologne ne se fit pas long-temps prier. Il consentit à lever le siége plutôt que de causer le moindre dommage à ses alliés, qui ne furent point étonnés de cet excès de complaisance, dont ils surent la véritable cause.

Il ne restait donc plus à Charles XII, pour achever sa première campagne, que de marcher contre son rival de gloire, Pierre Alexiowitz. Il était d'autant plus animé contre lui, qu'il y avait encore à Stockholm trois ambassadeurs moscovites qui venaient de jurer le renouvellement d'une paix inviolable. Il ne pouvait comprendre, lui qui se piquait d'une probité sévère, qu'un législateur comme le czar se fît un jeu de ce qui doit être si sacré. Le jeune prince, plein d'honneur, ne pensait pas qu'il y eût une morale différente pour les rois et pour les particuliers. L'empereur de Moscovie venait de faire paraître un manifeste qu'il eût mieux fait de supprimer. Il alléguait, pour raison de la guerre, qu'on ne lui avait pas rendu assez d'honneurs lorsqu'il avait passé *incognito* à Riga, et qu'on avait vendu les vivres trop cher à ses ambassadeurs. C'étaient là les griefs pour lesquels il ravageait l'Ingrie avec quatre-vingt mille hommes.

Il parut devant Narva à la tête de cette grande armée, le 1er octobre, dans un temps plus rude en ce climat que ne l'est le mois de janvier à Paris. Le czar, qui, dans de pareilles saisons, fesait quelquefois quatre cents lieues en poste à cheval, pour aller visiter lui-même une mine ou quelque canal, n'épargnait pas plus ses troupes que lui-même. Il savait d'ailleurs que les Suédois, depuis le temps de Gustave-Adolphe, fesaient la guerre au cœur de l'hiver comme dans l'été : il voulut accoutumer aussi ses Moscovites à ne point connaître de saisons, et les rendre un jour pour le moins égaux aux Suédois. Ainsi, dans un temps où les glaces et les neiges forcent les autres nations, dans des climats tempérés, à suspendre la guerre, le czar Pierre assiégeait Narva à trente degrés du pôle, et

Charles XII s'avançait pour la secourir. Le czar ne fut pas plus tôt arrivé devant la place, qu'il se hâta de mettre en pratique ce qu'il venait d'apprendre dans ses voyages. Il traça son camp, le fit fortifier de tous côtés, éleva des redoutes de distance en distance, et ouvrit lui-même la tranchée. Il avait donné le commandement de son armée au duc de Croï, Allemand, général habile, mais peu secondé alors par les officiers russes. Pour lui, il n'avait dans ses propres troupes que le rang de simple lieutenant. Il avait donné l'exemple de l'obéissance militaire à sa noblesse, jusque-là indisciplinable, laquelle était en possession de conduire sans expérience et en tumulte des esclaves mal armés. Il n'était pas étonnant que celui qui s'était fait charpentier à Amsterdam pour avoir des flottes, fût lieutenant à Narva pour enseigner à sa nation l'art de la guerre.

Les Russes sont robustes, infatigables, peut-être aussi courageux que les Suédois; mais c'est au temps à aguerrir les troupes, et à la discipline à les rendre invincibles. Les seuls régiments dont on pût espérer quelque chose étaient commandés par des officiers allemands, mais ils étaient en petit nombre. Le reste était des barbares arrachés à leurs forêts, couverts de peaux de bêtes sauvages, les uns armés de flèches, les autres de massues : peu avaient des fusils : aucun n'avait vu un siége régulier ; il n'y avait pas un bon canonnier dans toute l'armée. Cent cinquante canons, qui auraient dû réduire la petite ville de Narva en cendres, y avaient à peine fait brèche, tandis que l'artillerie de la ville renversait à tout moment des rangs entiers dans les tranchées. Narva était presque sans fortifications : le baron de Horn, qui y commandait, n'avait pas mille hommes de troupes réglées; cependant cette armée innombrable n'avait pu la réduire en six semaines.

On était déjà au 15 de novembre, quand le czar apprit que le roi de Suède, ayant traversé la mer avec deux cents vaisseaux de transport, marchait pour secourir Narva. Les Suédois n'étaient que vingt mille. Le czar n'avait que la supériorité du nombre. Loin donc de mépriser son ennemi, il employa tout ce qu'il avait d'art pour l'accabler. Non content de quatre-vingt mille hommes, il se prépara à lui opposer encore une autre armée, et à l'arrêter à chaque pas. Il avait déjà mandé près de trente mille hommes qui s'avançaient de Pleskow à grandes journées. Il fit alors une démarche qui l'eût rendu méprisable, si un législateur qui a fait de si grandes choses pouvait l'être. Il quitta son camp, où sa présence était nécessaire, pour aller chercher ce nouveau corps de troupes, qui pouvait très bien arriver sans lui, et sembla, par cette démarche, craindre de combattre dans un camp retranché un jeune prince sans expérience, qui pouvait venir l'attaquer.

Quoi qu'il en soit, il voulait enfermer Charles XII entre deux armées. Ce n'était pas tout, trente mille hommes, détachés du camp devant Narva, étaient postés à une lieue de cette ville, sur le chemin du roi de Suède; vingt mille strélitz étaient plus loin sur le même chemin; cinq mille autres fesaient une garde avancée. Il fallait passer sur le ventre à toutes ces troupes, avant que d'arriver devant le camp, qui était muni d'un rempart et d'un double fossé. Le roi de Suède avait débarqué à Pernaw, dans le golfe de Riga, avec environ seize mille hommes d'infanterie, et un peu plus de quatre mille chevaux. De Pernaw il avait précipité sa marche jusqu'à Revel, suivi de toute sa cavalerie, et seulement de quatre mille fantassins. Il marchait toujours en avant, sans attendre le reste de ses troupes. Il se trouva bientôt avec ses huit mille hommes seulement devant les premiers postes des ennemis. Il ne balança pas à les attaquer tous les uns après les autres, sans leur donner le temps d'apprendre à quel petit nombre ils avaient affaire. Les Moscovites, voyant arriver les Suédois à eux, crurent avoir toute une armée à combattre. La garde avancée de cinq mille hommes, qui gardait, entre des rochers, un poste où cent hommes résolus pouvaient arrêter une armée entière, s'enfuit à la première approche des Suédois. Les vingt mille hommes qui étaient derrière, voyant fuir leurs compagnons, prirent l'épouvante, et allèrent porter le désordre dans le camp. Tous les postes furent emportés en deux jours; et ce qui, en d'autres occasions, eût été compté pour trois victoires, ne retarda pas d'une heure la marche du roi. Il parut donc enfin, avec ses huit mille hommes fatigués d'une si longue marche, devant un camp de quatre-vingt mille Russes, bordé de cent cinquante canons. A peine ses troupes eurent-elles pris quelque repos, que, sans délibérer, il donna ses ordres pour l'attaque.

Le signal était deux fusées, et le mot en allemand,

avec l'aide de Dieu. Un officier général lui ayant représenté la grandeur du péril : « Quoi ! vous doutez, « dit-il, qu'avec mes huit mille braves Suédois je ne « passe sur le corps à quatre-vingt mille Moscovites? » Un moment après, craignant qu'il n'y eût un peu de fanfaronnade dans ces paroles, il courut lui-même après cet officier : « N'êtes-vous donc pas de mon « avis? lui dit-il; n'ai-je pas deux avantages sur les « ennemis? l'un, que leur cavalerie ne pourra leur « servir; et l'autre, que le lieu étant resserré, leur « grand nombre ne fera que les incommoder; et ainsi « je serai réellement plus fort qu'eux. » L'officier n'eut garde d'être d'un autre avis, et on marcha aux Moscovites à midi le 30 novembre 1700.

Dès que le canon des Suédois eut fait brèche aux retranchements, ils s'avancèrent la baïonnette au bout du fusil, ayant au dos une neige furieuse qui donnait au visage des ennemis. Les Russes se firent tuer pendant une demi-heure sans quitter le revers des fossés. Le roi attaquait à la droite du camp où était le quartier du czar; il espérait le rencontrer, ne sachant pas que l'empereur lui-même avait été chercher ces quarante mille[1] hommes qui devaient arriver dans peu. Aux premières décharges de la mousqueterie ennemie le roi reçut une balle à la gorge; mais c'était une balle morte qui s'arrêta dans les plis de sa cravate noire, et qui ne lui fit aucun mal. Son cheval fut tué sous lui. M. de Sparre m'a dit que le roi sauta légèrement sur un autre cheval, en disant : « Ces gens-

---

[1] Voltaire, page 76, a parlé de *près de trente mille hommes.* B.

« ci me font faire mes exercices »; et continua de combattre et de donner les ordres avec la même présence d'esprit. Après trois heures de combat les retranchements furent forcés de tous côtés. Le roi poursuivit la droite des ennemis jusqu'à la rivière de Narva avec son aile gauche, si l'on peut appeler de ce nom environ quatre mille hommes qui en poursuivaient près de quarante mille. Le pont rompit sous les fuyards; la rivière fut en un moment couverte de morts. Les autres, désespérés, retournèrent à leur camp sans savoir où ils allaient : ils trouvèrent quelques baraques derrière lesquelles ils se mirent; là, ils se défendirent encore, parcequ'ils ne pouvaient pas se sauver; mais enfin leurs généraux Dolgorowki, Golowkin, Fédérowitz, vinrent se rendre au roi, et mettre leurs armes à ses pieds. Pendant qu'on les lui présentait, arriva le duc de Croï, général de l'armée, qui venait se rendre lui-même avec trente officiers.

[a] Charles reçut tous ces prisonniers d'importance avec une politesse aussi aisée et un air aussi humain que s'il leur eût fait dans sa cour les honneurs d'une fête. Il ne voulut garder que les généraux. Tous les officiers subalternes et les soldats furent conduits désarmés jusqu'à la rivière de Narva : on leur fournit des bateaux pour la repasser et pour s'en retourner chez eux. Cependant la nuit s'approchait; la droite des Moscovites se battait encore : les Suédois n'avaient pas perdu six cents hommes : dix-huit mille Moscovites avaient été tués dans leurs retranchements : un grand nombre était noyé : beaucoup avaient passé la

---

[a] Copié par le P. Barre, tome IX.

rivière; il en restait encore assez dans le camp pour exterminer jusqu'au dernier Suédois : mais ce n'est pas le nombre des morts, c'est l'épouvante de ceux qui survivent qui fait perdre les batailles. Le roi profita du peu de jour qui restait pour saisir l'artillerie ennemie. Il se posta avautageusement entre leur camp et la ville : là il dormit quelques heures sur la terre, enveloppé dans son manteau, en attendant qu'il pût fondre, au point du jour, sur l'aile gauche des ennemis, qui n'avait point encore été tout-à-fait rompue. A deux heures du matin le général Vede, qui commandait cette gauche, ayant su le gracieux accueil que le roi avait fait aux autres généraux, et comment il avait renvoyé tous les officiers subalternes et les soldats, l'envoya supplier de lui accorder la même grace. Le vainqueur lui fit dire qu'il n'avait qu'à s'approcher à la tête de ses troupes, et venir mettre bas les armes et les drapeaux devant lui. Ce général parut bientôt après avec ses Moscovites, qui étaient au nombre d'environ trente mille. Ils marchèrent tête nue, soldats et officiers, à travers moins de sept mille Suédois. Les soldats, en passant devant le roi, jetaient à terre leurs fusils et leurs épées; et les officiers portaient à ses pieds les enseignes et les drapeaux. Il fit repasser la rivière à toute cette multitude, sans en retenir un seul soldat prisonnier. S'il les avait gardés, le nombre des prisonniers eût été au moins cinq fois plus grand que celui des vainqueurs.

Alors il entra victorieux dans Narva, accompagné du duc de Croï et des autres officiers généraux moscovites : il leur fit rendre à tous leurs épées; et sachant qu'ils manquaient d'argent, et que les marchands de Narva ne voulaient point leur en prêter, il envoya mille ducats au duc de Croï, et cinq cents à chacun des officiers moscovites, qui ne pouvaient se lasser d'admirer ce traitement, dont ils n'avaient pas même d'idée. On dressa aussitôt à Narva une relation de la victoire pour l'envoyer à Stockholm et aux alliés de la Suède; mais le roi retrancha de sa main tout ce qui était trop avantageux pour lui et trop injurieux pour le czar. Sa modestie ne put empêcher qu'on ne frappât à Stockholm plusieurs médailles pour perpétuer la mémoire de ces événements. Entre autres on en frappa une qui le représentait d'un côté sur un piédestal où paraissaient enchaînés un Moscovite, un Danois, un Polonais; de l'autre était un Hercule armé de sa massue, tenant sous ses pieds un Cerbère avec cette légende : *Tres uno contudit ictu.*

Parmi les prisonniers faits à la journée de Narva, on en vit un qui était un grand exemple des révolutions de la fortune : il était fils aîné et héritier du roi de Géorgie; on le nommait le czarafis Artfchelou; ce titre de *czarafis* signifie prince, ou fils du czar, chez tous les Tartares comme en Moscovie; car le mot de *czar* ou *tzar* voulait dire roi chez les anciens Scythes, dont tous ces peuples sont descendus, et ne vient point des *Césars* de Rome, si long-temps inconnus à ces barbares. Son père Mittelleski, czar et maître de la plus belle partie des pays qui sont entre les montagnes d'Ararat et les extrémités orientales de la mer Noire, avait été chassé de son royaume par ses propres sujets en 1688, et avait mieux aimé se jeter entre les bras de l'empereur de Moscovie, que recourir à celui des Turcs. Le fils de ce roi, âgé de dix-neuf ans, voulut suivre Pierre-le-Grand dans son expédition contre les Suédois, et fut pris en combattant par quelques soldats finlandais qui l'avaient déjà dépouillé, et qui allaient le massacrer. Le comte Rehnsköld l'arracha de leurs mains, lui fit donner un habit, et le présenta à son maître : Charles l'envoya à Stockholm, où ce prince malheureux mourut quelques années après. Le roi ne put s'empêcher, en le voyant partir, de faire tout haut devant ses officiers une réflexion naturelle sur l'étrange destinée d'un prince asiatique, né au pied du mont Caucase, qui allait vivre captif parmi les glaces de la Suède. « C'est, « dit-il, comme si j'étais un jour prisonnier chez les « Tartares de Crimée. » Ces paroles ne firent alors aucune impression ; mais dans la suite on ne s'en souvint que trop, lorsque l'événement en eut fait une prédiction.

Le czar s'avançait à grandes journées avec l'armée de quarante mille Russes, comptant envelopper son ennemi de tous côtés. Il apprit à moitié chemin la bataille de Narva et la dispersion de tout son camp. Il ne s'obstina pas à vouloir attaquer, avec ses quarante mille hommes sans expérience et sans discipline, un vainqueur qui venait d'en détruire quatre-vingt mille dans un camp retranché ; il retourna sur ses pas, poursuivant toujours le dessein de discipliner ses troupes, pendant qu'il civilisait ses sujets. « Je sais « bien, dit-il, que les Suédois nous battront long- « temps ; mais à la fin ils nous apprendront eux-

« mêmes à les vaincre. » Moscou, sa capitale, fut dans l'épouvante et dans la désolation à la nouvelle de cette défaite. Telle était la fierté et l'ignorance de ce peuple, qu'ils crurent avoir été vaincus par un pouvoir plus qu'humain, et que les Suédois étaient de vrais magiciens. Cette opinion fut si générale que l'on ordonna à ce sujet des prières publiques à saint Nicolas, patron de la Moscovie. Cette prière est trop singulière pour n'être pas rapportée. La voici :

« O toi qui es notre consolateur perpétuel dans
« toutes nos adversités, grand saint Nicolas, infini-
« ment puissant, par quel péché t'avons-nous offensé
« dans nos sacrifices, génuflexions, révérences, et
« actions de graces, pour que tu nous aies ainsi aban-
« donnés ? Nous avions imploré ton assistance contre
« ces terribles, insolents, enragés, épouvantables,
« indomptables destructeurs, lorsque, comme des
« lions et des ours qui ont perdu leurs petits, ils nous
« ont attaqués, effrayés, blessés, tués par milliers,
« nous qui sommes ton peuple. Comme il est impos-
« sible que cela soit arrivé sans sortilége et enchan-
« tement, nous te supplions, ô grand saint Nicolas,
« d'être notre champion et notre porte-étendard, de
« nous délivrer de cette foule de sorciers, et de les
« chasser bien loin de nos frontières avec la récom-
« pense qui leur est due. »

Tandis que les Russes se plaignaient à saint Nicolas de leur défaite, Charles XII fesait rendre graces à Dieu, et se préparait à de nouvelles victoires.

Le roi de Pologne s'attendit bien que son ennemi, vainqueur des Danois et des Moscovites, viendrait bientôt fondre sur lui. Il se ligua plus étroitement que jamais avec le czar. Ces deux princes convinrent d'une entrevue pour prendre leurs mesures de concert. Ils se virent à Birzen, petite ville de Lithuanie, sans aucune de ces formalités qui ne servent qu'à retarder les affaires, et qui ne convenaient ni à leur situation ni à leur humeur. Les princes du Nord se voient avec une familiarité qui n'est point encore établie dans le midi de l'Europe. Pierre et Auguste passèrent quinze jours ensemble dans des plaisirs qui allèrent jusqu'à l'excès ; car le czar, qui voulait réformer sa nation, ne put jamais corriger dans lui-même son penchant dangereux pour la débauche.

Le roi de Pologne s'engagea à fournir au czar cinquante mille hommes de troupes allemandes, qu'on devait acheter de divers princes, et que le czar devait soudoyer. Celui-ci, de son côté, devait envoyer cinquante mille Russes en Pologne[1], pour y apprendre l'art de la guerre, et promettait de payer au roi Auguste trois millions de rixdales en deux ans. Ce traité, s'il eût été exécuté, eût pu être fatal au roi de Suède; c'était un moyen prompt et sûr d'aguerrir les Moscovites ; c'était peut-être forger des fers à une partie de l'Europe.

Charles XII se mit en devoir d'empêcher le roi de Pologne de recueillir le fruit de cette ligue. Après avoir passé l'hiver auprès de Narva, il parut en Livonie auprès de cette même ville de Riga que le roi Auguste avait assiégée inutilement. Les troupes saxonnes

---

[1] Voltaire ne dit que *vingt mille* dans le chapitre XII de la première partie de l'*Histoire de Russie sous Pierre-le-Grand*. B.

étaient postées le long de la rivière de Duina, qui est fort large en cet endroit : il fallait disputer le passage à Charles, qui était à l'autre bord du fleuve. Les Saxons n'étaient pas commandés par leur prince, alors malade ; mais ils avaient à leur tête le maréchal Stenau, qui fesait les fonctions de général : sous lui commandaient le prince Ferdinand duc de Courlande, et ce même Patkul, qui défendait sa patrie contre Charles XII, l'épée à la main, après en avoir soutenu les droits par la plume, au péril de sa vie, contre Charles XI. Le roi de Suède avait fait construire de grands bateaux d'une invention nouvelle, dont les bords, beaucoup plus hauts qu'à l'ordinaire, pouvaient se lever et se baisser comme des ponts-levis. En se levant, ils couvraient les troupes qu'ils portaient; en se baissant, ils servaient de pont pour le débarquement. Il mit encore en usage un autre artifice. Ayant remarqué que le vent soufflait du nord où il était, au sud où étaient campés les ennemis, il fit mettre le feu à quantité de paille mouillée, dont la fumée épaisse, se répandant sur la rivière, dérobait aux Saxons la vue de ses troupes et de ce qu'il allait faire. A la faveur de ce nuage, il fit avancer des barques remplies de cette même paille fumante ; de sorte que le nuage grossissant toujours, et chassé par le vent dans les yeux des ennemis, les mettait dans l'impossibilité de savoir si le roi passait ou non. Cependant il conduisait seul l'exécution de son stratagème. Étant déjà au milieu de la rivière : « Hé bien, dit-il
« au général Rehnsköld, la Duina ne sera pas plus
« méchante que la mer de Copenhague ; croyez-moi,

« général, nous les battrons. » Il arriva en un quart d'heure à l'autre bord, et fut mortifié de ne sauter à terre que le quatrième. Il fait aussitôt débarquer son canon, et forme sa bataille, sans que les ennemis, offusqués de la fumée, puissent s'y opposer que par quelques coups tirés au hasard. Le vent ayant dissipé ce brouillard, les Saxons virent le roi de Suède marchant déjà à eux.

Le maréchal Stenau ne perdit pas un moment : à peine aperçut-il les Suédois, qu'il fondit sur eux avec la meilleure partie de sa cavalerie. Le choc violent de cette troupe, tombant sur les Suédois dans l'instant qu'ils formaient leurs bataillons, les mit en désordre. Ils s'ouvrirent; ils furent rompus et poursuivis jusque dans la rivière. Le roi de Suède les rallia, le moment d'après, au milieu de l'eau, aussi aisément que s'il eût fait une revue. Alors ses soldats, marchant plus serrés qu'auparavant, repoussèrent le maréchal Stenau, et s'avancèrent dans la plaine. Stenau sentit que ses troupes étaient étonnées : il les fit retirer, en habile homme, dans un lieu sec, flanqué d'un marais et d'un bois où était son artillerie. L'avantage du terrain, et le temps qu'il avait donné aux Saxons de revenir de leur première surprise, leur rendit tout leur courage. Charles ne balança pas à les attaquer : il avait avec lui quinze mille hommes : Stenau et le duc de Courlande environ douze mille, n'ayant pour toute artillerie qu'un canon de fer sans affût. La bataille fut rude et sanglante : le duc eut deux chevaux tués sous lui : il pénétra trois fois au milieu de la garde du roi; mais enfin, ayant été renversé de son cheval d'un coup de crosse de mousquet, le désordre se mit dans son armée, qui ne disputa plus la victoire. Ses cuirassiers le retirèrent avec peine, tout froissé, et à demi mort, du milieu de la mêlée, et de dessous les chevaux qui le foulaient aux pieds.

Le roi de Suède, après sa victoire, court à Mittau, capitale de la Courlande. Toutes les villes de ce duché se rendent à lui à discrétion : c'était un voyage plutôt qu'une conquête. Il passa sans s'arrêter en Lithuanie, soumettant tout sur son passage. Il sentit une satisfaction flatteuse, et il l'avoua lui-même, quand il entra en vainqueur dans cette ville de Birzen, où le roi de Pologne et le czar avaient conspiré sa ruine quelques mois auparavant.

Ce fut dans cette place qu'il conçut le dessein de détrôner le roi de Pologne par les mains des Polonais mêmes. Là, étant un jour à table, tout occupé de cette entreprise, et observant sa sobriété extrême, dans un silence profond, paraissant comme enseveli dans ses grandes idées, un colonel allemand qui assistait à son dîner, dit assez haut pour être entendu, - que les repas que le czar et le roi de Pologne avaient faits au même endroit étaient un peu différents de ceux de sa majesté. « Oui, dit le roi en se levant, et « j'en troublerai plus aisément leur digestion. » En effet, mêlant alors un peu de politique à la force de ses armes, il ne tarda pas à préparer l'événement qu'il méditait.

La Pologne, cette partie de l'ancienne Sarmatie, est un peu plus grande que la France, moins peuplée qu'elle, mais plus que la Suède. Ses peuples ne sont chrétiens que depuis environ sept cent cinquante ans. C'est une chose singulière, que la langue des Romains, qui n'ont jamais pénétré dans ces climats, ne se parle aujourd'hui communément qu'en Pologne ; tout y parle latin, jusqu'aux domestiques. Ce grand pays est très fertile ; mais les peuples n'en sont que moins industrieux[a]. Les ouvriers et les marchands qu'on voit en Pologne sont des Écossais, des Français, surtout des Juifs. Ils y ont près de trois cents synagogues ; et à force de multiplier, ils en seront chassés comme ils l'ont été en Espagne[1]. Ils achètent à vil prix les blés, les bestiaux, les denrées du pays, les trafiquent à Dantzick et en Allemagne, et vendent chèrement aux nobles de quoi satisfaire l'espèce de luxe qu'ils connaissent et qu'ils aiment. Ainsi ce pays, arrosé des plus belles rivières, riche en pâturages, en mines de sel, et couvert de moissons, reste pauvre malgré son abondance, parceque le peuple est esclave, et que la noblesse est fière et oisive.

Son gouvernement est la plus fidèle image de l'ancien gouvernement celte et gothique, corrigé ou altéré partout ailleurs. C'est le seul état qui ait conservé le nom de république avec la dignité royale.

Chaque gentilhomme a le droit de donner sa voix dans l'élection d'un roi, et de pouvoir l'être lui-même. Ce plus beau des droits est joint au plus grand des abus : le trône est presque toujours à l'enchère ; et comme un Polonais est rarement assez riche pour l'acheter, il a été vendu souvent aux étrangers. La no-

---

[a] Copié par le P. Barre, tome IX.
[1] Voyez tome XVII, page 46. B.

blesse et le clergé défendent leur liberté contre leur roi, et l'ôtent au reste de la nation. Tout le peuple y est esclave, tant la destinée des hommes est que le plus grand nombre soit partout, de façon ou d'autre, subjugué par le plus petit! Là le paysan ne sème point pour lui, mais pour des seigneurs à qui lui, son champ, et le travail de ses mains, appartiennent, et qui peuvent le vendre et l'égorger avec le bétail de la terre. Tout ce qui est gentilhomme ne dépend que de soi. Il faut, pour le juger dans une affaire criminelle, une assemblée entière de la nation : il ne peut être arrêté qu'après avoir été condamné ; ainsi il n'est presque jamais puni. Il y en a beaucoup de pauvres ; ceux-là se mettent au service des plus puissants, en reçoivent un salaire, font les fonctions les plus basses. Ils aiment mieux servir leurs égaux que de s'enrichir par le commerce ; et, en pansant les chevaux de leurs maîtres, ils se donnent le titre d'électeurs des rois et de destructeurs des tyrans.

Qui verrait un roi de Pologne dans la pompe de sa majesté royale, le croirait le prince le plus absolu de l'Europe ; c'est cependant celui qui l'est le moins. Les Polonais font réellement avec lui ce contrat qu'on suppose chez d'autres nations entre le souverain et les sujets. Le roi de Pologne, à son sacre même, et en jurant les *pacta conventa*, dispense ses sujets du serment d'obéissance, en cas qu'il viole les lois de la république.

Il nomme à toutes les charges, et confère tous les honneurs. Rien n'est héréditaire en Pologne, que les terres et le rang de noble. Le fils d'un palatin et celui du roi n'ont nul droit aux dignités de leur père; mais il y a cette grande différence entre le roi et la république, qu'il ne peut ôter aucune charge après l'avoir donnée, et que la république a le droit de lui ôter la couronne s'il transgressait les lois de l'état.

La noblesse, jalouse de sa liberté, vend souvent ses suffrages, et rarement ses affections. A peine ont-ils élu un roi, qu'ils craignent son ambition, et lui opposent leurs cabales. Les grands qu'il a faits, et qu'il ne peut défaire, deviennent souvent ses ennemis, au lieu de rester ses créatures. Ceux qui sont attachés à la cour sont l'objet de la haine du reste de la noblesse: ce qui forme toujours deux partis; division inévitable, et même nécessaire, dans des pays où l'on veut avoir des rois, et conserver sa liberté.

Ce qui concerne la nation est réglé dans les états-généraux qu'on appelle diètes. Ces états sont composés du corps du sénat et de plusieurs gentilshommes; les sénateurs sont les palatins et les évêques: le second ordre est composé des députés des diètes particulières de chaque palatinat. A ces grandes assemblées préside l'archevêque de Gnesne, primat de Pologne, vicaire du royaume dans les interrègnes, et la première personne de l'état après le roi. Rarement y a-t-il en Pologne un autre cardinal que lui, parceque la pourpre romaine ne donnant aucune préséance dans le sénat, un évêque qui serait cardinal serait obligé ou de s'asseoir à son rang de sénateur, ou de renoncer aux droits solides de la dignité qu'il a dans sa patrie, pour soutenir les prétentions d'un honneur étranger.

Ces diètes se doivent tenir, par les lois du royaume, alternativement en Pologne et en Lithuanie. Les députés y décident souvent leurs affaires le sabre à la main, comme les anciens Sarmates, dont ils sont descendus, et quelquefois même au milieu de l'ivresse, vice que les Sarmates ignoraient. Chaque gentilhomme député à ces états-généraux jouit du droit qu'avaient à Rome les tribuns du peuple, de s'opposer aux lois du sénat. Un seul gentilhomme qui dit *je proteste*, arrête par ce mot seul les résolutions unanimes de tout le reste; et s'il part de l'endroit où se tient la diète, il faut alors qu'elle se sépare.

On apporte aux désordres qui naissent de cette loi un remède plus dangereux encore. La Pologne est rarement sans deux factions. L'unanimité dans les diètes étant alors impossible, chaque parti forme des confédérations, dans lesquelles on décide à la pluralité des voix, sans avoir égard aux protestations du plus petit nombre. Ces assemblées, illégitimes selon les lois, mais autorisées par l'usage, se font au nom du roi, quoique souvent contre son consentement et contre ses intérêts; à peu près comme la ligue se servait en France du nom de Henri III pour l'accabler; et comme en Angleterre le parlement, qui fit mourir Charles Ier sur un échafaud, commença par mettre le nom de ce prince à la tête de toutes les résolutions qu'il prenait pour le perdre. Lorsque les troubles sont finis, alors c'est aux diètes générales à confirmer ou à casser les actes de ces confédérations. Une diète même peut changer tout ce qu'a fait la précédente, par la même raison que dans les états monarchiques un roi peut abolir les lois de son prédécesseur, et les siennes propres.

La noblesse, qui fait les lois de la république, en fait aussi la force. Elle monte à cheval dans les grandes occasions, et peut composer un corps de plus de cent mille hommes. Cette grande armée, nommée *pospolite*, se meut difficilement, et se gouverne mal : la difficulté des vivres et des fourrages la met dans l'impuissance de subsister long-temps assemblée. La discipline, la subordination, l'expérience, lui manquent; mais l'amour de la liberté qui l'anime la rend toujours formidable.

On peut la vaincre ou la dissiper, ou la tenir même pour un temps dans l'esclavage; mais elle secoue bientôt le joug : ils se comparent eux-mêmes aux roseaux que la tempête couche par terre, et qui se relèvent dès que le vent ne souffle plus. C'est pour cette raison qu'ils n'ont point de places de guerre; ils veulent être les seuls remparts de leur république; ils ne souffrent jamais que leur roi bâtisse des forteresses, de peur qu'il ne s'en serve, moins pour les défendre que pour les opprimer. Leur pays est tout ouvert, à la réserve de deux ou trois places frontières. Que si dans leurs guerres, ou civiles ou étrangères, ils s'obstinent à soutenir chez eux quelque siége, il faut faire à la hâte des fortifications de terre, réparer de vieilles murailles à demi ruinées, élargir des fossés presque comblés, et la ville est prise avant que les retranchements soient achevés.

La pospolite n'est pas toujours à cheval pour garder le pays; elle n'y monte que par l'ordre des diètes, ou même quelquefois sur le simple ordre du roi, dans les dangers extrêmes.

La garde ordinaire de la Pologne est une armée qui doit toujours subsister aux dépens de la république. Elle est composée de deux corps sous deux grands-généraux différents. Le premier corps est celui de la Pologne, et doit être de trente-six mille hommes : le second, au nombre de douze mille, est celui de Lithuanie. Les deux grands-généraux sont indépendants l'un de l'autre : quoique nommés par le roi, ils ne rendent jamais compte de leurs opérations qu'à la république, et ont une autorité suprême sur leurs troupes. Les colonels sont les maîtres absolus de leurs régiments ; c'est à eux à les faire subsister comme ils peuvent, et à leur payer leur solde. Mais étant rarement payés eux-mêmes, ils désolent le pays, et ruinent les laboureurs pour satisfaire leur avidité et celle de leurs soldats[a]. Les seigneurs polonais paraissent dans ces armées avec plus de magnificence que dans les villes ; leurs tentes sont plus belles que leurs maisons. La cavalerie, qui fait les deux tiers de l'armée, est presque toute composée de gentilshommes : elle est remarquable par la beauté des chevaux, et par la richesse des habillements et des harnais.

Les gendarmes surtout, que l'on distingue en houssards et pancernes[b], ne marchent qu'accompagnés de plusieurs valets, qui leur tiennent des chevaux de main, ornés de brides à plaques et clous d'argent, de selles brodées, d'arçons, d'étriers dorés, et quel-

[a] Morceau copié par le P. Barre.
[b] *Item*. On n'en citera pas davantage ; c'est trop d'ennui pour l'éditeur.

quefois d'argent massif, avec de grandes housses traînantes, à la manière des Turcs, dont les Polonais, imitent autant qu'ils peuvent la magnificence.

Autant cette cavalerie est parée et superbe, autant l'infanterie était alors délabrée, mal vêtue, mal armée, sans habits d'ordonnance ni rien d'uniforme. C'est ainsi du moins qu'elle fut jusque vers 1710. Ces fantassins, qui ressemblent à des Tartares vagabonds, supportent avec une étonnante fermeté la faim, le froid, la fatigue, et tout le poids de la guerre.

On voit encore dans les soldats polonais le caractère des anciens Sarmates, leurs ancêtres; aussi peu de discipline, la même fureur à attaquer, la même promptitude à fuir et à revenir au combat, le même acharnement dans le carnage quand ils sont vainqueurs.

Le roi de Pologne s'était flatté d'abord que dans le besoin ces deux armées combattraient en sa faveur, que la pospolite polonaise s'armerait à ses ordres, et que toutes ces forces, jointes aux Saxons ses sujets, et aux Moscovites ses alliés, composeraient une multitude devant qui le petit nombre des Suédois n'oserait paraître. Il se vit presque tout-à-coup privé de ces secours par les soins mêmes qu'il avait pris pour les avoir tous à-la-fois.

Accoutumé dans ses pays héréditaires au pouvoir absolu, il crut trop peut-être qu'il pourrait gouverner la Pologne comme la Saxe. Le commencement de son règne fit des mécontents; ses premières démarches irritèrent le parti qui s'était opposé à son élection, et aliénèrent presque tout le reste. La Pologne murmura de voir ses villes remplies de garnisons saxonnes, et ses frontières de troupes. Cette nation, bien plus jalouse de maintenir sa liberté qu'empressée à attaquer ses voisins, ne regarda point la guerre du roi Auguste contre la Suède, et l'irruption en Livonie, comme une entreprise avantageuse à la république. On trompe difficilement une nation libre sur ses vrais intérêts. Les Polonais sentaient que si cette guerre entreprise sans leur consentement était malheureuse, leur pays, ouvert de tous côtés, serait en proie au roi de Suède; et que si elle était heureuse, ils seraient subjugués par leur roi même, qui, maître alors de la Livonie, comme de la Saxe, enclaverait la Pologne entre ces deux pays. Dans cette alternative, ou d'être esclaves du roi qu'ils avaient élu, ou d'être ravagés par Charles XII justement outragé, ils ne formèrent qu'un cri contre la guerre, qu'ils crurent déclarée à eux-mêmes plus qu'à la Suède. Ils regardèrent les Saxons et les Moscovites comme les instruments de leurs chaînes. Bientôt, voyant que le roi de Suède avait renversé tout ce qui était sur son passage, et s'avançait avec une armée victorieuse au cœur de la Lithuanie, ils éclatèrent contre leur souverain avec d'autant plus de liberté qu'il était malheureux.

Deux partis divisaient alors la Lithuanie, celui des princes Sapieha, et celui d'Oginski. Ces deux factions avaient commencé par des querelles particulières dégénérées en guerre civile. Le roi de Suède s'attacha les princes Sapieha; et Oginski, mal secouru par les Saxons, vit son parti presque anéanti. L'armée lithuanienne, que ces troubles et le défaut d'argent réduisaient à un petit nombre, était en partie dispersée par le vainqueur. Le peu qui tenait pour le roi de Pologne était séparé en petits corps de troupes fugitives, qui erraient dans la campagne et subsistaient de rapines. Auguste ne voyait en Lithuanie que de l'impuissance dans son parti, de la haine dans ses sujets, et une armée ennemie conduite par un jeune roi outragé, victorieux, et implacable.

Il y avait à la vérité en Pologne une armée; mais au lieu d'être de trente-six mille hommes, nombre prescrit par les lois, elle n'était pas de dix-huit mille. Non seulement elle était mal payée et mal armée, mais ses généraux ne savaient encore quel parti prendre.

La ressource du roi était d'ordonner à la noblesse de le suivre; mais il n'osait s'exposer à un refus qui eût trop découvert et par conséquent augmenté sa faiblesse.

Dans cet état de trouble et d'incertitude, tous les palatinats du royaume demandaient au roi une diète: de même qu'en Angleterre, dans les temps difficiles, tous les corps de l'état présentent des adresses au roi, pour le prier de convoquer un parlement. Auguste avait plus besoin d'une armée que d'une diète, où les actions des rois sont pesées. Il fallut bien cependant qu'il la convoquât, pour ne point aigrir la nation sans retour. Elle fut donc indiquée à Varsovie pour le 2 de décembre de l'année 1701. Il s'aperçut bientôt que Charles XII avait pour le moins autant de pouvoir que lui dans cette assemblée. Ceux qui tenaient pour les Sapieha, les Lubomirski, et leurs amis, le palatin Leczinski, trésorier de la couronne, qui devait sa fortune au roi Auguste, et surtout les partisans des princes Sobieski, étaient tous secrètement attachés au roi de Suède.

Le plus considérable de ces partisans, et le plus dangereux ennemi qu'eût le roi de Pologne, était le cardinal Radjouski, archevêque de Gnesne, primat du royaume, et président de la diète. C'était un homme plein d'artifice et d'obscurité dans sa conduite, entièrement gouverné par une femme ambitieuse, que les Suédois appelaient *madame la cardinale*, laquelle ne cessait de le pousser à l'intrigue et à la faction. Le roi Jean Sobieski, prédécesseur d'Auguste, l'avait d'abord fait évêque de Varmie, et vice-chancelier du royaume. Radjouski, n'étant encore qu'évêque, obtint le cardinalat par la faveur du même roi. Cette dignité lui ouvrit bientôt le chemin à celle de primat; ainsi, réunissant dans sa personne tout ce qui impose aux hommes, il était en état d'entreprendre beaucoup impunément.

Il essaya son crédit après la mort de Jean pour mettre le prince Jacques Sobieski sur le trône; mais le torrent de la haine qu'on portait au père, tout grand homme qu'il était, en écarta le fils. Le cardinal primat se joignit alors à l'abbé de Polignac, ambassadeur de France, pour donner la couronne au prince de Conti, qui en effet fut élu. Mais l'argent et les troupes de Saxe triomphèrent de ses négociations. Il se laissa enfin entraîner au parti qui couronna l'électeur de Saxe, et attendit avec patience l'occasion de mettre la division entre la nation et ce nouveau roi.

Les victoires de Charles XII, protecteur du prince Jacques Sobieski, la guerre civile de Lithuanie, le soulèvement général de tous les esprits contre le roi Auguste, firent croire au cardinal primat que le temps était arrivé où il pourrait renvoyer Auguste en Saxe, et ouvrir au fils du roi Jean le chemin du trône. Ce prince, autrefois l'objet innocent de la haine des Polonais, commençait à devenir leurs délices depuis que le roi Auguste était haï; mais il n'osait concevoir alors l'idée d'une si grande révolution; et cependant le cardinal en jetait insensiblement les fondements.

D'abord il sembla vouloir réconcilier le roi avec la république. Il envoya des lettres circulaires, dictées en apparence par l'esprit de concorde et par la charité, piéges usés et connus, mais où les hommes sont toujours pris. Il écrivit au roi de Suède une lettre touchante, le conjurant, au nom de celui que tous les chrétiens adorent également, de donner la paix à la Pologne et à son roi. Charles XII répondit aux intentions du cardinal plus qu'à ses paroles. Cependant il restait dans le grand-duché de Lithuanie avec son armée victorieuse, déclarant qu'il ne voulait point troubler la diète; qu'il fesait la guerre à Auguste et aux Saxons, non aux Polonais; et que, loin d'attaquer la république, il venait la tirer d'oppression. Ces lettres et ces réponses étaient pour le public. Des émissaires qui allaient et venaient continuellement de la part du cardinal au comte Piper, et des assemblées secrètes chez ce prélat, étaient les ressorts qui fesaient mouvoir la diète : elle proposa d'envoyer une ambassade à Charles XII, et demanda unanimement au roi qu'il n'appelât plus les Moscovites sur les frontières, et qu'il renvoyât ses troupes saxonnes.

La mauvaise fortune d'Auguste avait déjà fait ce que la diète exigeait de lui. La ligue conclue secrètement à Birzen avec le Moscovite était devenue aussi inutile qu'elle avait paru d'abord formidable. Il était bien éloigné de pouvoir envoyer au czar les cinquante mille Allemands qu'il avait promis de faire lever dans l'empire. Le czar même, dangereux voisin de la Pologne, ne se pressait pas de secourir alors de toutes ses forces un royaume divisé, dont il espérait recueillir quelques dépouilles. Il se contenta d'envoyer dans la Lithuanie vingt mille Moscovites, qui y firent plus de mal que les Suédois; fuyant partout devant le vainqueur, et ravageant les terres des Polonais, jusqu'à ce que, poursuivis par les généraux suédois, et ne trouvant plus rien à piller, ils s'en retournèrent par troupes dans leur pays. A l'égard des débris de l'armée saxonne battue à Riga, le roi Auguste les envoya hiverner et se recruter en Saxe, afin que ce sacrifice, tout forcé qu'il était, pût ramener à lui la nation polonaise irritée.

Alors la guerre se changea en intrigues. La diète était partagée en presque autant de factions qu'il y avait de palatins. Un jour les intérêts du roi Auguste y dominaient, le lendemain ils y étaient proscrits. Tout le monde criait pour la liberté et la justice, mais

7.

on ne savait point ce que c'était que d'être libre et juste. Le temps se perdait à cabaler en secret et à haranguer en public. La diète ne savait ni ce qu'elle voulait, ni ce qu'elle devait faire. Les grandes compagnies n'ont presque jamais pris de bons conseils dans les troubles civils, parceque les factieux y sont hardis, et que les gens de bien y sont timides pour l'ordinaire. La diète se sépara en tumulte le 17 février de l'année 1702, après trois mois de cabales et d'irrésolutions. Les sénateurs, qui sont les palatins et les évêques, restèrent dans Varsovie. Le sénat de Pologne a le droit de faire provisionnellement des lois, que rarement les diètes infirment; ce corps moins nombreux, accoutumé aux affaires, fut bien moins tumultueux, et décida plus vite.

Ils arrêtèrent qu'on enverrait au roi de Suède l'ambassade proposée dans la diète, que la pospolite monterait à cheval, et se tiendrait prête à tout événement: ils firent plusieurs réglements pour apaiser les troubles de Lithuanie, et plus encore pour diminuer l'autorité de leur roi, quoique moins à craindre que celle de Charles.

Auguste aima mieux alors recevoir des lois dures de son vainqueur que de ses sujets. Il se détermina à demander la paix au roi de Suède, et voulut entamer avec lui un traité secret. Il fallait cacher cette démarche au sénat, qu'il regardait comme un ennemi encore plus intraitable. L'affaire était délicate; il s'en reposa sur la comtesse de Koënigsmark., Suédoise d'une grande naissance, à laquelle il était alors attaché. C'est elle dont le frère est connu par sa mort malheureuse[1], et dont le fils[2] a commandé les armées en France avec tant de succès et de gloire. Cette femme, célèbre dans le monde par son esprit et par sa beauté, était plus capable qu'aucun ministre de faire réussir une négociation. De plus, comme elle avait du bien dans les états de Charles XII, et qu'elle avait été long-temps à sa cour, elle avait un prétexte plausible d'aller trouver ce prince. Elle vint donc au camp des Suédois en Lithuanie, et s'adressa d'abord au comte Piper, qui lui promit trop légèrement une audience de son maître. La comtesse, parmi les perfections qui la rendaient une des plus aimables personnes de l'Europe, avait le talent singulier de parler les langues de plusieurs pays qu'elle n'avait jamais vus, avec autant de délicatesse que si elle y était née; elle s'amusait même quelquefois à faire des vers français[3] qu'on eût pris pour être d'une personne née à Versailles. Elle en composa pour Charles XII que l'histoire ne doit point omettre. Elle introduisait les dieux de la fable, qui tous louaient les différentes vertus de Charles. La pièce finissait ainsi :

---

[1] Philippe, comte de Kœnigsmark, était l'amant de la princesse Sophie-Dorothée de Brunswick-Lunebourg-Zelle. Il devait même l'enlever, lorsqu'un soir il fut attaqué par quatre hommes qui le percèrent de coups et jetèrent son corps dans un égout. B.

[2] Maurice de Saxe, maréchal de France, qui avait gagné, en 1745, la bataille de Fontenoi (voyez, tome XXI, le chapitre xv du *Précis du Siècle de Louis XV*). La phrase où il est question du frère et du fils de la comtesse a été ajoutée en 1756, six ans après la mort du maréchal de Saxe. B.

[3] On en trouve dans l'*Histoire du maréchal de Saxe*, Dresde, 1755, tome 1er, page 208. B.

Enfin chacun des dieux, discourant à sa gloire,
Le plaçait par avance au temple de mémoire :
Mais Vénus ni Bacchus n'en dirent pas un mot.

Tant d'esprit et d'agréments étaient perdus auprès d'un homme tel que le roi de Suède. Il refusa constamment de la voir. Elle prit le parti de se trouver sur son chemin dans les fréquentes promenades qu'il fesait à cheval. Effectivement elle le rencontra un jour dans un sentier fort étroit : elle descendit de carrosse dès qu'elle l'aperçut : le roi la salua sans lui dire un seul mot, tourna la bride de son cheval, et s'en retourna dans l'instant ; de sorte que la comtesse de Koënigsmark ne remporta de son voyage que la satisfaction de pouvoir croire que le roi de Suède ne redoutait qu'elle.

Il fallut alors que le roi de Pologne se jetât dans les bras du sénat. Il lui fit deux propositions par le palatin de Marienbourg : l'une, qu'on lui laissât la disposition de l'armée de la république, à laquelle il paierait de ses propres deniers deux quartiers d'avance ; l'autre, qu'on lui permît de faire revenir en Pologne douze mille Saxons. Le cardinal primat fit une réponse aussi dure qu'était le refus du roi de Suède. Il dit au palatin de Marienbourg, au nom de l'assemblée, « qu'on avait résolu d'envoyer à Char-« les XII une ambassade, et qu'il ne lui conseillait « pas de faire venir les Saxons. »

Le roi, dans cette extrémité, voulut au moins conserver les apparences de l'autorité royale. Un de ses chambellans alla de sa part trouver Charles, pour savoir de lui où et comment sa majesté suédoise voudrait recevoir l'ambassade du roi son maître et de la république. On avait oublié malheureusement de demander un passe-port aux Suédois pour ce chambellan. Le roi de Suède le fit mettre en prison au lieu de lui donner audience, en disant qu'il comptait recevoir une ambassade de la république, et rien du roi Auguste. Cette violation du droit des gens n'était permise que par la loi du plus fort.

Alors Charles, ayant laissé derrière lui des garnisons dans quelques villes de Lithuanie, s'avança au-delà de Grodno, ville connue en Europe par les diètes qui s'y tiennent, mais mal bâtie, et plus mal fortifiée.

A quelques milles par-delà Grodno, il rencontra l'ambassade de la république : elle était composée de cinq sénateurs. Ils voulurent d'abord faire régler un cérémonial que le roi ne connaissait guère ; ils demandèrent qu'on traitât la république de *sérénissime,* qu'on envoyât au-devant d'eux les carrosses du roi, et des sénateurs. On leur répondit que la république serait appelée *illustre,* et non *sérénissime* ; que le roi ne se servait jamais de carrosse ; qu'il avait auprès de lui beaucoup d'officiers et point de sénateurs : qu'on leur enverrait un lieutenant-général, et qu'ils arriveraient sur leurs propres chevaux.

Charles XII les reçut dans sa tente, avec quelque appareil d'une pompe militaire ; leurs discours furent pleins de ménagements et d'obscurités. On remarquait qu'ils craignaient Charles XII, qu'ils n'aimaient pas Auguste, mais qu'ils étaient honteux d'ôter par l'ordre d'un étranger la couronne au roi qu'ils avaient élu. Rien ne se conclut, et Charles XII leur fit comprendre enfin qu'il conclurait dans Varsovie.

Sa marche fut précédée par un manifeste dont le cardinal et son parti inondèrent la Pologne en huit jours. Charles, par cet écrit, invitait tous les Polonais à joindre leur vengeance à la sienne, et prétendait leur faire voir que leurs intérêts et les siens étaient les mêmes. Ils étaient cependant bien différents ; mais le manifeste, soutenu par un grand parti, par le trouble du sénat et par l'approche du conquérant, fit de très fortes impressions. Il fallut reconnaître Charles pour protecteur, puisqu'il voulait l'être, et qu'on était encore trop heureux qu'il se contentât de ce titre.

Les sénateurs contraires à Auguste publièrent hautement l'écrit sous ses yeux mêmes. Le peu qui lui étaient attachés demeurèrent dans le silence. Enfin, quand on apprit que Charles avançait à grandes journées, tous se préparèrent en confusion à partir; le cardinal quitta Varsovie des premiers; la plupart précipitèrent leur fuite, les uns pour aller attendre dans leurs terres le dénoûment de cette affaire, les autres pour aller soulever leurs amis. Il ne demeura auprès du roi que l'ambassadeur de l'empereur, celui du czar, le nonce du pape, et quelques évêques et palatins liés à sa fortune. Il fallait fuir, et on n'avait encore rien décidé en sa faveur. Il se hâta, avant de partir, de tenir un conseil avec ce petit nombre de sénateurs qui représentaient encore le sénat. Quelque zélés qu'ils fussent pour son service, ils étaient Polonais : ils avaient tous conçu une si grande aversion pour les troupes saxonnes, qu'ils n'osèrent pas lui accorder la liberté d'en faire venir au-delà de six mille pour sa défense; encore votèrent-ils que ces six mille hommes seraient commandés par le grand-général de la Pologne, et renvoyés immédiatement après la paix. Quant aux armées de la république, ils lui en laissèrent la disposition.

Après ce résultat, le roi quitta Varsovie, trop faible contre ses ennemis, et peu satisfait de son parti même. Il fit aussitôt publier ses universaux pour assembler la pospolite et les armées, qui n'étaient guère que de vains noms : il n'y avait rien à espérer en Lithuanie, où étaient les Suédois. L'armée de Pologne, réduite à peu de troupes, manquait d'armes, de provisions et de bonne volonté. La plus grande partie de la noblesse, intimidée, irrésolue, ou mal disposée, demeura dans ses terres. En vain le roi, autorisé par les lois de l'état, ordonne, sur peine de la vie, à tous les gentilshommes de monter à cheval et de le suivre; il commençait à devenir problématique si on devait lui obéir. Sa grande ressource était dans les troupes de son électorat, où la forme du gouvernement, entièrement absolue, ne lui laissait pas craindre une désobéissance. Il avait déjà mandé secrètement douze mille Saxons qui s'avançaient avec précipitation. Il en fesait encore revenir huit mille qu'il avait promis à l'empereur dans la guerre de l'empire contre la France, et qu'il fut obligé de rappeler par la nécessité où il était réduit. Introduire tant de Saxons en Pologne, c'était révolter contre lui tous les esprits, et violer la loi faite par son parti même, qui ne lui en permettait que six mille; mais il savait bien que s'il était vainqueur on n'oserait pas se plaindre, et que s'il était vaincu on ne lui pardonnerait pas d'avoir même amené les six mille hommes. Pendant que ces soldats arrivaient par troupes, et qu'il allait de palatinat en palatinat rassembler la noblesse qui lui était attachée, le roi de Suède arriva enfin devant Varsovie le 5 mai 1702. A la première sommation les portes lui furent ouvertes. Il renvoya la garnison polonaise, congédia la garde bourgeoise, établit des corps-de-garde partout, et ordonna aux habitants de venir remettre toutes leurs armes : mais, content de les désarmer, et ne voulant pas les aigrir, il n'exigea d'eux qu'une contribution de cent mille francs. Le roi Auguste assemblait alors ses forces à Cracovie : il fut bien surpris d'y voir arriver le cardinal primat[1]. Cet homme prétendait peut-être garder jusqu'au bout la décence de son caractère, et chasser son roi avec des dehors respectueux; il lui fit entendre que le roi de Suède paraissait disposé à un accommodement raisonnable, et demanda humblement la permission d'aller le trouver. Le roi Auguste accorda ce qu'il ne pouvait refuser, c'est-à-dire la liberté de lui nuire.

Le cardinal primat courut incontinent voir le roi de Suède, auquel il n'avait point encore osé se présenter. Il vit ce prince à Praag[2], près de Varsovie,

---

[1] Varsovie n'était pas fortifiée, et il n'y avait point de garnison. Le cardinal resta dans le lieu de sa résidence, à Louïez, et n'alla pas à Cracovie. P.

[2] C'est ainsi qu'a écrit Voltaire. Mais on appelle ordinairement Praga, et quelquefois Prague, l'espèce de faubourg de Varsovie que Souwarow prit et inonda de sang le 4 novembre 1794. B.

mais sans les cérémonies dont on avait usé avec les ambassadeurs de la république. Il trouva ce conquérant vêtu d'un habit de gros drap bleu, avec des boutons de cuivre doré, de grosses bottes, des gants de buffle qui lui venaient jusqu'au coude, dans une chambre sans tapisserie, où étaient le duc de Holstein son beau-frère, le comte Piper, son premier ministre, et plusieurs officiers généraux. Le roi avança quelques pas au-devant du cardinal; ils eurent ensemble debout une conférence d'un quart d'heure, que Charles finit en disant tout haut : « Je ne don-« nerai point la paix aux Polonais qu'ils n'aient élu un « autre roi. » Le cardinal, qui s'attendait à cette déclaration, la fit savoir aussitôt à tous les palatinats, les assurant de l'extrême déplaisir qu'il disait en avoir, et en même temps de la nécessité où l'on était de complaire au vainqueur.

A cette nouvelle, le roi de Pologne vit bien qu'il fallait perdre ou conserver son trône par une bataille. Il épuisa ses ressources pour cette grande décision. Toutes ses troupes saxonnes étaient arrivées des frontières de Saxe; la noblesse du palatinat de Cracovie, où il était encore, venait en foule lui offrir ses services. Il encourageait lui-même chacun de ses gentilshommes à se souvenir de leurs serments; ils lui promirent de verser pour lui jusqu'à la dernière goutte de leur sang. Fortifié de leurs secours, et des troupes qui portaient le nom de *l'armée de la couronne*, il alla pour la première fois chercher en personne le roi de Suède. Il le trouva bientôt qui s'avançait lui-même vers Cracovie.

Les deux rois parurent en présence le 13 juillet de cette année 1702, dans une vaste plaine auprès de Clissau, entre Varsovie et Cracovie. Auguste avait près de vingt-quatre mille hommes. Charles XII n'en avait que douze mille. Le combat commença par des décharges d'artillerie. A la première volée qui fut tirée par les Saxons, le duc de Holstein, qui commandait la cavalerie suédoise, jeune prince plein de courage et de vertu, reçut un coup de canon dans les reins. Le roi demanda s'il était mort, on lui dit que oui; il ne répondit rien. Quelques larmes tombèrent de ses yeux : il se cacha un moment le visage avec les mains; puis tout-à-coup poussant son cheval à toute bride, il s'élança au milieu des ennemis à la tête de ses gardes.

Le roi de Pologne fit tout ce qu'on devait attendre d'un prince qui combattait pour sa couronne. Il ramena lui-même trois fois ses troupes à la charge; mais il ne combattait qu'avec ses Saxons; les Polonais, qui formaient son aile droite, s'enfuirent tous dès le commencement de la bataille, les uns par terreur, les autres par mauvaise volonté. L'ascendant de Charles XII prévalut. Il remporta une victoire complète. Le camp ennemi, les drapeaux, l'artillerie, la caisse militaire d'Auguste, lui demeurèrent. Il ne s'arrêta pas sur le champ de bataille[1], et marcha droit à Cracovie, poursuivant le roi de Pologne qui fuyait devant lui.

---

[1] Il resta huit jours sur le champ de bataille, laissa ensuite tous les blessés au château de Pinczow, à une lieue de distance du champ de bataille, marcha ensuite à Cracovie, où il se cassa la jambe et resta le temps marqué pour se guérir. P.

Les bourgeois de Cracovie furent assez hardis pour fermer leurs portes au vainqueur. Il les fit rompre; la garnison n'osa tirer un seul coup : on la chassa à coups de fouet et de canne jusque dans le château, où le roi entra avec elle. Un seul officier d'artillerie osant se préparer à mettre le feu au canon, Charles court à lui, et lui arrache la mèche: le commandant se jette aux genoux du roi. Trois régiments suédois furent logés à discrétion chez les citoyens, et la ville taxée à une contribution de cent mille rixdales. Le comte de Steinbock, fait gouverneur de la ville, ayant ouï dire qu'on avait caché des trésors dans les tombeaux des rois de Pologne, qui sont à Cracovie dans l'église Saint-Nicolas, les fit ouvrir : on n'y trouva que des ornements d'or et d'argent qui appartenaient aux églises; on en prit une partie, et Charles XII envoya même un calice d'or à une église de Suède; ce qui aurait soulevé contre lui les Polonais catholiques, si quelque chose avait pu prévaloir contre la terreur de ses armes.

Il sortait de Cracovie bien résolu de poursuivre le roi Auguste sans relâche. A quelques milles de la ville, son cheval s'abattit, et lui fracassa la cuisse. Il fallut le reporter à Cracovie, où il demeura au lit six semaines entre les mains des chirurgiens. Cet accident donna à Auguste le loisir de respirer. Il fit aussitôt répandre dans la Pologne et dans l'empire que Charles XII était mort de sa chute. Cette fausse nouvelle, crue quelque temps, jeta tous les esprits dans l'étonnement et dans l'incertitude. Dans ce petit intervalle il assemble à Marienbourg, puis à Lublin, tous les ordres du royaume déjà convoqués à Sandomir. La foule y fut grande : peu de palatinats refusèrent d'y envoyer. Il regagna presque tous les esprits par des largesses, par des promesses, et par cette affabilité nécessaire aux rois absolus pour se faire aimer, et aux rois électifs pour se maintenir [1]. La diète fut bientôt détrompée de la fausse nouvelle de la mort du roi de Suède; mais le mouvement était déjà donné à ce grand corps : il se laissa emporter à l'impulsion qu'il avait reçue : tous les membres jurèrent de demeurer fidèles à leur souverain; tant les compagnies sont sujettes aux variations. Le cardinal primat lui-même, affectant encore d'être attaché au roi Auguste, vint à la diète de Lublin : il y baisa la main au roi, et ne refusa point de prêter le serment comme les autres. Ce serment consistait à jurer que l'on n'avait rien entrepris et qu'on n'entreprendrait rien contre Auguste. Le roi dispensa le cardinal de la première partie du serment, et le prélat jura le reste en rougissant. Le résultat de cette diète fut que la république de Pologne entretiendrait une armée de cinquante mille hommes à ses

---

[1] Ici une circonstance très nécessaire à l'éclaircissement de l'histoire est omise. Les députés de la grande Pologne, à la diète de Lublin, soupçonnés d'être partisans du roi de Suède, ne furent point admis à l'activité. Dans leur diétine de relation, assemblées qui se tiennent ordinairement après la diète, ils exagérèrent l'affront fait aux palatinats et la lésion faite à la liberté. Animés d'ailleurs et soutenus par les Suédois, ils firent une confédération, qui contenait le maintien du roi Auguste sur le trône, *salvis juribus pactorum conventorum ;* clause fort sujette à interprétation, et à un examen douteux si le roi l'avait observée. Cette confédération, appelant d'autres palatinats pour se joindre à ceux de la grande Pologne, s'avança vers Varsovie, où, dans l'assemblée convoquée par le cardinal, l'*exvinculation* de l'obéissance au roi de Pologne fut publiée. P.

dépens pour le service de son souverain; qu'on donnerait six semaines aux Suédois pour déclarer s'ils voulaient la paix ou la guerre, et pareil terme aux princes de Sapieha, les premiers auteurs des troubles de Lithuanie, pour venir demander pardon au roi de Pologne.

Mais durant ces délibérations, Charles XII, guéri de sa blessure, renversait tout devant lui. Toujours ferme dans le dessein de forcer les Polonais à détrôner eux-mêmes leur roi, il fit convoquer, par les intrigues du cardinal primat, une nouvelle assemblée à Varsovie, pour l'opposer à celle de Lublin. Ses généraux lui représentaient que cette affaire pourrait encore avoir des longueurs, et s'évanouir dans des délais; que pendant ce temps les Moscovites s'aguerrissaient tous les jours contre les troupes qu'il avait laissées en Livonie et en Ingrie; que les combats qui se donnaient souvent dans ces provinces entre les Suédois et les Russes n'étaient pas toujours à l'avantage des premiers, et qu'enfin sa présence y serait peut-être bientôt nécessaire. Charles, aussi inébranlable dans ses projets que vif dans ses actions, leur répondit: « Quand je devrais rester ici cinquante ans, « je n'en sortirai point que je n'aie détrôné le roi de « Pologne. »

Il laissa l'assemblée de Varsovie combattre par des discours et par des écrits celle de Lublin, et chercher de quoi justifier ses procédés dans les lois du royaume; lois toujours équivoques, que chaque parti interprète à son gré, et que le succès seul rend incontestables. Pour lui, ayant augmenté ses troupes victorieuses de six mille hommes de cavalerie, et de huit mille d'infanterie, qu'il reçut de Suède, il marcha contre les restes de l'armée saxonne, qu'il avait battue à Clissau, et qui avait eu le temps de se rallier et de se grossir, pendant que sa chute de cheval l'avait retenu au lit. Cette armée évitait ses approches, et se retirait vers la Prusse, au nord-ouest de Varsovie. La rivière de Bug était entre lui et les ennemis. Charles passa à la nage, à la tête de sa cavalerie : l'infanterie alla chercher un gué au-dessus. (1er mai 1703.) On arrive aux Saxons dans un lieu nommé Pultesh. Le général Stenau les commandait au nombre d'environ dix mille. Le roi de Suède, dans sa marche précipitée, n'en avait pas amené davantage, sûr qu'un moindre nombre lui suffisait. La terreur de ses armes était si grande, que la moitié de l'armée saxonne s'enfuit à son approche sans rendre de combat. Le général Stenau fit ferme un moment avec deux régiments : le moment d'après il fut lui-même entraîné dans la fuite générale de son armée, qui se dispersa avant d'être vaincue. Les Suédois ne firent pas mille prisonniers, et ne tuèrent pas six cents hommes, ayant plus de peine à les poursuivre qu'à les défaire.

Auguste, à qui il ne restait plus que les débris de ses Saxons battus de tous côtés, se retira en hâte dans Thorn, vieille ville de la Prusse royale, sur la Vistule, laquelle est sous la protection des Polonais. Charles se disposa aussitôt à l'assiéger. Le roi de Pologne, qui ne s'y crut pas en sûreté, se retira, et courut dans tous les endroits de la Pologne où il pouvait rassembler encore quelques soldats, et où les courses des Suédois n'avaient point pénétré. Cependant Charles, dans tant de marches si vives, traversant des rivières à la nage, et courant avec son infanterie montée en croupe derrière ses cavaliers, n'avait pu amener de canon devant Thorn ; il lui fallut attendre qu'il lui en vînt de Suède par mer.

En attendant, il se posta à quelques milles de la ville : il s'avançait souvent trop près des remparts pour la reconnaître. L'habit simple qu'il portait toujours lui était, dans ces dangereuses promenades, d'une utilité à laquelle il n'avait jamais pensé : il l'empêchait d'être remarqué, et d'être choisi par les ennemis, qui eussent tiré à sa personne. Un jour s'étant avancé fort près avec un de ses généraux nommé Lieven, qui était vêtu d'un habit[a] bleu galonné d'or, il craignit que ce général ne fût trop aperçu ; il lui ordonna de se mettre derrière lui, par un mouvement de cette magnanimité qui lui était si naturelle, que même il ne fesait pas réflexion qu'il exposait sa vie à un danger manifeste pour sauver celle de son sujet. Lieven, connaissant trop tard sa faute d'avoir mis un habit remarquable, qui exposait aussi ceux qui étaient auprès de lui, et craignant également pour le roi, en quelque place qu'il fût, hésitait s'il devait obéir : dans le moment que durait cette contestation, le roi le prend par le bras, se met devant lui, et le couvre ;

---

[a] On avait, dans les premières éditions, donné un habit d'écarlate à cet officier ; mais le chapelain Nordberg a si bien démontré que l'habit était bleu, qu'on a corrigé cette faute.—Voyez la lettre de Voltaire à Nordberg, dans la *Correspondance*, année 1744. B.

au même instant une volée de canon, qui venait en flanc, renverse le général mort sur la place même que le roi quittait à peine. La mort de cet homme, tué précisément au lieu de lui, et parcequ'il l'avait voulu sauver, ne contribua pas peu à l'affermir dans l'opinion où il fut toute sa vie d'une prédestination absolue, et lui fit croire que sa destinée, qui le conservait si singulièrement, le réservait à l'exécution des plus grandes choses.

Tout lui réussissait, et ses négociations et ses armes étaient également heureuses. Il était comme présent dans toute la Pologne; car son grand-maréchal Rehnsköld était au cœur de cet état avec un grand corps d'armée. Près de trente mille Suédois sous divers généraux, répandus au nord et à l'orient sur les frontières de la Moscovie, arrêtaient les efforts de tout l'empire des Russes, et Charles était à l'occident, à l'autre bout de la Pologne, à la tête de l'élite de ses troupes.

Le roi de Danemark, lié par le traité de Travendal, que son impuissance l'empêchait de rompre, demeurait dans le silence. Ce monarque, plein de prudence, n'osait faire éclater son dépit de voir le roi de Suède si près de ses états. Plus loin, en tirant vers le sud-ouest, entre les fleuves de l'Elbe et du Véser, le duché de Brême, dernier territoire des anciennes conquêtes de la Suède, rempli de fortes garnisons, ouvrait encore à ce conquérant les portes de la Saxe et de l'empire. Ainsi, depuis l'Océan germanique jusqu'assez près de l'embouchure du Borysthène, ce qui fait la largeur de l'Europe, et jusqu'aux portes de Moscou,

tout était dans la consternation et dans l'attente d'une
révolution entière. Ses vaisseaux, maîtres de la mer
Baltique, étaient employés à transporter dans son
pays les prisonniers faits en Pologne. La Suède, tranquille au milieu de ces grands mouvements, goûtait
une paix profonde, et jouissait de la gloire de son
roi, sans en porter le poids, puisque ses troupes victorieuses étaient payées et entretenues aux dépens
des vaincus.

Dans ce silence général du Nord devant les armes
de Charles XII, la ville de Dantzick osa lui déplaire.
Quatorze frégates et quarante vaisseaux de transport
amenaient au roi un renfort de six mille hommes,
avec du canon et des munitions pour achever le siége
de Thorn. Il fallait que ce secours remontât la Vistule.
A l'embouchure de ce fleuve est Dantzick, ville riche
et libre, qui jouit en Pologne, avec Thorn et Elbing,
des mêmes priviléges que les villes impériales ont
dans l'Allemagne. Sa liberté a été attaquée tour-à-tour
par les Danois, la Suède, et quelques princes allemands; et elle ne l'a conservée que par la jalousie
qu'ont ces puissances les unes des autres. Le comte
de Steinbock, un des généraux suédois, assembla le
magistrat de la part du roi, demanda le passage pour
les troupes, et quelques munitions. Le magistrat, par
une imprudence ordinaire à ceux qui traitent avec
plus fort qu'eux, n'osa ni le refuser, ni lui accorder
nettement ses demandes. Le général Steinbock se fit
donner de force plus qu'il n'avait demandé : on exigea
même de la ville une contribution de cent mille écus,
par laquelle elle paya son refus imprudent. Enfin les

troupes de renfort, le canon, et les munitions, étant arrivés devant Thorn, on commença le siége le 22 septembre.

Robel, gouverneur de la place, la défendit un mois avec cinq mille hommes de garnison. Au bout de ce temps il fut forcé de se rendre à discrétion. La garnison fut faite prisonnière de guerre, et envoyée en Suède. Robel fut présenté désarmé au roi. Ce prince, qui ne perdait jamais une occasion d'honorer le mérite dans ses ennemis, lui donna une épée de sa main, lui fit un présent considérable en argent, et le renvoya sur sa parole. Mais la ville, petite et pauvre, fut condamnée à payer quarante mille écus; contribution excessive pour elle.

Elbing, bâtie sur un bras de la Vistule, fondée par les chevaliers teutons, et annexée aussi à la Pologne, ne profita pas de la faute des Dantzickois; elle balança trop à donner passage aux troupes suédoises. Elle en fut plus sévèrement punie que Dantzick. Charles y entra le 13 de décembre, à la tête de quatre mille hommes, la baïonnette au bout du fusil. Les habitants épouvantés se jetèrent à genoux dans les rues, et lui demandèrent miséricorde. Il les fit tous désarmer, logea ses soldats chez les bourgeois; ensuite ayant mandé le magistrat, il exigea le jour même une contribution de deux cent soixante mille écus; il y avait dans la ville deux cents pièces de canon et quatre cents milliers de poudre qu'il saisit. Une bataille gagnée ne lui eût pas valu de si grands avantages. Tous ces succès étaient les avant-coureurs du détrônement du roi Auguste.

A peine le cardinal avait juré à son roi de ne rien entreprendre contre lui, qu'il s'était rendu à l'assemblée de Varsovie, toujours sous le prétexte de la paix. Il arriva ne parlant que de concorde et d'obéissance, mais accompagné de soldats levés dans ses terres. Enfin, il leva le masque, et, le 14 février 1704, déclara, au nom de l'assemblée, *Auguste, électeur de Saxe, inhabile à porter la couronne de Pologne.* On y prononça d'une commune voix que le trône était vacant. La volonté du roi de Suède, et par conséquent celle de cette diète, était de donner au prince Jacques Sobieski le trône du roi Jean son père. Jacques Sobieski était alors à Breslau en Silésie, attendant avec impatience la couronne qu'avait portée son père. Il était un jour à la chasse, à quelques lieues de Breslau, avec le prince Constantin, l'un de ses frères; trente cavaliers saxons, envoyés secrètement par le roi Auguste, sortent tout-à-coup d'un bois voisin, entourent les deux princes, et les enlèvent sans résistance. On avait préparé des chevaux de relais, sur lesquels ils furent sur-le-champ conduits à Leipsick, où on les enferma étroitement. Ce coup dérangea les mesures de Charles, du cardinal, et de l'assemblée de Varsovie.

La fortune, qui se joue des têtes couronnées, mit presque dans le même temps le roi Auguste sur le point d'être pris lui-même. Il était à table, à trois lieues de Cracovie, se reposant sur une garde avancée, et postée à quelque distance, lorsque le général Rehnsköld parut subitement, après avoir enlevé cette garde. Le roi de Pologne n'eut que le temps de monter à cheval, lui onzième. Le général Relmsköld le poursuivit pendant quatre jours, prêt de le saisir à tout moment. Le roi fuit jusqu'à Sandomir : le général suédois l'y suivit encore ; et ce ne fut que par un bonheur singulier que ce prince échappa.

Pendant tout ce temps le parti du roi Auguste traitait celui du cardinal, et en était traité réciproquement de traître à la patrie. L'armée de la couronne était partagée entre les deux factions. Auguste, forcé enfin d'accepter le secours moscovite, se repentit de n'y avoir pas eu recours assez tôt. Il courait tantôt en Saxe, où ses ressources étaient épuisées, tantôt il retournait en Pologne, où l'on n'osait le servir. D'un autre côté, le roi de Suède, victorieux et tranquille, régnait en effet en Pologne.

Le comte Piper, qui avait dans l'esprit autant de politique que son maître avait de grandeur dans le sien, proposa alors à Charles XII de prendre pour lui-même la couronne de Pologne. Il lui représentait combien l'exécution en était facile avec une armée victorieuse, et un parti puissant dans le cœur d'un royaume qui lui était déjà soumis. Il le tentait par le titre de défenseur de la religion évangélique, nom qui flattait l'ambition de Charles. Il était aisé, disait-il, de faire en Pologne ce que Gustave Vasa avait fait en Suède, d'y établir le luthéranisme, et de rompre les chaînes du peuple, esclave de la noblesse et du clergé. Charles fut tenté un moment ; mais la gloire était son idole. Il lui sacrifia son intérêt, et le plaisir qu'il eût eu d'enlever la Pologne au pape. Il dit au comte Piper qu'il était plus flatté de donner que de gagner des royaumes : il ajouta en souriant : « Vous étiez fait pour « être le ministre d'un prince italien. »

Charles était encore auprès de Thorn, dans cette partie de la Prusse royale qui appartient à la Pologne; il portait de là sa vue sur ce qui se passait à Varsovie, et tenait en respect les puissances voisines. Le prince Alexandre, frère des deux Sobieski enlevés en Silésie, vint lui demander vengeance. Charles la lui promit d'autant plus qu'il la croyait aisée, et qu'il se vengeait lui-même. Mais impatient de donner un roi à la Pologne, il proposa au prince Alexandre de monter sur le trône, dont la fortune s'opiniâtrait à écarter son frère. Il ne s'attendait pas à un refus. Le prince Alexandre lui déclara que rien ne pourrait jamais l'engager à profiter du malheur de son aîné. Le roi de Suède, le comte Piper, tous ses amis, et surtout le jeune palatin de Posnanie, Stanislas Leczinski, le pressèrent d'accepter la couronne. Il fut inébranlable : les princes voisins apprirent avec étonnement ce refus inouï, et ne savaient lequel ils devaient admirer davantage, ou un roi de Suède, qui à l'âge de vingt-trois ans donnait la couronne de Pologne, ou le prince Alexandre qui la refusait.

FIN DU LIVRE SECOND.

LIVRE TROISIÈME.

ARGUMENT.

Stanislas Leczinski, élu roi de Pologne. Mort du cardinal primat. Belle retraite du général Schulenbourg. Exploits du czar. Fondation de Pétersbourg. Bataille de Frauenstadt. Charles entre en Saxe. Paix d'Alt-Rantstadt. Auguste abdique la couronne, et la cède à Stanislas. Le général Patkul, plénipotentiaire du czar, est roué et écartelé. Charles reçoit en Saxe des ambassadeurs de tous les princes; il va seul à Dresde voir Auguste avant de partir.

Le jeune Stanislas Leczinski était alors député à l'assemblée de Varsovie pour aller rendre compte au roi de Suède de plusieurs différents survenus dans le temps de l'enlèvement du prince Jacques. Stanislas avait une physionomie heureuse, pleine de hardiesse et de douceur, avec un air de probité et de franchise, qui de tous les avantages extérieurs est le plus grand, et qui donne plus de poids aux paroles que l'éloquence même. La sagesse avec laquelle il parla du roi Auguste, de l'assemblée, du cardinal primat, et des intérêts différents qui divisaient la Pologne, frappa Charles. Le roi Stanislas m'a fait l'honneur de me raconter qu'il dit en latin au roi de Suède: «Comment « pourrons-nous faire une élection, si les deux princes « Jacques et Constantin Sobieski sont captifs?» et que Charles lui répondit: «Comment délivrera-t-on la ré- « publique, si on ne fait pas une élection?» Cette conversation fut l'unique brigue qui mit Stanislas sur le trône. Charles prolongea exprès la conférence, pour mieux sonder le génie du jeune député. Après l'audience, il dit tout haut qu'il n'avait jamais vu d'homme si propre à concilier tous les partis. Il ne tarda pas à s'informer du caractère du palatin Leczinski. Il sut qu'il était plein de bravoure, endurci à la fatigue; qu'il couchait toujours sur une espèce de paillasse, n'exigeant aucun service de ses domestiques auprès de sa personne; qu'il était d'une tempérance peu commune dans ce climat, économe, adoré de ses vassaux, et le seul seigneur peut-être en Pologne qui eût quelques amis dans un temps où l'on ne connaissait de liaisons que celles de l'intérêt et de la faction. Ce caractère, qui avait en quelques choses du rapport avec le sien, le détermina entièrement. Il dit tout haut après la conférence: « Voilà un homme qui sera tou- « jours mon ami »; et on s'aperçut bientôt que ces mots signifiaient: « Voilà un homme qui sera roi. »

Quand le primat de Pologne sut que Charles XII avait nommé le palatin Leczinski, à peu près comme Alexandre avait nommé Abdolonyme, il accourut auprès du roi de Suède pour tâcher de faire changer cette résolution; il voulait faire tomber la couronne à un Lubomirski : « Mais qu'avez-vous à alléguer contre « Stanislas Leczinski? dit le conquérant.—Sire, dit le « primat, il est trop jeune. » Le roi répliqua sèchement : « Il est à peu près de mon âge »; tourna le dos au prélat, et aussitôt envoya le comte de Horn signifier à l'assemblée de Varsovie qu'il fallait élire un roi dans cinq jours, et qu'il fallait élire Stanislas Leczinski. Le comte de Horn arriva le 7 juillet; il fixa le jour de l'élection au 12, comme il aurait ordonné le décampement d'un bataillon. Le cardinal primat, frustré du fruit de tant d'intrigues, retourna à l'assemblée, où il remua tout pour faire échouer une élection à laquelle il n'avait point de part. Mais le roi de Suède arriva lui-même *incognito* à Varsovie; alors il fallut se taire. Tout ce que put faire le primat fut de ne point se trouver à l'élection; il se réduisit à une neutralité inutile, ne pouvant s'opposer au vainqueur, et ne voulant pas le seconder.

Le samedi 12 juillet 1704, jour fixé pour l'élection, étant venu, on s'assembla à trois heures après midi au Colo, champ destiné pour cette cérémonie : l'évêque de Posnanie vint présider à l'assemblée à la place du cardinal primat. Il arriva suivi des gentilshommes du parti. Le comte de Horn et deux autres officiers généraux assistaient publiquement à cette solennité, comme ambassadeurs extraordinaires de Charles auprès de la république. La séance dura jusqu'à neuf heures du soir : l'évêque de Posnanie la finit en déclarant, au nom de la diète, Stanislas élu roi de Pologne. Tous les bonnets sautèrent en l'air, et le bruit des acclamations étouffa les cris des opposants.

Il ne servit de rien au cardinal primat et à ceux qui avaient voulu demeurer neutres, de s'être absentés de l'élection, il fallut que dès le lendemain ils vinssent tous rendre hommage au nouveau roi; la plus grande mortification qu'ils eurent fut d'être obligés de le suivre au quartier du roi de Suède. Ce prince rendit au souverain qu'il venait de faire tous les honneurs dus à un roi de Pologne; et pour donner plus de poids à sa nouvelle dignité, on lui assigna de l'argent et des troupes.

Charles XII partit aussitôt de Varsovie pour aller achever la conquête de la Pologne. Il avait donné rendez-vous à son armée devant Léopol, capitale du grand palatinat de Russie, place importante par elle-même, et plus encore par les richesses dont elle était remplie. On croyait qu'elle tiendrait quinze jours, à cause des fortifications que le roi Auguste y avait faites. Le conquérant l'investit le 5 septembre, et le lendemain la prit d'assaut. Tout ce qui osa résister fut passé au fil de l'épée. Les troupes victorieuses et maîtresses de la ville ne se débandèrent point pour courir au pillage, malgré le bruit des trésors qui étaient dans Léopol. Elles se rangèrent en bataille dans la grande place. Là, ce qui restait de la garnison vint se rendre prisonnier de guerre. Le roi fit publier à son de trompe que tous ceux des habitants qui auraient des effets appartenants au roi Auguste ou à ses adhérents, les apportassent eux-mêmes avant la fin du jour, sur peine de la vie. Les mesures furent si bien prises que peu osèrent désobéir; on apporta au roi quatre cents caisses remplies d'or et d'argent monnayé, de vaisselle, et de choses précieuses.

Ce commencement du règne de Stanislas fut marqué presque le même jour par un événement bien différent. Quelques affaires qui demandaient absolument sa présence, l'avaient obligé de demeurer dans Varsovie. Il avait avec lui sa mère, sa femme, et ses deux filles. Le cardinal primat, l'évêque de Posnanie, et quelques grands de Pologne, composaient sa nouvelle cour. Elle était gardée par six mille Polonais de l'armée de la couronne, depuis peu passés à son service, mais dont la fidélité n'avait point encore été éprouvée. Le général Horn, gouverneur de la ville, n'avait d'ailleurs avec lui que quinze cents Suédois. On était à Varsovie dans une tranquillité profonde, et Stanislas comptait en partir dans peu de jours pour aller à la conquête de Léopol. Tout-à-coup il apprend qu'une armée nombreuse approche de la ville : c'était le roi Auguste qui, par un nouvel effort, et par une des plus belles marches que jamais général ait faites, ayant donné le change au roi de Suède, venait avec vingt mille hommes fondre dans Varsovie, et enlever son rival.

Varsovie n'était pas fortifiée, et les troupes polonaises qui la défendaient, peu sûres. Auguste avait des intelligences dans la ville; si Stanislas demeurait, il était perdu. Il renvoya sa famille en Posnanie, sous la garde des troupes polonaises auxquelles il se fiait le plus. Il crut, dans ce désordre, avoir perdu sa seconde fille, âgée d'un an. Elle fut égarée par sa nourrice : il la retrouva dans une auge d'écurie, où elle avait été abandonnée, dans un village voisin : c'est ce que je lui ai entendu conter. Ce fut ce même enfant que la destinée, après de plus grandes vicissitudes, fit depuis reine de France[1]. Plusieurs gentils-

---

[1] Marie Leczinska, née en 1703, qui épousa Louis XV en 1725, et mourut en 1768. B.

hommes prirent des chemins différents; le nouveau roi partit lui-même pour aller trouver Charles XII, apprenant de bonne heure à souffrir des disgraces, et forcé de quitter sa capitale six semaines après y avoir été élu souverain.

Auguste entra dans la capitale en souverain irrité et victorieux. Les habitants, déjà rançonnés par le roi de Suède, le furent encore davantage par Auguste. Le palais du cardinal et toutes les maisons des seigneurs confédérés, tous leurs biens à la ville et à la campagne, furent livrés au pillage. Ce qu'il y eut de plus étrange dans cette révolution passagère, c'est qu'un nonce du pape, qui était venu avec le roi Auguste, demanda au nom de son maître qu'on lui livrât l'évêque de Posnanie, comme justiciable de la cour de Rome, en qualité d'évêque et de fauteur d'un prince mis sur le trône par les armes d'un luthérien.

La cour de Rome, qui a toujours songé à augmenter son pouvoir temporel à la faveur du spirituel, avait depuis très long-temps établi en Pologne une espèce de juridiction, à la tête de laquelle est le nonce du pape. Ses ministres n'avaient pas manqué de profiter de toutes les conjonctures favorables pour étendre leur pouvoir, révéré par la multitude, mais toujours contesté par les plus sages. Ils s'étaient attribué le droit de juger toutes les causes des ecclésiastiques, et avaient surtout, dans les temps de troubles, usurpé beaucoup d'autres prérogatives, dans lesquelles ils se sont maintenus jusque vers l'année 1728, où l'on a retranché ces abus, qui ne sont jamais réformés que lorsqu'ils sont devenus tout-à-fait intolérables.

Le roi Auguste, bien aise de punir l'évêque de Posnanie avec bienséance, et de plaire à la cour de Rome, contre laquelle il se serait élevé en tout autre temps, remit le prélat polonais entre les mains du nonce. L'évêque, après avoir vu piller sa maison, fut porté par des soldats chez le ministre italien, et envoyé en Saxe, où il mourut. Le comte de Horn essuya, dans le château où il était enfermé, le feu continuel des ennemis : enfin, la place n'étant pas tenable, il se rendit prisonnier de guerre avec ses quinze cents Suédois. Ce fut là le premier avantage qu'eut le roi Auguste, dans le torrent de sa mauvaise fortune, contre les armes victorieuses de son ennemi.

Ce dernier effort était l'éclat d'un feu qui s'éteint. Ses troupes assemblées à la hâte étaient des Polonais prêts à l'abandonner à la première disgrace, des recrues de Saxons qui n'avaient point encore vu de guerres, des cosaques vagabonds plus propres à dépouiller des vaincus qu'à vaincre : tous tremblaient au seul nom du roi de Suède.

Ce conquérant, accompagné du roi Stanislas, alla chercher son ennemi à la tête de l'élite de ses troupes. L'armée saxonne fuyait partout devant lui. Les villes lui envoyaient leurs clefs de trente milles à la ronde : il n'y avait point de jour qui ne fût signalé par quelque avantage. Les succès devenaient trop familiers à Charles. Il disait que c'était aller à la chasse plutôt que faire la guerre, et se plaignait de ne point acheter la victoire.

Auguste confia pour quelque temps le commandement de son armée au comte de Schulenbourg, général très habile, et qui avait besoin de toute son expérience à la tête d'une armée découragée. Il songea plus à conserver les troupes de son maître qu'à vaincre : il fesait la guerre avec adresse, et les deux rois avec vivacité. Il leur déroba des marches, occupa des passages avantageux, sacrifia quelque cavalerie pour donner le temps à son infanterie de se retirer en sûreté. Il sauva ses troupes par des retraites glorieuses, devant un ennemi avec lequel on ne pouvait guère alors acquérir que cette espèce de gloire.

A peine arrivé dans le palatinat de Posnanie, il apprend que les deux rois, qu'il croyait à cinquante lieues de lui, avaient fait ces cinquante lieues en neuf jours. Il n'avait que huit mille fantassins et mille cavaliers ; il fallait se soutenir contre une armée supérieure, contre le nom du roi de Suède, et contre la crainte naturelle que tant de défaites inspiraient aux Saxons. Il avait toujours prétendu, malgré l'avis des généraux allemands, que l'infanterie pouvait résister en pleine campagne, même sans chevaux de frise, à la cavalerie : il en osa faire ce jour-là l'expérience contre cette cavalerie victorieuse, commandée par deux rois et par l'élite des généraux suédois. Il se posta si avantageusement, qu'il ne put être entouré. Son premier rang mit le genou en terre : il était armé de piques et de fusils : les soldats, extrêmement serrés, présentaient aux chevaux des ennemis une espèce de rempart hérissé de piques et de baïonnettes : le second rang, un peu courbé sur les épaules du premier, tirait par-dessus ; et le troisième, debout, fesait feu en même temps derrière les deux autres. Les Suédois fondirent avec leur impétuosité ordinaire sur les Saxons, qui les attendirent sans s'ébranler : les coups de fusil, de pique, et de baïonnette, effarouchèrent les chevaux, qui se cabraient au lieu d'avancer. Par ce moyen, les Suédois n'attaquèrent qu'en désordre, et les Saxons se défendirent en gardant leurs rangs.

Il en fit un bataillon carré long ; et, quoique chargé de cinq blessures, il se retira en bon ordre en cette forme, au milieu de la nuit, dans la petite ville de Gurau, à trois lieues du champ de bataille. A peine commençait-il à respirer dans cet endroit, que les deux rois paraissent tout-à-coup derrière lui.

Au-delà de Gurau, en tirant vers le fleuve de l'Oder, était un bois épais, à travers duquel le général saxon sauva son infanterie fatiguée. Les Suédois, sans se rebuter, le poursuivirent par le bois même, avançant avec difficulté dans des routes à peine praticables pour des gens de pied. Les Saxons n'eurent traversé le bois que cinq heures avant la cavalerie suédoise. Au sortir de ce bois coule la rivière de Parts, au pied d'un village nommé Rutsen. Schulenbourg avait envoyé en diligence rassembler des bateaux ; il fait passer la rivière à sa troupe, qui était déjà diminuée de moitié. Charles arrive dans le temps que Schulenbourg était à l'autre bord. Jamais vainqueur n'avait poursuivi si vivement son ennemi. La réputation de Schulenbourg dépendait d'échapper au roi de Suède : le roi, de son côté, croyait sa gloire intéressée à prendre Schulenbourg et le reste de son armée : il ne perd point de temps ; il fait passer sa cavalerie à un gué. Les Saxons se trouvaient enfermés entre cette rivière de Parts et le grand fleuve de l'Oder, qui prend sa source dans la Silésie, et qui est déjà profond et rapide en cet endroit.

La perte de Schulenbourg paraissait inévitable; cependant, après avoir sacrifié peu de soldats, il passa l'Oder pendant la nuit. Il sauva ainsi son armée; et Charles ne put s'empêcher de dire : « Aujourd'hui « Schulenbourg nous a vaincus. »

C'est ce même Schulenbourg qui fut depuis général des Vénitiens, et à qui la république a érigé une statue dans Corfou, pour avoir défendu contre les Turcs ce rempart de l'Italie. Il n'y a que les républiques qui rendent de tels honneurs [1]; les rois ne donnent que des récompenses.

Mais ce qui fesait la gloire de Schulenbourg n'était guère utile au roi Auguste. Ce prince abandonna encore une fois la Pologne à ses ennemis; il se retira en Saxe, et fit réparer avec précipitation les fortifications de Dresde, craignant déjà, non sans raison, pour la capitale de ses états héréditaires.

Charles XII voyait la Pologne soumise; ses généraux, à son exemple, venaient de battre en Courlande plusieurs petits corps moscovites, qui, depuis la grande bataille de Narva, ne se montraient plus que par pelotons, et qui, dans ces quartiers, ne fesaient la guerre que comme des Tartares vagabonds, qui

---

[1] Tout cet alinéa fut ajouté en 1756. Quelques années auparavant, le sénat de la république de Gênes avait décerné une statue au maréchal de Richelieu, pour sa défense de Gênes en 1747. Voyez, tome XIII, l'épître de Voltaire à ce sujet, datée du 18 novembre 1748. B.

pillent, qui fuient, et qui reparaissent pour fuir encore.

Partout où se trouvaient les Suédois, ils se croyaient sûrs de la victoire quand ils étaient vingt contre cent. Dans de si heureuses conjonctures, Stanislas prépara son couronnement. La fortune, qui l'avait fait élire à Varsovie, et qui l'en avait chassé, l'y rappela encore aux acclamations d'une foule de noblesse que le sort des armes lui attachait. Une diète y fut convoquée; tous les obstacles y furent aplanis; il n'y eut que la cour de Rome seule qui le traversa.

Il était naturel qu'elle se déclarât pour le roi Auguste, qui, de protestant, s'était fait catholique pour monter sur le trône, contre Stanislas, placé sur le même trône par un grand ennemi de la religion catholique. Clément XI, alors pape, envoya des brefs à tous les prélats de Pologne, et surtout au cardinal primat, par lesquels il les menaçait de l'excommunication, s'ils osaient assister au sacre de Stanislas, et attenter en rien contre les droits du roi Auguste.

Si ces brefs parvenaient aux évêques qui étaient à Varsovie, il était à craindre que quelques uns n'obéissent par faiblesse, et que la plupart ne s'en prévalussent pour se rendre plus difficiles, à mesure qu'ils seraient plus nécessaires. On avait donc pris toutes les précautions pour empêcher que les lettres du pape ne fussent reçues dans Varsovie. Un franciscain reçut secrètement les brefs pour les délivrer en main propre aux prélats. Il en donna d'abord un au suffragant de

Chelm : ce prélat, très attaché à Stanislas, le porta au roi tout cacheté. Le roi fit venir le religieux, et lui demanda comment il avait osé se charger d'une telle pièce. Le franciscain répondit que c'était par l'ordre de son général. Stanislas lui ordonna d'écouter désormais les ordres de son roi préférablement à ceux du général des franciscains, et le fit sortir dans le moment de la ville.

Le même jour on publia un placard du roi de Suède, par lequel il était défendu à tous ecclésiastiques séculiers et réguliers dans Varsovie, sous des peines très grièves, de se mêler des affaires d'état. Pour plus de sûreté, il fit mettre des gardes aux portes de tous les prélats, et défendit qu'aucun étranger entrât dans la ville. Il prenait sur lui ces petites sévérités, afin que Stanislas ne fût point brouillé avec le clergé à son avénement. Il disait qu'il se délassait de ses fatigues militaires en arrêtant les intrigues de la cour romaine, et qu'on se battait contre elle avec du papier, au lieu qu'il fallait attaquer les autres souverains avec des armes véritables.

Le cardinal primat était sollicité par Charles et par Stanislas de venir faire la cérémonie du couronnement. Il ne crut pas devoir quitter Dantzick pour sacrer un roi qu'il n'avait point voulu élire; mais comme sa politique était de ne jamais rien faire sans prétexte, il voulut préparer une excuse légitime à son refus. Il fit afficher, pendant la nuit, le bref du pape à la porte de sa propre maison. Le magistrat de Dantzick, indigné, fit chercher les coupables, qu'on ne trouva point. Le primat feignait d'être irrité, et était fort content : il avait une raison pour ne point sacrer le *nouveau roi* ; et il se ménageait en même temps avec Charles XII, Auguste, Stanislas, et le pape. Il mourut peu de jours après, laissant son pays dans une confusion affreuse, et n'ayant réussi, par toutes ses intrigues, qu'à se brouiller à-la-fois avec les trois rois Charles, Auguste, et Stanislas, avec sa république, et avec le pape, qui lui avait ordonné de venir à Rome rendre compte de sa conduite ; mais comme les politiques mêmes ont quelquefois des remords dans leurs derniers moments, il écrivit au roi Auguste, en mourant, pour lui demander pardon.

Le sacre se fit tranquillement, et avec pompe, le 4 octobre 1705, dans la ville de Varsovie, malgré l'usage où l'on est en Pologne de couronner les rois à Cracovie. Stanislas Leczinski et sa femme Charlotta Opalinska furent sacrés roi et reine de Pologne par les mains de l'archevêque de Léopol, assisté de beaucoup d'autres prélats. Charles XII vit cette cérémonie *incognito* : unique fruit qu'il retirait de ses conquêtes.

Tandis qu'il donnait un roi à la Pologne soumise, que le Danemark n'osait le troubler, que le roi de Prusse[1] recherchait son amitié, et que le roi Auguste se retirait dans ses états héréditaires, le czar devenait de jour en jour redoutable. Il avait faiblement secouru Auguste en Pologne, mais il avait fait de puissantes diversions en Ingrie.

Pour lui, non seulement il commençait à être grand homme de guerre, mais même à montrer l'art à ses

---

[1] C'était Frédéric Ier : voyez, sur les rois de Prusse, tome XXI, une note sur le chap. vi du *Précis du Siècle de Louis XV*. B.

Moscovites : la discipline s'établissait dans ses troupes ;
il avait de bons ingénieurs, une artillerie bien servie,
beaucoup de bons officiers ; il savait le grand art de
faire subsister des armées. Quelques uns de ses généraux avaient appris, et à bien combattre, et, selon le
besoin, à ne combattre pas ; bien plus, il avait formé
une marine capable de faire tête aux Suédois dans la
mer Baltique.

Fort de tous ces avantages dus à son seul génie, et
de l'absence du roi de Suède, il prit Narva d'assaut,
le 21 août de l'année 1704 [1], après un siége régulier,
et après avoir empêché qu'elle ne fût secourue par
mer et par terre. Les soldats, maîtres de la ville,
coururent au pillage ; ils s'abandonnèrent aux barbaries les plus énormes. Le czar courait de tous côtés
pour arrêter le désordre et le massacre ; il arracha
lui-même des femmes des mains des soldats, qui les
allaient égorger après les avoir violées. Il fut même
obligé de tuer de sa main quelques Moscovites qui
n'écoutaient point ses ordres. On montre encore à
Narva, dans l'hôtel de ville, la table sur laquelle il
posa son épée en entrant ; et on s'y ressouvient des
paroles qu'il adressa aux citoyens qui s'y rassemblèrent : « Ce n'est point du sang des habitants que cette
« épée est teinte, mais de celui des Moscovites, que
« j'ai répandu pour sauver vos vies. »

Si le czar avait toujours eu cette humanité, c'était
le premier des hommes. Il aspirait à plus qu'à détruire des villes ; il en fondait une alors peu loin de

---

[1] Dans l'*Histoire de Russie* (tome XXV), chapitre XIII de la première partie, Voltaire dit le 20 auguste. B.

Narva même, au milieu de ses nouvelles conquêtes ; c'était la ville de Pétersbourg, dont il fit depuis sa résidence et le centre du commerce. Elle est située entre la Finlande et l'Ingrie, dans une île marécageuse, autour de laquelle la Néva se divise en plusieurs bras avant de tomber dans le golfe de Finlande : lui-même traça le plan de la ville, de la forteresse, du port, des quais qui l'embellissent, et des forts qui en défendent l'entrée. Cette île inculte et déserte, qui n'était qu'un amas de boue pendant le court été de ces climats, et dans l'hiver qu'un étang glacé, où l'on ne pouvait aborder par terre qu'à travers des forêts sans route et des marais profonds, et qui n'avait été jusqu'alors que le repaire des loups et des ours, fut remplie, en 1703, de plus de trois cent mille hommes que le czar avait rassemblés de ses états. Les paysans du royaume d'Astracan, et ceux qui habitent les frontières de la Chine, furent transportés à Pétersbourg. Il fallut percer des forêts, faire des chemins, sécher des marais, élever des digues, avant de jeter les fondements de la ville. La nature fut forcée partout. Le czar s'obstina à peupler un pays qui semblait n'être pas destiné pour des hommes : ni les inondations qui ruinèrent ses ouvrages, ni la stérilité du terrain, ni l'ignorance des ouvriers, ni la mortalité même, qui fit périr deux cent mille[1] hommes dans ces commencements, ne lui firent point changer de résolution. La ville fut fondée parmi les obstacles que la nature, le génie des peuples, et une guerre malheureuse, y apportaient. Péters-

[1] Voyez, tome XXXIX, une note ajoutée aux *Anecdotes sur le czar Pierre-le-Grand*. B.

bourg était déjà une ville en 1705, et son port était rempli de vaisseaux. L'empereur y attirait les étrangers par des bienfaits, distribuant des terres aux uns, donnant des maisons aux autres, et encourageant tous les arts qui venaient adoucir ce climat sauvage. Surtout il avait rendu Pétersbourg inaccessible aux efforts des ennemis. Les généraux suédois, qui battaient souvent ses troupes partout ailleurs, n'avaient pu endommager cette colonie naissante. Elle était tranquille au milieu de la guerre qui l'environnait.

Le czar, en se créant ainsi de nouveaux états, tendait toujours la main au roi Auguste qui perdait les siens ; il lui persuada par le général Patkul, passé depuis peu au service de Moscovie, et alors ambassadeur du czar en Saxe, de venir à Grodno conférer encore une fois avec lui sur l'état malheureux de ses affaires. Le roi Auguste y vint avec quelques troupes, accompagné du général Schulenbourg, que son passage de l'Oder avait rendu illustre dans le Nord, et en qui il mettait sa dernière espérance. Le czar y arriva, fesant marcher après lui une armée de soixante et dix mille hommes. Les deux monarques firent de nouveaux plans de guerre. Le roi Auguste détrôné ne craignait plus d'irriter les Polonais en abandonnant leur pays aux troupes moscovites. Il fut résolu que l'armée du czar se diviserait en plusieurs corps pour arrêter le roi de Suède à chaque pas. Ce fut dans le temps de cette entrevue que le roi Auguste renouvela l'ordre de l'aigle blanc, faible ressource alors pour lui attacher quelques seigneurs polonais, plus avides d'avantages réels que d'un vain honneur qui devient ridicule quand on le tient d'un prince qui n'est roi que de nom. La conférence des deux rois finit d'une manière extraordinaire. Le czar partit soudainement, et laissa ses troupes à son allié, pour courir éteindre lui-même une rébellion dont il était menacé à Astracan. A peine était-il parti, que le roi Auguste ordonna que Patkul fût arrêté à Dresde. Toute l'Europe fut surprise qu'il osât, contre le droit des gens, et en apparence contre ses intérêts, mettre en prison l'ambassadeur du seul prince qui le protégeait.

Voici le nœud secret de cet événement, selon ce que le maréchal de Saxe, fils du roi Auguste, m'a fait l'honneur de me dire. Patkul, proscrit en Suède, pour avoir soutenu les priviléges de la Livonie sa patrie, avait été général du roi Auguste; mais son esprit vif et altier s'accommodant mal des hauteurs du général Flemming, favori du roi, plus impérieux et plus vif que lui, il avait passé au service du czar, dont il était alors général et ambassadeur auprès d'Auguste. C'était un esprit pénétrant; il avait démêlé que les vues de Flemming et du chancelier de Saxe étaient de proposer la paix au roi de Suède à quelque prix que ce fût. Il forma aussitôt le dessein de les prévenir, et de ménager un accommodement entre le czar et la Suède. Le chancelier éventa son projet, et obtint qu'on se saisît de sa personne. Le roi Auguste dit au czar que Patkul était un perfide qui les trahissait tous deux. Il n'était pourtant coupable que d'avoir trop bien servi son nouveau maître; mais un service rendu mal à propos est souvent puni comme une trahison.

Cependant, d'un côté, les soixante mille Russes,

divisés en plusieurs petits corps, brûlaient et ravageaient les terres des partisans de Stanislas : de l'autre, Schulenbourg s'avançait avec ses nouvelles troupes. La fortune des Suédois dissipa ces deux armées en moins de deux mois. Charles XII et Stanislas attaquèrent les corps séparés des Moscovites l'un après l'autre, mais si vivement, qu'un général moscovite était battu avant qu'il sût la défaite de son compagnon.

Nul obstacle n'arrêtait le vainqueur : s'il se trouvait une rivière entre les ennemis et lui, Charles XII et ses Suédois la passaient à la nage. Un parti suédois prit le bagage d'Auguste, où il y avait deux cent mille écus d'argent monnayé. Stanislas saisit huit cent mille ducats appartenants au prince Menzikoff, général moscovite. Charles, à la tête de sa cavalerie, fit trente lieues en vingt-quatre heures, chaque cavalier menant un cheval en main pour le monter quand le sien serait rendu. Les Moscovites, épouvantés et réduits à un petit nombre, fuyaient en désordre au-delà du Borysthène.

Tandis que Charles chassait devant lui les Moscovites jusqu'au fond de la Lithuanie, Schulenbourg repassa enfin l'Oder, et vint à la tête de vingt mille hommes présenter la bataille au grand maréchal Rehnsköld, qui passait pour le meilleur général de Charles XII, et que l'on appelait *le Parménion de l'Alexandre du Nord*. Ces deux illustres généraux, qui semblaient participer à la destinée de leurs maîtres, se rencontrèrent assez près de Punits, dans un lieu nommé Frauenstadt, territoire déjà fatal aux troupes d'Auguste. Rehnsköld n'avait que treize bataillons et vingt-deux escadrons, qui fesaient en tout près de dix mille hommes. Schulenbourg en avait une fois autant. Il est à remarquer qu'il y avait dans son armée un corps de six à sept mille Moscovites, que l'on avait long-temps disciplinés, et sur lesquels on comptait comme sur des soldats aguerris. Cette bataille de Frauenstadt se donna le 12 février 1706; mais ce même général Schulenbourg, qui, avec quatre mille hommes, avait en quelque façon trompé la fortune du roi de Suède, succomba sous celle du général Rehnsköld. Le combat ne dura pas un quart d'heure; les Saxons ne résistèrent pas un moment; les Moscovites jetèrent leurs armes dès qu'ils virent les Suédois : l'épouvante fut si subite, et le désordre si grand, que les vainqueurs trouvèrent sur le champ de bataille sept mille fusils tout chargés qu'on avait jetés à terre sans tirer. Jamais déroute ne fut plus prompte, plus complète, et plus honteuse; et cependant jamais général n'avait fait une si belle disposition que Schulenbourg, de l'aveu de tous les officiers saxons et suédois, qui virent en cette journée combien la prudence humaine est peu maîtresse des événements.

Parmi les prisonniers, il se trouva un régiment entier de Français. Ces infortunés avaient été pris par les troupes de Saxe, l'an 1704, à cette fameuse bataille de Hochstett, si funeste à la grandeur de Louis XIV. Ils avaient passé depuis au service du roi Auguste, qui en avait fait un régiment de dragons, et en avait donné le commandement à un Français de la maison de Joyeuse. Le colonel fut tué à la première, ou plutôt à la seule charge des Suédois; le régiment tout entier fut fait prisonnier de guerre. Dès le jour même ces Français demandèrent à servir Charles XII, et ils furent reçus à son service [1], par une destinée singulière qui les réservait à changer encore de vainqueur et de maître.

A l'égard des Moscovites, ils demandèrent la vie à genoux; mais on les massacra inhumainement plus de six heures après le combat, pour punir sur eux les violences de leurs compatriotes, et pour se débarrasser de ces prisonniers dont on n'eût su que faire [2].

Auguste se vit alors sans ressources : il ne lui res-

[1] Le *Mercure* de janvier 1746 contient une lettre signée *Popinet*, qui annonce avoir fait partie du régiment français pris à Hochstett en 1704, puis à Frauenstadt en 1706. Popinet relève ici quelques inexactitudes. A la bataille d'Hochstett ce régiment fut pris par les Anglais; et, dans le partage qui fut fait de tous les prisonniers, il resta dans le Virtemberg, la Souabe et la Franconie. Auguste, roi de Pologne, ayant obtenu de l'empereur la permission de lever huit cents hommes parmi ces prisonniers, en forma un régiment de grenadiers, dont il fit ses gardes à pied. Le colonel Joyeuse, voyant son régiment passer du côté de Charles XII, prit un drapeau qu'il voulait sauver. Poursuivi par une vingtaine de cavaliers suédois, il feignit de le vouloir remettre à un officier, auquel à l'instant il coupa la tête. Cette mort fut vengée sur-le-champ par celle de Joyeuse, qui reçut vingt coups de pistolet. Le régiment avait quitté l'armée saxonne parceque Charles XII avait fait circuler dans ses rangs des billets où il promettait de le faire passer en France. Mais dès le lendemain le monarque suédois, oubliant sa promesse, le prit à son service. B.

[2] Voltaire reparle de cette circonstance dans son *Histoire de Russie sous Pierre-le-Grand*, chapitre XV de la première partie; et encore dans sa lettre à Schulenbourg, du 15 septembre 1740. Dans les éditions de 1731 à 1751 on lisait ici :

« Le roi, en revenant de Lithuanie, apprit cette nouvelle victoire; mais
« la satisfaction qu'il en reçut fut troublée par un peu de jalousie; il ne put
« s'empêcher de dire : *Rehnsköld ne voudra plus faire comparaison avec*
« *moi.* »

Cet alinéa fut supprimé en 1752. B.

tait plus que Cracovie, où il s'était enfermé avec deux régiments de Moscovites, deux de Saxons, et quelques troupes de l'armée de la couronne, par lesquelles même il craignait d'être livré au vainqueur; mais son malheur fut au comble quand il sut que Charles XII était enfin entré en Saxe le 1er septembre 1706.

(1706) Il avait traversé la Silésie sans daigner seulement en faire avertir la cour de Vienne. L'Allemagne était consternée; la diète de Ratisbonne, qui représente l'empire, mais dont les résolutions sont souvent aussi infructueuses que solennelles, déclara le roi de Suède ennemi de l'empire s'il passait au-delà de l'Oder avec son armée; cela même le détermina à venir plus tôt en Allemagne.

A son approche les villages furent déserts; les habitants fuyaient de tous côtés. Charles en usa alors comme à Copenhague; il fit afficher partout qu'il n'était venu que pour donner la paix; que tous ceux qui reviendraient chez eux, et qui paieraient les contributions qu'il ordonnerait, seraient traités comme ses propres sujets, et les autres poursuivis sans quartier. Cette déclaration d'un prince qu'on savait n'avoir jamais manqué à sa parole, fit revenir en foule tous ceux que la peur avait écartés. Il choisit son camp à Alt-Rantstadt, près de la campagne de Lutzen, champ de bataille fameux par la victoire et par la mort de Gustave-Adolphe. Il alla voir la place où ce grand homme avait été tué. Quand on l'eut conduit sur le lieu : « J'ai tâché, dit-il, de vivre comme lui; Dieu « m'accordera peut-être un jour une mort aussi glo- « rieuse. »

De ce camp il ordonna aux états de Saxe de s'assembler, et de lui envoyer sans délai les registres des finances de l'électorat. Dès qu'il les eut en son pouvoir, et qu'il fut informé au juste de ce que la Saxe pouvait fournir, il la taxa à six cent vingt-cinq mille rixdales par mois. Outre cette contribution, les Saxons furent obligés de fournir à chaque soldat suédois deux livres de viande, deux livres de pain, deux pots de bière, et quatre sous par jour, avec du fourrage pour la cavalerie. Les contributions ainsi réglées, le roi établit une nouvelle police pour garantir les Saxons des insultes de ses soldats : il ordonna, dans toutes les villes où il mit garnison, que chaque hôte chez qui les soldats logeraient donnerait des certificats tous les mois de leur conduite; faute de quoi le soldat n'aurait point sa paie. De plus, des inspecteurs allaient tous les quinze jours de maison en maison, s'informer si les Suédois n'avaient point commis de dégât. Ils avaient soin de dédommager les hôtes, et de punir les coupables.

On sait sous quelle discipline sévère vivaient les troupes de Charles XII[1]; qu'elles ne pillaient pas les villes prises d'assaut avant d'en avoir reçu la permission; qu'elles allaient même au pillage avec ordre, et le quittaient au premier signal. Les Suédois se vantent encore aujourd'hui de la discipline qu'ils observèrent en Saxe; et cependant les Saxons se plaignent des dégâts affreux qu'ils y commirent; contradictions qu'il serait impossible de concilier, si l'on ne savait combien les hommes voient différemment les mêmes ob-

[1] Voyez page 71. B.

jets. Il était bien difficile que les vainqueurs n'abusassent quelquefois de leurs droits, et que les vaincus ne prissent les plus légères lésions pour des brigandages barbares. Un jour, le roi se promenant à cheval près de Leipsick, un paysan saxon vint se jeter à ses pieds pour lui demander justice d'un grenadier qui venait de lui enlever ce qui était destiné pour le dîner de sa famille. Le roi fit venir le soldat : « Est-il « vrai, dit-il d'un visage sévère, que vous avez volé « cet homme? Sire, dit le soldat, je ne lui ai pas fait « tant de mal que votre majesté en a fait à son maître; « vous lui avez ôté un royaume, et je n'ai pris à ce « manant qu'un dindon. » Le roi donna dix ducats de sa main au paysan, et pardonna au soldat en faveur de la hardiesse du bon mot, en lui disant : « Souviens-« toi, mon ami, que si j'ai ôté un royaume au roi « Auguste, je n'en ai rien pris pour moi. »

La grande foire de Leipsick se tint comme à l'ordinaire : les marchands y vinrent avec une sûreté entière : on ne vit pas un soldat suédois dans la foire; on eût dit que l'armée du roi de Suède n'était en Saxe que pour veiller à la conservation du pays. Il commandait dans tout l'électorat avec un pouvoir aussi absolu et une tranquillité aussi profonde que dans Stockholm.

Le roi Auguste, errant dans la Pologne, privé à-la-fois de son royaume et de son électorat, écrivit enfin une lettre de sa main à Charles XII pour lui demander la paix. Il chargea en secret le baron d'Imhof d'aller porter la lettre, conjointement avec M. Fingsten, référendaire du conseil privé; il leur donna à

tous deux ses pleins pouvoirs et son blanc-signé.
« Allez, leur dit-il en propres mots, tâchez de m'ob-
« tenir des conditions raisonnables et chrétiennes. »
Il était réduit à la nécessité de cacher ses démarches
pour la paix, et de ne recourir à la médiation d'aucun prince; car étant alors en Pologne à la merci
des Moscovites, il craignait, avec raison, que le dangereux allié qu'il abandonnait ne se vengeât sur lui
de sa soumission au vainqueur. Ses deux plénipotentiaires arrivèrent de nuit au camp de Charles XII;
ils eurent une audience secrète. Le roi lut la lettre.
« Messieurs, dit-il aux plénipotentiaires, vous aurez
« dans un moment ma réponse. » Il se retira aussitôt
dans son cabinet, et fit écrire ce qui suit :

« Je consens de donner la paix aux conditions sui-
« vantes, auxquelles il ne faut pas s'attendre que je
« change rien.

1. « Que le roi Auguste renonce pour jamais à la
« couronne de Pologne, qu'il reconnaisse Stanislas
« pour légitime roi, et qu'il promette de ne jamais
« songer à remonter sur le trône, même après la mort
« de Stanislas.

2. « Qu'il renonce à tous autres traités, et parti-
« culièrement à ceux qu'il a faits avec la Moscovie.

3. « Qu'il renvoie avec honneur en mon camp les
« princes Sobieski et tous les prisonniers qu'il a pu
« faire.

4. « Qu'il me livre tous les déserteurs qui ont passé
« à son service, et nommément Jean Patkul, et qu'il

« cesse toute procédure contre ceux qui de son ser-
« vice ont passé dans le mien. »

Il donna ce papier au comte Piper, le chargeant de négocier le reste avec les plénipotentiaires du roi Auguste. Ils furent épouvantés de la dureté de ces propositions. Ils mirent en usage le peu d'art qu'on peut employer quand on est sans pouvoir, pour tâcher de fléchir la rigueur du roi de Suède. Ils eurent plusieurs conférences avec le comte Piper. Ce ministre ne répondit autre chose à toutes leurs insinuations, sinon : « Telle est la volonté du roi mon maître; « il ne change jamais ses résolutions. »

Tandis que cette paix se négociait sourdement en Saxe, la fortune sembla mettre le roi Auguste en état d'en obtenir une plus honorable, et de traiter avec son vainqueur sur un pied plus égal.

Le prince Menzikoff, généralissime des armées moscovites, vint avec trente mille hommes le trouver en Pologne dans le temps que non seulement il ne souhaitait plus ses secours, mais que même il les craignait : il avait avec lui quelques troupes polonaises et saxonnes, qui fesaient en tout six mille hommes. Environné avec ce petit corps de l'armée du prince Menzikoff, il avait tout à redouter en cas qu'on découvrît sa négociation. Il se voyait en même temps détrôné par son ennemi, et en danger d'être arrêté prisonnier par son allié. Dans cette circonstance délicate, l'armée se trouva en présence d'un des généraux suédois, nommé Meyerfelt, qui était à la tête de dix mille hommes à Calish, près du palatinat de

Posnanie. Le prince Menzikoff pressa le roi Auguste
de donner bataille. Le roi, très embarrassé, différa
sous divers prétextes; car, quoique les ennemis fussent trois fois moins forts que lui, il y avait quatre
mille Suédois dans l'armée de Meyerfelt; et c'en était
assez pour rendre l'événement douteux. Donner bataille aux Suédois pendant les négociations, et la
perdre, c'était creuser l'abîme où il était; il prit le
parti d'envoyer un homme de confiance au général
ennemi pour lui donner part du secret de la paix, et
l'avertir de se retirer; mais cet avis eut un effet tout
contraire à ce qu'il en attendait. Le général Meyerfelt crut qu'on lui tendait un piége pour l'intimider,
et sur cela seul il se résolut à risquer le combat.

Les Russes vainquirent ce jour-là les Suédois en
bataille rangée pour la première fois. Cette victoire,
que le roi Auguste remporta presque malgré lui, fut
complète : il entra triomphant, au milieu de sa mauvaise fortune, dans Varsovie, autrefois sa capitale,
ville alors démantelée et ruinée, prête à recevoir le
vainqueur, quel qu'il fût, et à reconnaître le plus fort
pour son roi. Il fut tenté de saisir ce moment de prospérité, et d'aller attaquer en Saxe le roi de Suède
avec l'armée moscovite. Mais ayant réfléchi que Charles XII était à la tête d'une armée suédoise jusqu'alors invincible; que les Russes l'abandonneraient au
premier bruit de son traité commencé; que la Saxe,
son pays héréditaire, déjà épuisée d'argent et d'hommes, serait ravagée également par les Suédois et par
les Moscovites; que l'empire, occupé de la guerre
contre la France, ne pouvait le secourir; qu'il demeu-

rerait sans états, sans argent, sans amis; il conçut qu'il fallait fléchir sous la loi qu'imposait le roi de Suède. Cette loi ne devint que plus dure quand Charles eut appris que le roi Auguste avait attaqué ses troupes pendant la négociation. Sa colère et le plaisir d'humilier davantage un ennemi qui venait de le vaincre, le rendirent plus inflexible sur tous les articles du traité. Ainsi la victoire du roi Auguste ne servit qu'à rendre sa situation plus malheureuse; ce qui peut-être n'était jamais arrivé qu'à lui.

Il venait de faire chanter le *Te Deum* dans Varsovie, lorsque Fingsten, l'un de ses plénipotentiaires, arriva de Saxe avec ce traité de paix qui lui ôtait la couronne. Auguste hésita, mais il signa, et partit pour la Saxe dans la vaine espérance que sa présence pourrait fléchir le roi de Suède, et que son ennemi se souviendrait peut-être des anciennes alliances de leurs maisons, et du sang qui les unissait.

Ces deux princes se virent, pour la première fois, dans un lieu nommé Gutersdorf, au quartier du comte Piper, sans aucune cérémonie. Charles XII était en grosses bottes, ayant pour cravate un taffetas noir qui lui serrait le cou : son habit était, comme à l'ordinaire, d'un gros drap bleu, avec des boutons de cuivre doré. Il portait au côté une longue épée qui lui avait servi à la bataille de Narva, et sur le pommeau de laquelle il s'appuyait souvent. La conversation ne roula que sur ses grosses bottes. Charles XII dit au roi Auguste qu'il ne les avait quittées depuis six ans que pour se coucher. Ces bagatelles furent le seul entretien de deux rois dont l'un ôtait une couronne à l'autre. Auguste surtout parlait avec un air de complaisance et de satisfaction que les princes et les hommes accoutumés aux grandes affaires savent prendre au milieu des mortifications les plus cruelles. Les deux rois dînèrent deux fois ensemble. Charles XII affecta toujours de donner la droite au roi Auguste; mais bien loin de rien relâcher de ses demandes, il en fit encore de plus dures. C'était déjà beaucoup qu'un souverain fût forcé à livrer un général d'armée, un ministre public : c'était un grand abaissement d'être obligé d'envoyer à son successeur Stanislas les pierreries et les archives de la couronne; mais ce fut le comble à cet abaissement d'être réduit enfin à féliciter de son avénement au trône celui qui allait s'y asseoir à sa place. Charles exigea une lettre d'Auguste à Stanislas : le roi détrôné se le fit dire plus d'une fois; mais Charles voulait cette lettre, et il fallait l'écrire. La voici telle que je l'ai vue depuis peu copiée fidèlement sur l'original que le roi Stanislas garde encore :

Monsieur et frère,

« Nous avions jugé qu'il n'était pas nécessaire d'en-
« trer dans un commerce particulier de lettres avec
« votre majesté; cependant, pour faire plaisir à sa ma-
« jesté suédoise, et afin qu'on ne nous impute pas que
« nous fesons difficulté de satisfaire à son desir, nous
« vous félicitons par celle-ci de votre avénement à la
« couronne, et vous souhaitons que vous trouviez
« dans votre patrie des sujets plus fidèles que ceux

« que nous y avons laissés. Tout le monde nous fera
« la justice de croire que nous n'avons été payés que
« d'ingratitude pour tous nos bienfaits, et que la plu-
« part de nos sujets ne se sont appliqués qu'à avancer
« notre ruine. Nous souhaitons que vous ne soyez pas
« exposé à de pareils malheurs, vous remettant à la
« protection de Dieu. »

A Dresde, le 8 avril 1707.

Votre frère et voisin, AUGUSTE, roi.

Il fallut qu'Auguste ordonnât lui-même à tous ses officiers de magistrature de ne plus le qualifier de roi de Pologne, et qu'il fît effacer des prières publiques ce titre auquel il renonçait. Il eut moins de peine à élargir les Sobieski : ces princes, au sortir de leur prison, refusèrent de le voir ; mais le sacrifice de Patkul fut ce qui dut lui coûter davantage. D'un côté, le czar le redemandait hautement comme son ambassadeur; de l'autre, le roi de Suède exigeait, en menaçant, qu'on le lui livrât. Patkul était alors enfermé dans le château de Koënigstein en Saxe. Le roi Auguste crut pouvoir satisfaire Charles XII et son honneur en même temps. Il envoya des gardes pour livrer ce malheureux aux troupes suédoises ; mais auparavant il envoya au gouverneur de Koënigstein un ordre secret de laisser échapper son prisonnier. La mauvaise fortune de Patkul l'emporta sur le soin qu'on prenait de le sauver. Le gouverneur, sachant que Patkul était très riche, voulut lui faire acheter sa liberté. Le prisonnier, comptant encore sur le droit des gens, et informé des intentions du roi Auguste, refusa de payer ce qu'il pensait devoir obtenir pour rien. Pendant cet intervalle les gardes commandés pour saisir le prisonnier arrivèrent, et le livrèrent immédiatement à quatre capitaines suédois, qui l'emmenèrent d'abord au quartier-général d'Alt-Rantstadt, où il demeura trois mois attaché à un poteau avec une grosse chaîne de fer. De là il fut conduit à Casimir.

Charles XII, oubliant que Patkul était ambassadeur du czar, et se souvenant seulement qu'il était né son sujet, ordonna au conseil de guerre de le juger avec la dernière rigueur. Il fut condamné à être rompu vif, et à être mis en quartiers. Un chapelain vint lui annoncer qu'il fallait mourir, sans lui apprendre le genre du supplice. Alors cet homme, qui avait bravé la mort dans tant de batailles, se trouvant seul avec un prêtre, et son courage n'étant plus soutenu par la gloire ni par la colère, sources de l'intrépidité des hommes, répandit amèrement des larmes dans le sein du chapelain. Il était fiancé avec une dame saxonne nommée madame d'Einsiedel, qui avait de la naissance, du mérite, et de la beauté, et qu'il avait compté d'épouser à peu près dans le temps même qu'on le livra au supplice. Il recommanda au chapelain d'aller la trouver pour la consoler, et de l'assurer qu'il mourait plein de tendresse pour elle. Quand on l'eut conduit au lieu du supplice, et qu'il vit les roues et les pieux dressés, il tomba dans des convulsions de frayeur, et se rejeta dans les bras du ministre, qui l'embrassa en le couvrant de son manteau, et en pleurant. Alors un officier suédois lut à haute voix un papier dans lequel étaient ces paroles :

« On fait savoir que l'ordre très exprès de sa ma-
« jesté, notre seigneur *très clément*, est que cet homme,
« qui est traître à la patrie, soit roué et écartelé pour
« réparation de ses crimes, et pour l'exemple des au-
« tres. Que chacun se donne de garde de la trahison,
« et serve son roi fidèlement. » A ces mots de *prince
très clément* : Quelle clémence ! dit Patkul ; et à ceux
de *traître à la patrie* : Hélas ! dit-il, je l'ai trop bien
servie. Il reçut seize coups, et souffrit le supplice le
plus long et le plus affreux qu'on puisse imaginer.
Ainsi périt l'infortuné Jean Réginold Patkul, ambassadeur et général de l'empereur de Russie.

Ceux qui ne voyaient en lui qu'un sujet révolté
contre son roi disaient qu'il avait mérité la mort ; ceux
qui le regardaient comme un Livonien, né dans une
province laquelle avait des priviléges à défendre, et
qui se souvenaient qu'il n'était sorti de la Livonie que
pour en avoir soutenu les droits, l'appelaient le martyr
de la liberté de son pays. Tous convenaient d'ailleurs
que le titre d'ambassadeur du czar devait rendre sa
personne sacrée. Le seul roi de Suède, élevé dans les
principes du despotisme, crut n'avoir fait qu'un acte
de justice, tandis que toute l'Europe condamnait sa
cruauté.

Ses membres coupés en quartiers restèrent exposés
sur des poteaux jusqu'en 1713, qu'Auguste étant remonté sur son trône fit rassembler ces témoignages
de la nécessité où il avait été réduit à Alt-Rantstadt :

on les lui apporta à Varsovie, dans une cassette, en présence de Buzenval, envoyé de France. Le roi de Pologne montrant la cassette à ce ministre : « Voilà, « lui dit-il simplement, les membres de Patkul », sans rien ajouter pour blâmer ou pour plaindre sa mémoire, et sans que personne de ceux qui étaient présents osât parler sur un sujet si délicat et si triste.

Environ ce temps-là un Livonien nommé Paykul, officier dans les troupes saxonnes, fait prisonnier les armes à la main, venait d'être jugé à mort à Stockholm par arrêt du sénat; mais il n'avait été condamné qu'à perdre la tête. Cette différence de supplice dans le même cas fesait trop voir que Charles, en fesant périr Patkul d'une mort si cruelle, avait plus songé à se venger qu'à punir. Quoi qu'il en soit, Paykul, après sa condamnation, fit proposer au sénat de donner au roi le secret de faire de l'or, si on voulait lui pardonner : il fit faire l'expérience de son secret dans la prison, en présence du colonel Hamilton et des magistrats de la ville; et soit qu'il eût en effet découvert quelque art utile, soit qu'il n'eût que celui de tromper habilement, ce qui est beaucoup plus vraisemblable, on porta à la Monnaie de Stockholm l'or qui se trouva dans le creuset à la fin de l'expérience, et on en fit au sénat un rapport si juridique, et qui parut si important, que la reine aïeule de Charles ordonna de suspendre l'exécution jusqu'à ce que le roi, informé de cette singularité, envoyât ses ordres à Stockholm.

Le roi répondit qu'il avait refusé à ses amis la grace du criminel, et qu'il n'accorderait jamais à l'intérêt ce qu'il n'avait pas donné à l'amitié. Cette inflexibilité eut quelque chose d'héroïque dans un prince qui d'ailleurs croyait le secret possible. Le roi Auguste, qui en fut informé, dit: « Je ne m'étonne pas que le roi de « Suède ait tant d'indifférence pour la pierre philoso- « phale; il l'a trouvée en Saxe. »

Quand le czar eut appris l'étrange paix que le roi Auguste, malgré leurs traités, avait conclue à Alt-Rantstadt, et que Patkul, son ambassadeur plénipotentiaire, avait été livré au roi de Suède, au mépris des lois des nations, il fit éclater ses plaintes dans toutes les cours de l'Europe : il écrivit à l'empereur d'Allemagne, à la reine d'Angleterre, aux états-généraux des Provinces-Unies : il appelait lâcheté et perfidie la nécessité douloureuse sous laquelle Auguste avait succombé: il conjura toutes ces puissances d'intérposer leur médiation pour lui faire rendre son ambassadeur, et pour prévenir l'affront qu'on allait faire en sa personne à toutes les têtes couronnées ; il les pressa, par le motif de leur honneur, de ne pas s'avilir jusqu'à donner de la paix d'Alt-Rantstadt une garantie que Charles XII leur arrachait en menaçant. Ces lettres n'eurent d'autre effet que de mieux faire voir la puissance du roi de Suède. L'empereur, l'Angleterre, et la Hollande, avaient alors à soutenir contre la France une guerre ruineuse : ils ne jugèrent pas à propos d'irriter Charles XII par le refus de la vaine cérémonie de la garantie d'un traité. A l'égard du malheureux Patkul, il n'y eut pas une puissance qui interposât ses bons offices en sa faveur, et qui ne fît voir combien peu un sujet doit compter sur des rois, et combien tous les rois alors craignaient celui de Suède.

On proposa dans le conseil du czar d'user de représailles envers les officiers suédois, prisonniers à Moscou. Le czar ne voulut point consentir à une barbarie qui eût eu des suites si funestes : il y avait plus de Moscovites prisonniers en Suède que de Suédois en Moscovie.

Il chercha une vengeance plus utile. La grande armée de son ennemi était en Saxe sans agir. Levenhaupt, général du roi de Suède, qui était resté en Pologne, à la tête d'environ vingt mille hommes, ne pouvait garder les passages dans un pays sans forteresses et plein de factions. Stanislas était au camp de Charles XII. L'empereur moscovite saisit cette conjoncture, et rentre en Pologne avec plus de soixante mille hommes : il les sépare en plusieurs corps, et marche avec un camp volant jusqu'à Léopol, où il n'y avait point de garnison suédoise. Toutes les villes de Pologne sont à celui qui se présente à leurs portes avec des troupes. Il fit convoquer une assemblée à Léopol, telle à peu près que celle qui avait détrôné Auguste à Varsovie.

La Pologne avait alors deux primats, aussi bien que deux rois, l'un de la nomination d'Auguste, l'autre de celle de Stanislas. Le primat nommé par Auguste convoqua l'assemblée de Léopol, où se rendirent tous ceux que ce prince avait abandonnés par la paix d'Alt-Rantstadt, et ceux que l'argent du czar avait gagnés. On y proposa d'élire un nouveau souverain. Il s'en fallut peu que la Pologne n'eût alors trois rois, sans qu'on eût pu dire quel était le véritable.

Pendant les conférences de Léopol, le czar, lié d'intérêt avec l'empereur d'Allemagne, par la crainte commune où ils étaient du roi de Suède, obtint secrètement qu'on lui envoyât beaucoup d'officiers allemands. Ceux-ci venaient de jour en jour augmenter considérablement ses forces, en apportant avec eux la discipline et l'expérience. Il les engageait à son service par des libéralités ; et pour mieux encourager ses propres troupes, il donna son portrait enrichi de diamants aux officiers généraux et aux colonels qui avaient combattu à la bataille de Calish : les officiers subalternes eurent des médailles d'or ; les simples soldats en eurent d'argent. Ces monuments de la victoire de Calish furent tous frappés dans sa nouvelle ville de Pétersbourg, où les arts florissaient à mesure qu'il apprenait à ses troupes à connaître l'émulation et la gloire.

La confusion, la multiplicité des factions, les ravages continuels en Pologne, empêchèrent la diète de Léopol de prendre aucune résolution. Le czar la fit transférer à Lublin. Le changement de lieu ne diminua rien des troubles et de l'incertitude où tout le monde était : l'assemblée se contenta de ne reconnaître ni Auguste qui avait abdiqué, ni Stanislas élu malgré eux ; mais ils ne furent ni assez unis ni assez hardis pour nommer un roi. Pendant ces délibérations inutiles, le parti des princes Sapieha, celui d'Oginski, ceux qui tenaient en secret pour le roi Auguste, les nouveaux sujets de Stanislas, se fesaient tous la guerre ;

pillaient les terres les uns des autres, et achevaient la ruine de leur pays. Les troupes suédoises, commandées par Levenhaupt, dont une partie était en Livonie, une autre en Lithuanie, une autre en Pologne, cherchaient toutes les troupes moscovites. Elles brûlaient tout ce qui était ennemi de Stanislas. Les Russes ruinaient également amis et ennemis; on ne voyait que des villes en cendres et des troupes errantes de Polonais dépouillés de tout, qui détestaient également et leurs deux rois, et Charles XII, et le czar.

Le roi Stanislas partit d'Alt-Rantstadt, le 15 juillet de l'année 1707, avec le général Rehnsköld, seize régiments suédois et beaucoup d'argent, pour apaiser tous ces troubles en Pologne, et se faire reconnaître paisiblement. Il fut reconnu partout où il passa : la discipline de ses troupes, qui fesait mieux sentir la barbarie des Moscovites, lui gagna les esprits : son extrême affabilité lui réunit presque toutes les factions, à mesure qu'elle fut connue : son argent lui donna la plus grande partie de l'armée de la couronne. Le czar, craignant de manquer de vivres dans un pays que ses troupes avaient désolé, se retira en Lithuanie, où était le rendez-vous de ses corps d'armée, et où il devait établir des magasins. Cette retraite laissa le roi Stanislas paisible souverain de presque toute la Pologne.

Le seul qui le troublât alors dans ses états était le comte Siniawski, grand-général de la couronne, de la nomination du roi Auguste. Cet homme, qui avait d'assez grands talents et beaucoup d'ambition, était à la tête d'un tiers-parti : il ne reconnaissait ni Auguste ni Stanislas ; et après avoir tout tenté pour se faire élire lui-même, il se contentait d'être chef de parti, ne pouvant pas être roi. Les troupes de la couronne, qui étaient demeurées sous ses ordres, n'avaient guère d'autre solde que la liberté de piller impunément leur propre pays. Tous ceux qui craignaient ces brigandages, ou qui en souffraient, se donnèrent bientôt à Stanislas, dont la puissance s'affermissait de jour en jour.

Le roi de Suède recevait alors dans son camp d'Alt-Rantstadt les ambassadeurs de presque tous les princes de la chrétienté. Les uns venaient le supplier de quitter les terres de l'empire ; les autres eussent bien voulu qu'il eût tourné ses armes contre l'empereur ; le bruit même s'était répandu partout qu'il devait se joindre à la France pour accabler la maison d'Autriche. Parmi tous ces ambassadeurs vint le fameux Jean, duc de Marlborough, de la part d'Anne, reine de la Grande-Bretagne. Cet homme, qui n'a jamais assiégé de ville qu'il n'ait prise, ni donné de bataille qu'il n'ait gagnée, était à Saint-James un adroit courtisan, dans le parlement un chef de parti, dans les pays étrangers le plus habile négociateur de son siècle. Il avait fait autant de mal à la France par son esprit que par ses armes. On a entendu dire au secrétaire des états-généraux, M. Fagel, homme d'un très grand mérite, que plus d'une fois les états-généraux ayant résolu de s'opposer à ce que le duc de Marlborough devait leur proposer, le duc arrivait, leur parlait en français, langue dans laquelle il s'exprimait très mal, et les persuadait tous. C'est ce que le lord Bolingbroke m'a confirmé.

Il soutenait avec le prince Eugène, compagnon de ses victoires, et avec Heinsius, grand-pensionnaire de Hollande, tout le poids des entreprises des alliés contre la France. Il savait que Charles était aigri contre l'empire et contre l'empereur, qu'il était sollicité secrètement par les Français; et que si ce conquérant embrassait le parti de Louis XIV, les alliés seraient opprimés.

Il est vrai que Charles avait donné sa parole, en 1700, de ne se mêler en rien de la guerre de Louis XIV contre les alliés; mais le duc de Marlborough ne croyait pas qu'il y eût un prince assez esclave de sa parole pour ne pas la sacrifier à sa grandeur et à son intérêt[1]. Il partit donc de La Haye dans le dessein d'aller sonder les intentions du roi de Suède. M. Fabrice, qui était alors auprès de Charles XII, m'a assuré que le duc de Marlborough, en arrivant, s'adressa secrètement, non pas au comte Piper, premier ministre, mais au baron de Görtz[2], qui commençait à partager avec Piper la confiance du roi. Il arriva même dans le carrosse de ce baron au quartier de Charles XII, et il y eut des froideurs

---

[1] Charles XII ayant appris l'inquiétude du duc de Marlborough sur ce qu'il ne pouvait pas démêler si les intentions du roi étaient de s'unir à la France, lui fit dire par le baron de Görtz qu'il se ressouvenait de sa parole donnée en 1700, et que son temps n'était pas encore expiré, pour se mêler de leur guerre. P.

[2] Voltaire écrivait Goertz; et dans une note de son *Histoire de Russie*, deuxième partie, chapitre IV, il dit que nous prononçons *Gueurtz*. B.

marquées entre lui et le chancelier Piper. Présenté ensuite par Piper, avec Robinson, ministre d'Angleterre, il parla au roi en français; il lui dit qu'il s'estimerait heureux de pouvoir apprendre sous ses ordres ce qu'il ignorait de l'art de la guerre. Le roi ne répondit à ce compliment par aucune civilité, et parut oublier que c'était Marlborough qui lui parlait. Je sais même qu'il trouva que ce grand homme était vêtu d'une manière trop recherchée, et avait l'air trop peu guerrier. La conversation fut fatigante et générale, Charles XII s'exprimant en suédois, et Robinson servant d'interprète. Marlborough, qui ne se hâtait jamais de faire ses propositions, et qui avait, par une longue habitude, acquis l'art de démêler les hommes, et de pénétrer les rapports qui sont entre leurs plus secrètes pensées, et leurs actions, leurs gestes, leurs discours, étudia attentivement le roi. En lui parlant de guerre en général, il crut apercevoir dans Charles XII une aversion naturelle pour la France; il remarqua qu'il se plaisait à parler des conquêtes des alliés. Il lui prononça le nom du czar, et vit que les yeux du roi s'allumaient toujours à ce nom, malgré la modération de cette conférence. Il aperçut de plus, sur une table, une carte de Moscovie. Il ne lui en fallut pas davantage pour juger que le véritable dessein du roi de Suède et sa seule ambition était de détrôner le czar après le roi de Pologne. Il comprit que si ce prince restait en Saxe, c'était pour imposer quelques conditions un peu dures à l'empereur d'Allemagne. Il savait bien que l'empereur ne résisterait pas, et qu'ainsi les affaires se termineraient aisément. Il laissa

Charles XII à son penchant naturel; et, satisfait de l'avoir pénétré, il ne lui fit aucune proposition. Ces particularités m'ont été confirmées par madame la duchesse de Marlborough, sa veuve, encore vivante [a].

Comme peu de négociations s'achèvent sans argent, et qu'on voit quelquefois des ministres qui vendent la haine ou la faveur de leur maître, on crut dans toute l'Europe que le duc de Marlborough n'avait réussi auprès du roi de Suède qu'en donnant à propos une grosse somme au comte Piper; et la mémoire de ce Suédois en est restée flétrie jusqu'aujourd'hui. Pour moi qui ai remonté, autant qu'il m'a été possible, à la source de ce bruit, j'ai su que Piper avait reçu un présent médiocre de l'empereur par les mains du comte de Wratislau, avec le consentement du roi son maître, et rien du duc de Marlborough. Il est certain que Charles était inflexible dans le dessein d'aller détrôner l'empereur des Russes, qu'il ne recevait alors conseil de personne, et qu'il n'avait pas besoin des avis du comte Piper pour prendre de Pierre Alexiowitz une vengeance qu'il cherchait depuis si long-temps.

Enfin ce qui achève de justifier ce ministre, c'est l'honneur rendu long-temps après à sa mémoire par Charles XII, qui, ayant appris que Piper était mort en Russie [1], fit transporter son corps à Stockholm, et lui ordonna à ses dépens des obsèques magnifiques.

Le roi qui n'avait point encore éprouvé de revers,

---

[a] L'auteur écrivait en 1727. On voit par d'autres dates que l'ouvrage a été retouché depuis à plusieurs reprises.

[1] La Motraye dit que ce fut à Slutelbourg, autrefois nommée Noteborg. R.

ni même de retardement dans ses succès, croyait qu'une année lui suffirait pour détrôner le czar, et qu'il pourrait ensuite revenir sur ses pas, s'ériger en arbitre de l'Europe ; mais il voulait auparavant humilier l'empereur d'Allemagne.

Le baron de Strålheim, envoyé de Suède à Vienne, avait eu dans un repas une querelle avec le comte de Zobor, chambellan de l'empereur : celui-ci ayant refusé de boire à la santé de Charles XII, et ayant dit durement que ce prince en usait trop mal avec son maître, Strålheim lui avait donné un démenti et un soufflet, et avait osé, après cette insulte, demander réparation à la cour impériale. La crainte de déplaire au roi de Suède avait forcé l'empereur à bannir son sujet, qu'il devait venger. Charles XII ne fut pas satisfait ; il voulut qu'on lui livrât le comte de Zobor. La fierté de la cour de Vienne fut obligée de fléchir ; on mit le comte entre les mains du roi, qui le renvoya, après l'avoir gardé quelque temps prisonnier à Stetin.

Il demanda de plus, contre toutes les lois des nations, qu'on lui livrât quinze cents malheureux Moscovites qui, ayant échappé à ses armes, avaient fui jusque sur les terres de l'empire. Il fallut encore que la cour de Vienne consentît à cette étrange demande ; et si l'envoyé moscovite à Vienne n'avait adroitement fait évader ces malheureux par divers chemins, ils étaient tous livrés à leurs ennemis.

La troisième et la dernière de ses demandes fut la plus forte. Il se déclara le protecteur des sujets protestants de l'empereur en Silésie, province appartenante à la maison d'Autriche, non à l'empire. Il voulut que l'empereur leur accordât des libertés et des priviléges, établis, à la vérité, par les traités de Vestphalie, mais éteints, ou du moins éludés par ceux de Rysvick. L'empereur, qui ne cherchait qu'à éloigner un voisin si dangereux, plia encore, et accorda tout ce qu'on voulut. Les luthériens de Silésie eurent plus de cent églises que les catholiques furent obligés de leur céder par ce traité; mais beaucoup de ces concessions, que leur assurait la fortune du roi de Suède, leur furent ravies dès qu'il ne fut plus en état d'imposer des lois.

L'empereur qui fit ces concessions forcées, et qui plia en tout sous la volonté de Charles XII, s'appelait Joseph; il était fils aîné de Léopold, et frère de Charles VI qui lui succéda depuis. L'internonce du pape, qui résidait alors auprès de Joseph, lui fit des reproches fort vifs de ce qu'un empereur catholique comme lui avait fait céder l'intérêt de sa propre religion à ceux des hérétiques. « Vous êtes bien heureux, lui ré-
« pondit l'empereur en riant, que le roi de Suède ne
« m'ait pas proposé de me faire luthérien ; car s'il l'a-
« vait voulu, je ne sais pas ce que j'aurais fait. »

Le comte de Wratislau, son ambassadeur auprès de Charles XII, apporta à Leipsick le traité en faveur des Silésiens, signé de la main de son maître. Alors Charles dit qu'il était le meilleur ami de l'empereur ; cependant il ne vit pas sans dépit que Rome l'eût traversé autant qu'elle l'avait pu. Il regardait avec mépris la faiblesse de cette cour qui, ayant aujourd'hui la moitié de l'Europe pour ennemie irréconciliable, est toujours en défiance de l'autre, et ne soutient son crédit que par l'habileté des négociations; cependant il songeait à se venger d'elle. Il dit au comte de Wratislau que les Suédois avaient autrefois subjugué Rome, et qu'ils n'avaient pas dégénéré comme elle. Il fit avertir le pape qu'il lui redemanderait un jour les effets que la reine Christine avait laissés à Rome. On ne sait jusqu'où ce jeune conquérant eût porté ses ressentiments et ses armes, si la fortune eût secondé ses desseins. Rien ne lui paraissait alors impossible : il avait même envoyé secrètement plusieurs officiers en Asie, et jusque dans l'Égypte, pour lever le plan des villes, et l'informer des forces de ces états. Il est certain que si quelqu'un eût pu renverser l'empire des Persans et des Turcs, et passer ensuite en Italie, c'était Charles XII. Il était aussi jeune qu'Alexandre, aussi guerrier, aussi entreprenant, plus infatigable, plus robuste, et plus tempérant; et les Suédois valaient peut-être mieux que les Macédoniens : mais de pareils projets, qui sont traités de divins quand ils réussissent, ne sont regardés que comme des chimères quand on est malheureux.

Enfin toutes les difficultés étant aplanies, toutes ses volontés exécutées, après avoir humilié l'empereur, donné la loi dans l'empire, avoir protégé sa religion luthérienne au milieu des catholiques, détrôné un roi, couronné un autre, se voyant la terreur de tous les princes, il se prépara à partir. Les délices de la Saxe, où il était resté oisif une année, n'avaient en rien adouci sa manière de vivre. Il montait à cheval trois fois par jour, se levait à quatre heures du matin, s'habillait seul, ne buvait point de vin, ne restait à table qu'un quart d'heure, exerçait ses troupes tous les jours, et ne connaissait d'autre plaisir que celui de faire trembler l'Europe.

Les Suédois ne savaient point encore où le roi voulait les mener. On se doutait seulement, dans l'armée, que Charles pourrait aller à Moscou. Il ordonna, quelques jours avant son départ, à son grand maréchal-des-logis, de lui donner par écrit la route depuis Leipsick..... Il s'arrêta un moment à ce mot; et de peur que le maréchal-des-logis ne pût rien deviner de ses projets, il ajouta en riant : Jusqu'à toutes les capitales de l'Europe. Le maréchal lui apporta une liste de toutes ces routes, à la tête desquelles il avait affecté de mettre en grosses lettres : *Route de Leipsick à Stockholm*. La plupart des Suédois n'aspiraient qu'à y retourner; mais le roi était bien éloigné de songer à leur faire revoir leur patrie. « Monsieur le maréchal, « dit-il, je vois bien où vous voudriez me mener ; « mais nous ne retournerons pas à Stockholm si tôt. »

L'armée était déjà en marche, et passait auprès de Dresde : Charles était à la tête courant toujours, selon sa coutume, deux ou trois cents pas devant ses gardes. On le perdit tout d'un coup de vue : quelques officiers s'avancèrent à bride abattue pour savoir où il pouvait être : on courut de tous côtés, on ne le trouva point : l'alarme est en un moment dans toute l'armée : on fait halte ; les généraux s'assemblent ; on était déjà dans la consternation ; on apprit enfin d'un Saxon qui passait ce qu'était devenu le roi.

L'envie lui avait pris, en passant si près de Dresde, d'aller rendre une visite au roi Auguste : il était entré à cheval dans la ville, suivi de trois ou quatre officiers généraux; on leur demanda leur nom à la barrière : Charles dit qu'il s'appelait Carl, et qu'il était draban; chacun prit un nom supposé. Le comte Flemming, les voyant passer dans la place, n'eut que le temps de courir avertir son maître. Tout ce qu'on pouvait faire dans une occasion pareille s'était déjà présenté à l'idée du ministre : il en parlait à Auguste; mais Charles entra tout botté dans la chambre, avant qu'Auguste eût eu même le temps de revenir de sa surprise. Il était malade alors, et en robe de chambre : il s'habilla en hâte. Charles déjeuna avec lui comme un voyageur qui vient prendre congé de son ami; ensuite il voulut voir les fortifications. Pendant le peu de temps qu'il employa à les parcourir, un Livonien proscrit en Suède, qui servait dans les troupes de Saxe, crut que jamais il ne s'offrirait une occasion plus favorable d'obtenir sa grace; il conjura le roi Auguste de la demander à Charles, bien sûr que ce roi ne refuserait pas cette légère condescendance à un prince à qui il venait d'ôter une couronne, et entre les mains duquel il était dans ce moment. Auguste se chargea aisément de cette affaire. Il était un peu éloigné du roi de Suède, et s'entretenait avec Hord, général suédois. « Je crois, lui dit-il en souriant, que « votre maître ne me refusera pas. — Vous ne le con« naissez pas, repartit le général Hord; il vous refu« sera plutôt ici que partout ailleurs. » Auguste ne laissa pas de demander au roi en termes pressants la grace du Livonien. Charles la refusa d'une manière à ne se la pas faire demander une seconde fois. Après avoir passé quelques heures dans cette étrange visite, il embrassa le roi Auguste, et partit. Il trouva, en rejoignant son armée, tous ses généraux encore en alarmes ; ils lui dirent qu'ils comptaient assiéger Dresde, en cas qu'on eût retenu sa majesté prisonnière. « Bon, dit le roi, on n'oserait. » Le lendemain, sur la nouvelle qu'on reçut que le roi Auguste tenait conseil extraordinaire à Dresde : Vous verrez, dit le baron de Strålheim, qu'ils délibèrent sur ce qu'ils devaient faire hier. A quelques jours de là Rehnskøld, étant venu trouver le roi, lui parla avec étonnement de ce voyage de Dresde. « Je me suis fié, dit Charles, « sur ma bonne fortune : j'ai vu cependant un mo- « ment qui n'était pas bien net ; Flemming n'avait « nulle envie que je sortisse de Dresde si tôt. »

FIN DU LIVRE TROISIÈME.

LIVRE QUATRIÈME.

ARGUMENT.

Charles victorieux quitte la Saxe, poursuit le czar, s'enfonce dans l'Ukraine. Ses pertes; sa blessure. Bataille de Pultava. Suites de cette bataille. Charles réduit à fuir en Turquie. Sa réception en Bessarabie.

Charles partit enfin de Saxe en septembre 1707, suivi d'une armée de quarante-trois mille hommes, autrefois couverte de fer, et alors brillante d'or et d'argent, et enrichie des dépouilles de la Pologne et de la Saxe. Chaque soldat emportait avec lui cinquante écus d'argent comptant; non seulement tous les régiments étaient complets, mais il y avait dans chaque compagnie plusieurs surnuméraires. Outre cette armée, le comte Levenhaupt, l'un de ses meilleurs généraux, l'attendait en Pologne avec vingt mille hommes; il avait encore une autre armée de quinze mille hommes en Finlande, et de nouvelles recrues lui venaient de Suède. Avec toutes ces forces on ne douta pas qu'il ne dût détrôner le czar.

Cet empereur était alors en Lithuanie, occupé à ranimer un parti auquel le roi Auguste semblait avoir renoncé : ses troupes, divisées en plusieurs corps, fuyaient de tous côtés au premier bruit de l'approche du roi de Suède. Il avait recommandé lui-même à tous ses généraux de ne jamais attendre ce conquérant avec des forces inégales, et il était bien obéi.

Le roi de Suède, au milieu de sa marche victorieuse, reçut un ambassadeur de la part des Turcs. L'ambassadeur eut son audience au quartier du comte Piper; c'était toujours chez ce ministre que se fesaient les cérémonies d'éclat. Il soutenait la dignité de son maître par des dehors qui avaient alors un peu de magnificence : et le roi, toujours plus mal logé, plus mal servi, et plus simplement vêtu que le moindre officier de son armée, disait que son palais était le quartier de Piper. L'ambassadeur turc présenta à Charles cent soldats suédois qui, ayant été pris par des Calmoucks, et vendus en Turquie, avaient été rachetés par le grand-seigneur, et que cet empereur envoyait au roi comme le présent le plus agréable qu'il pût lui faire[1]; non que la fierté ottomane prétendît rendre hommage à la gloire de Charles XII, mais parceque le sultan, ennemi naturel des empereurs de Moscovie et d'Allemagne, voulait se fortifier contre eux de l'amitié de la Suède, et de l'alliance de la Pologne.

[1] Ici l'auteur s'est mépris : car ce n'était pas l'ambassadeur turc qui présenta au roi des esclaves faits par les Moscovites ; mais c'était le roi de Suède qui, lorsqu'il avait pris Léopol, y avait trouvé cent esclaves turcs, pris autrefois dans les guerres avec la Pologne, et leur avait donné la liberté, de l'argent, des habits magnifiques, et une escorte jusqu'aux frontières de la Turquie. L'ambassadeur turc offrit au roi une alliance avec son maître. Mais, soit que ce prince se crût lui-même assez en état de faire la guerre avec le czar, soit qu'il eût été persuadé par les représentations de son ministère et du clergé qu'il ne convenait point de faire alliance avec les ennemis des chrétiens, on se contenta de renvoyer l'ambassadeur comblé de présents, mais sans rien dire ni répondre à ses propositions. P.

L'ambassadeur complimenta Stanislas sur son avénement : ainsi ce roi fut reconnu en peu de temps par l'Allemagne, la France, l'Angleterre, l'Espagne, et la Turquie. Il n'y eut que le pape qui voulut attendre, pour le reconnaître, que le temps eût affermi sur sa tête cette couronne qu'une disgrace pouvait faire tomber.

A peine Charles eut-il donné audience à l'ambassadeur de la Porte ottomane qu'il courut chercher les Moscovites. Les troupes du czar étaient sorties de Pologne, et y étaient rentrées plus de vingt fois pendant le cours de la guerre : ce pays ouvert de toutes parts, n'ayant point de places fortes qui coupent la retraite à une armée, laissait aux Russes la liberté de reparaître souvent au même endroit où ils avaient été battus, et même de pénétrer dans le pays aussi avant que le vainqueur. Pendant le séjour de Charles en Saxe, le czar s'était avancé jusqu'à Léopol, à l'extrémité méridionale de la Pologne. Il était alors vers le nord, à Grodno en Lithuanie, à cent lieues de Léopol.

Charles laissa en Pologne Stanislas qui, assisté de dix mille Suédois, et de ses nouveaux sujets, avait à conserver son nouveau royaume contre les ennemis étrangers et domestiques : pour lui il se mit à la tête de sa cavalerie, et marcha vers Grodno, au milieu des glaces, au mois de janvier 1708.

Il avait déjà passé le Niemen, à deux lieues de la ville ; et le czar ne savait encore rien de sa marche. A la première nouvelle que les Suédois arrivent, le czar sort par la porte du nord, et Charles entre par celle qui est au midi. Le roi n'avait avec lui que six cents gardes; le reste n'avait pu le suivre [1]. Le czar fuyait avec plus de deux mille hommes, dans l'opinion que toute une armée entrait dans Grodno. Il apprend, le jour même, par un transfuge polonais, qu'il n'a quitté la place qu'à six cents hommes, et que le gros de l'armée ennemie était encore éloigné de plus de cinq lieues. Il ne perd point de temps; il détache quinze cents chevaux de sa troupe à l'entrée de la nuit pour aller surprendre le roi de Suède dans la ville. Les quinze cents Moscovites arrivèrent à la faveur de l'obscurité jusqu'à la première garde suédoise, sans être reconnus. Trente hommes composaient cette garde; ils soutinrent seuls un demi-quart d'heure l'effort des quinze cents hommes. Le roi, qui était à l'autre bout de la ville, accourut bientôt avec le reste de ses six cents gardes. Les Russes s'enfuirent avec précipitation. Son armée ne fut pas long-temps sans le joindre, ni lui sans poursuivre l'ennemi. Tous les corps moscovites répandus dans la Lithuanie se retiraient en hâte du côté de l'orient, dans le palatinat de Minski, près des frontières de la Moscovie, où était leur rendez-vous. Les Suédois, que le roi partagea aussi en divers corps, ne cessèrent de les suivre pendant plus de trente lieues de chemin. Ceux qui fuyaient, et ceux qui poursuivaient, fesaient des marches forcées presque tous les jours, quoiqu'on fût au milieu de l'hiver. Il y avait déjà long-temps que toutes les saisons étaient devenues égales pour les soldats de

---

[1] Il était parti avec huit cents gardes, dit Voltaire dans l'*Histoire de Pierre-le-Grand*, première partie, chapitre XVI. B.

Charles et pour ceux du czar ; la seule terreur qu'inspirait le nom du roi Charles mettait alors de la différence entre les Russes et les Suédois.

Depuis Grodno jusqu'au Borysthène, en tirant vers l'orient, ce sont des marais, des déserts, des forêts immenses ; dans les endroits qui sont cultivés on ne trouve point de vivres, les paysans enfouissent dans la terre tous leurs grains, et tout ce qui peut s'y conserver : il faut sonder la terre avec de grandes perches ferrées pour découvrir ces magasins souterrains. Les Moscovites et les Suédois se servirent tour-à-tour de ces provisions ; mais on n'en trouvait pas toujours, et elles n'étaient pas suffisantes.

Le roi de Suède, qui avait prévu ces extrémités, avait fait apporter du biscuit pour la subsistance de son armée : rien ne l'arrêtait dans sa marche. Après qu'il eut traversé la forêt de Minski, où il fallut abattre à tout moment des arbres pour faire un chemin à ses troupes et à son bagage, il se trouva le 25 juin 1708 devant la rivière de Bérézine, vis-à-vis Borislou.

Le czar avait rassemblé en cet endroit la plus grande partie de ses forces ; il y était avantageusement retranché. Son dessein était d'empêcher les Suédois de passer la rivière. Charles posta quelques régiments sur le bord de la Bérézine, à l'opposite de Borislou, comme s'il avait voulu tenter le passage à la vue de l'ennemi. Dans le même temps il remonte avec son armée trois lieues au-delà vers la source de la rivière : il y fait jeter un pont, passe sur le ventre à un corps de trois mille hommes qui défendait ce poste, et marche à l'armée ennemie sans s'arrêter. Les Russes ne l'attendirent pas, ils décampèrent, et se retirèrent vers le Borysthène, gâtant tous les chemins, et détruisant tout sur leur route pour retarder au moins les Suédois.

Charles surmonta tous les obstacles, avançant toujours vers le Borysthène. Il rencontra sur son chemin vingt mille Moscovites retranchés dans un lieu nommé Hollosin, derrière un marais, auquel on ne pouvait aborder qu'en passant une rivière. Charles n'attendit pas, pour les attaquer, que le reste de son infanterie fût arrivé; il se jette dans l'eau à la tête de ses gardes à pied; il traverse la rivière et le marais, ayant souvent de l'eau au-dessus des épaules. Pendant qu'il allait ainsi aux ennemis, il avait ordonné à sa cavalerie de faire le tour du marais pour prendre les ennemis en flanc. Les Moscovites, étonnés qu'aucune barrière ne pût les défendre, furent enfoncés en même temps par le roi, qui les attaquait à pied, et par la cavalerie suédoise.

Cette cavalerie, s'étant fait jour à travers les ennemis, joignit le roi au milieu du combat. Alors il monta à cheval; mais quelque temps après il trouva dans la mêlée un jeune gentilhomme suédois nommé Gyllenstierna, qu'il aimait beaucoup, blessé et hors d'état de marcher; il le força à prendre son cheval, et continua de commander à pied à la tête de son infanterie. De toutes les batailles qu'il avait données, celle-ci était peut-être la plus glorieuse, celle où il avait essuyé les plus grands dangers, et où il avait montré le plus d'habileté. On en conserva la mémoire par une médaille, où on lisait d'un côté : *Sylvæ*, *paludes*, *aggeres*, *hostes*, *victi*; et de l'autre ce vers de Lucain : *Victrices copias alium laturus in orbem* [1].

Les Russes, chassés partout, repassèrent le Borysthène, qui sépare la Pologne de leur pays. Charles ne tarda pas à les poursuivre; il passa ce grand fleuve après eux à Mohilou, dernière ville de la Pologne, qui appartenait tantôt aux Polonais, tantôt aux czars; destinée commune aux places frontières.

Le czar, qui vit alors son empire, où il venait de faire naître les arts et le commerce, en proie à une guerre capable de renverser dans peu tous ses grands desseins, et peut-être son trône, songea à parler de paix : il fit hasarder quelques propositions par un gentilhomme polonais qui vint à l'armée de Suède. Charles XII, accoutumé à n'accorder la paix à ses ennemis que dans leurs capitales, répondit : « Je trai-« terai avec le czar à Moscou. » Quand on rapporta au czar cette réponse hautaine : « Mon frère Charles, « dit-il, prétend faire toujours l'Alexandre; mais je me « flatte qu'il ne trouvera pas en moi un Darius. »

De Mohilou, place où le roi traversa le Borysthène, si vous remontez au nord le long de ce fleuve, toujours sur les frontières de Pologne et de Moscovie, vous trouvez à trente lieues le pays de Smolensko, par où passe la grande route qui va de Pologne à Moscou. Le czar fuyait par ce chemin. Le roi le suivait à grandes journées. Une partie de l'arrière-garde moscovite fut plus d'une fois aux prises avec les dra-

---

[1] Dans la *Pharsale*, v. 238, le texte porte : *Victrices aquilas*. B.

gons de l'avant-garde suédoise. L'avantage demeurait presque toujours à ces derniers; mais ils s'affaiblissaient, à force de vaincre dans de petits combats qui ne décidaient rien, et où ils perdaient toujours du monde.

Le 22 septembre de cette année 1708, le roi attaqua auprès de Smolensko un corps de dix mille hommes de cavalerie et de six mille Calmoucks.

Ces Calmoucks sont des Tartares qui habitent entre le royaume d'Astracan, domaine du czar, et celui de Samarcande, pays des Tartares Usbecks, et patrie de Timur, connu sous le nom de Tamerlan. Le pays des Calmoucks s'étend à l'orient jusqu'aux montagnes qui séparent le Mogol de l'Asie occidentale. Ceux qui habitent vers Astracan sont tributaires du czar : il prétend sur eux un empire absolu; mais leur vie vagabonde l'empêche d'en être le maître, et fait qu'il se conduit avec eux comme le grand-seigneur avec les Arabes, tantôt souffrant leurs brigandages, et tantôt les punissant. Il y a toujours de ces Calmoucks dans les troupes de Moscovie. Le czar était même parvenu à les discipliner comme le reste de ses soldats.

Le roi fondit sur cette armée, n'ayant avec lui que six régiments de cavalerie et quatre mille fantassins. Il enfonça d'abord les Moscovites à la tête de son régiment d'Ostrogothie; les ennemis se retirèrent. Le roi avança sur eux par des chemins creux et inégaux, où les Calmoucks étaient cachés : ils parurent alors, et se jetèrent entre le régiment où le roi combattait et le reste de l'armée suédoise. A l'instant et Russes et Calmoucks entourèrent ce régiment, et percèrent jusqu'au roi. Ils tuèrent deux aides-de-camp qui combattaient auprès de sa personne. Le cheval du roi fut tué sous lui : un écuyer lui en présentait un autre; mais l'écuyer et le cheval furent percés de coups. Charles combattit à pied, entouré de quelques officiers qui accoururent incontinent autour de lui.

Plusieurs furent pris, blessés ou tués, ou entraînés loin du roi par la foule qui se jetait sur eux; il ne restait que cinq hommes auprès de Charles. Il avait tué plus de douze ennemis de sa main, sans avoir reçu une seule blessure, par ce bonheur inexprimable qui jusqu'alors l'avait accompagné partout, et sur lequel il compta toujours. Enfin un colonel, nommé Dahldorf, se fait jour à travers des Calmoucks avec seulement une compagnie de son régiment; il arrive à temps pour dégager le roi : le reste des Suédois fit main basse sur ces Tartares. L'armée reprit ses rangs : Charles monta à cheval; et, tout fatigué qu'il était, il poursuivit les Russes pendant deux lieues.

Le vainqueur était toujours dans le grand chemin de la capitale de Moscovie. Il y a de Smolensko, auprès duquel se donna ce combat, jusqu'à Moscou, environ cent de nos lieues françaises : l'armée n'avait presque plus de vivres. On pria fortement le roi d'attendre que le général Levenhaupt, qui devait lui en amener avec un renfort de quinze mille hommes, vînt le joindre. Non seulement le roi, qui rarement prenait conseil, n'écouta point cet avis judicieux; mais, au grand étonnement de toute l'armée, il quitta le chemin de Moscou, et fit marcher au midi vers l'Ukraine, pays des Cosaques, situé entre la Petite-Tartarie, la Pologne, et la Moscovie. Ce pays a environ cent de nos lieues du midi au septentrion, et presque autant de l'orient au couchant. Il est partagé en deux parties à peu près égales par le Borysthène, qui le traverse en coulant du nord-ouest au sud-est : la principale ville est Bathurin, sur la petite rivière de Sem. La partie la plus septentrionale de l'Ukraine est cultivée et riche. La plus méridionale, située près du quarante-huitième degré, est un des pays les plus fertiles du monde, et les plus déserts. Le mauvais gouvernement y étouffait le bien que la nature s'efforce de faire aux hommes. Les habitants de ces cantons, voisins de la Petite-Tartarie, ne semaient ni ne plantaient, parceque les Tartares de Budziack, ceux de Précop, les Moldaves, tous peuples brigands, auraient ravagé leurs moissons.

L'Ukraine a toujours aspiré à être libre : mais étant entourée de la Moscovie, des états du grand-seigneur, et de la Pologne, il lui a fallu chercher un protecteur, et par conséquent un maître dans l'un de ces trois états. Elle se mit d'abord sous la protection de la Pologne, qui la traita trop en sujette : elle se donna depuis au Moscovite, qui la gouverna en esclave autant qu'il le put. D'abord les Ukrainiens jouirent du privilége d'élire un prince sous le nom de général; mais bientôt ils furent dépouillés de ce droit, et leur général fut nommé par la cour de Moscou.

Celui qui remplissait alors cette place était un gentilhomme polonais, nommé Mazeppa, né dans le palatinat de Podolie; il avait été élevé page de Jean-

Casimir, et avait pris à sa cour quelque teinture des belles-lettres. Une intrigue qu'il eut dans sa jeunesse avec la femme d'un gentilhomme polonais ayant été découverte, le mari le fit lier tout nu sur un cheval farouche, et le laissa aller en cet état. Le cheval, qui était du pays de l'Ukraine, y retourna, et y porta Mazeppa demi-mort de fatigue et de faim. Quelques paysans le secoururent : il resta long-temps parmi eux, et se signala dans plusieurs courses contre les Tartares. La supériorité de ses lumières lui donna une grande considération parmi les Cosaques : sa réputation, s'augmentant de jour en jour, obligea le czar à le faire prince de l'Ukraine.

Un jour, étant à table à Moscou avec le czar, cet empereur lui proposa de discipliner les Cosaques, et de rendre ces peuples plus dépendants. Mazeppa répondit que la situation de l'Ukraine et le génie de cette nation étaient des obstacles insurmontables. Le czar, qui commençait à être échauffé par le vin, et qui ne commandait pas toujours à sa colère, l'appela traître, et le menaça de le faire empaler.

Mazeppa, de retour en Ukraine, forma le projet d'une révolte : l'armée de Suède, qui parut bientôt après sur les frontières, lui en facilita les moyens : il prit la résolution d'être indépendant, et de se former un puissant royaume de l'Ukraine et des débris de l'empire de Russie. C'était un homme courageux, entreprenant, et d'un travail infatigable, quoique dans une grande vieillesse. Il se ligua secrètement avec le roi de Suède pour hâter la chute du czar, et pour en profiter.

Le roi lui donna rendez-vous auprès de la rivière de Desna. Mazeppa promit de s'y rendre avec trente mille hommes, des munitions de guerre, des provisions de bouche, et ses trésors qui étaient immenses. L'armée suédoise marcha donc de ce côté, au grand regret de tous les officiers, qui ne savaient rien du traité du roi avec les Cosaques. Charles envoya ordre à Levenhaupt de lui amener en diligence ses troupes, et des provisions dans l'Ukraine, où il projetait de passer l'hiver, afin que, s'étant assuré de ce pays, il pût conquérir la Moscovie au printemps suivant; et cependant il s'avança vers la rivière de Desna, qui tombe dans le Borysthène à Kiovie.

Les obstacles qu'on avait trouvés jusqu'alors dans la route étaient légers en comparaison de ceux qu'on rencontra dans ce nouveau chemin. Il fallut traverser une forêt de cinquante lieues pleine de marécages. Le général Lagercron, qui marchait devant avec cinq mille hommes et des pionniers, égara l'armée vers l'orient, à trente lieues de la véritable route. Après quatre jours de marche, le roi reconnut la faute de Lagercron: on se remit avec peine dans le chemin; mais presque toute l'artillerie et tous les chariots restèrent embourbés ou abîmés dans les marais.

Enfin, après douze jours d'une marche si pénible, pendant laquelle les Suédois avaient consommé le peu de biscuit qui leur restait, cette armée, exténuée de lassitude et de faim, arrive sur les bords de la Desna, dans l'endroit où Mazeppa avait marqué le rendez-vous; mais au lieu d'y trouver ce prince, on trouva un corps de Moscovites qui avançait vers l'autre bord de la rivière. Le roi fut étonné ; mais il résolut sur-le-champ de passer la Desna, et d'attaquer les ennemis. Les bords de cette rivière étaient si escarpés qu'on fut obligé de descendre les soldats avec des cordes. Ils traversèrent la rivière selon leur manière accoutumée, les uns sur des radeaux faits à la hâte, les autres à la nage. Le corps des Moscovites, qui arrivait dans ce temps-là même, n'était que de huit mille hommes ; il ne résista pas long-temps, et cet obstacle fut encore surmonté.

Charles avançait dans ces pays perdus, incertain de sa route et de la fidélité de Mazeppa : ce Cosaque parut enfin, mais plutôt comme un fugitif que comme un allié puissant. Les Moscovites avaient découvert et prévenu ses desseins. Ils étaient venus fondre sur ses Cosaques, qu'ils avaient taillés en pièces : ses principaux amis, pris les armes à la main, avaient péri au nombre de trente par le supplice de la roue ; ses villes étaient réduites en cendres, ses trésors pillés, les provisions qu'il préparait au roi de Suède saisies : à peine avait-il pu échapper avec six mille hommes, et quelques chevaux chargés d'or et d'argent. Toutefois, il apportait au roi l'espérance de se soutenir, par ses intelligences, dans ce pays inconnu, et l'affection de tous les Cosaques, qui, enragés contre les Russes, arrivaient par troupes au camp, et le firent subsister.

Charles espérait au moins que son général Levenhaupt viendrait réparer cette mauvaise fortune. Il devait amener environ quinze mille Suédois qui valaient mieux que cent mille Cosaques, et apporter des provisions de guerre et de bouche. Il arriva à peu près dans le même état que Mazeppa.

Il avait déjà passé le Borysthène au-dessus de Mohilou, et s'était avancé vingt de nos lieues au-delà, sur le chemin de l'Ukraine. Il amenait au roi un convoi de huit mille chariots, avec l'argent qu'il avait levé en Lithuanie sur sa route. Quand il fut vers le bourg de Lesno, près de l'endroit où les rivières de Pronia et Sossa se joignent pour aller tomber loin au-dessous dans le Borysthène, le czar parut à la tête de près de quarante mille hommes.

Le général suédois, qui n'en avait pas seize mille complets, ne voulut pas se retrancher. Tant de victoires avaient donné aux Suédois une si grande confiance, qu'ils ne s'informaient jamais du nombre de leurs ennemis, mais seulement du lieu où ils étaient. Levenhaupt marcha donc à eux sans balancer, le 7 d'octobre 1708 après midi. Dans le premier choc, les Suédois tuèrent quinze cents Moscovites. La confusion se mit dans l'armée du czar ; on fuyait de tous côtés. L'empereur des Russes vit le moment où il allait être entièrement défait. Il sentait que le salut de ses états dépendait de cette journée, et qu'il était perdu, si Levenhaupt joignait le roi de Suède avec une armée victorieuse.

Dès qu'il vit que ses troupes commençaient à reculer, il courut à l'arrière-garde, où étaient des Cosaques et des Calmoucks : « Je vous ordonne, leur dit-il, de « tirer sur quiconque fuira, et de me tuer moi-même, « si j'étais assez lâche pour me retirer. » De là il retourna à l'avant-garde, et rallia ses troupes lui-même, aidé du prince Menzikoff et du prince Gallitzin. Levenhaupt, qui avait des ordres pressants de rejoindre son maître, aima mieux continuer sa marche que recommencer le combat, croyant en avoir assez fait pour ôter aux ennemis la résolution de le poursuivre.

Dès le lendemain à onze heures, le czar l'attaqua au bord d'un marais, et étendit son armée pour l'envelopper. Les Suédois firent face partout : on se battit pendant deux heures avec une opiniâtreté égale. Les Moscovites perdirent trois fois plus de monde ; mais aucun ne lâcha pied, et la victoire fut indécise.

A quatre heures le général Bayer amena au czar un renfort de troupes. La bataille recommença alors pour la troisième fois avec plus de furie et d'acharnement : elle dura jusqu'à la nuit : enfin le nombre l'emporta ; les Suédois furent rompus, enfoncés, et poussés jusqu'à leur bagage. Levenhaupt rallia ses troupes derrière ses chariots. Les Suédois étaient vaincus, mais ils ne s'enfuirent point. Ils étaient environ neuf mille hommes, dont aucun ne s'écarta : le général les mit en ordre de bataille aussi facilement que s'ils n'avaient point été vaincus. Le czar, de l'autre côté, passa la nuit sous les armes ; il défendit aux officiers, sous peine d'être cassés, et aux soldats, sous peine de mort, de s'écarter pour piller.

Le lendemain encore, il commanda, au point du jour, une nouvelle attaque. Levenhaupt s'était retiré à quelques milles, dans un lieu avantageux, après avoir encloué une partie de son canon, et mis le feu à ses chariots.

Les Moscovites arrivèrent assez à temps pour empêcher tout le convoi d'être consumé par les flammes ; ils se saisirent de plus de six mille chariots qu'ils sauvèrent. Le czar, qui voulait achever la défaite des Suédois, envoya un de ses généraux, nommé Phlug, les attaquer encore pour la cinquième fois : ce général leur offrit une capitulation honorable. Levenhaupt la refusa, et livra un cinquième combat, aussi sanglant que les premiers. De neuf mille soldats qu'il avait encore, il en perdit environ la moitié, l'autre ne put être forcée ; enfin, la nuit survenant, Levenhaupt, après avoir soutenu cinq combats contre quarante mille hommes [1], passa la Sossa avec environ cinq mille combattants qui lui restaient. Le czar perdit près de dix mille hommes dans ces cinq combats, où il eut la gloire de vaincre les Suédois, et Levenhaupt celle de disputer trois jours la victoire, et de se retirer sans avoir été forcé dans son dernier poste. Il vint donc au camp de son maître avec l'honneur de s'être si bien défendu, mais n'amenant avec lui ni munitions, ni armée. Le roi de Suède se trouva ainsi sans provisions et sans communication avec la Pologne, entouré d'ennemis ; au milieu d'un pays où il n'avait guère de ressource que son courage.

Dans cette extrémité, le mémorable hiver de 1709, plus terrible encore sur ces frontières de l'Europe que nous ne l'avons senti en France, détruisit une

---

[1] Dans son *Histoire de Russie sous Pierre-le-Grand*, première partie, chapitre XVII, Voltaire, d'après de nouveaux mémoires, réduit ce nombre à vingt mille. B.

partie de son armée. Charles voulait braver les saisons comme il fesait ses ennemis ; il osait faire de longues marches de troupes pendant ce froid mortel. Ce fut dans une de ces marches que deux mille hommes tombèrent morts de froid sous ses yeux. Les cavaliers n'avaient plus de bottes, les fantassins étaient sans souliers, et presque sans habits. Ils étaient réduits à se faire des chaussures de peaux de bêtes, comme ils pouvaient : souvent ils manquaient de pain. On avait été réduit à jeter presque tous les canons dans des marais et dans des rivières, faute de chevaux pour les traîner. Cette armée, auparavant si florissante, était réduite à vingt-quatre mille hommes prêts à mourir de faim. On ne recevait plus de nouvelles de la Suède ; et on ne pouvait y en faire tenir. Dans cet état, un seul officier se plaignit. « Hé quoi ! lui dit le roi, vous en-
« nuyez-vous d'être loin de votre femme ? Si vous êtes
« un vrai soldat, je vous mènerai si loin, que vous
« pourrez à peine recevoir des nouvelles de Suède une
« fois en trois ans. »

Le marquis de Brancas, depuis ambassadeur en Suède, m'a conté qu'un soldat osa présenter au roi, avec murmure, en présence de toute l'armée, un morceau de pain noir et moisi, fait d'orge et d'avoine, seule nourriture qu'ils avaient alors, et dont ils n'avaient pas même suffisamment. Le roi reçut le morceau de pain sans s'émouvoir, le mangea tout entier, et dit ensuite froidement au soldat : « Il n'est pas bon,
« mais il peut se manger. » Ce trait, tout petit qu'il est, si ce qui augmente le respect et la confiance peut

être petit, contribua plus que tout le reste à faire supporter à l'armée suédoise des extrémités qui eussent été intolérables sous tout autre général.

Dans cette situation, il reçut enfin des nouvelles de Stockholm; elles lui apprirent la mort de la duchesse de Holstein, sa sœur, que la petite vérole enleva au mois de décembre 1708, dans la vingt-septième année de son âge. C'était une princesse aussi douce et aussi compatissante que son frère était impérieux dans ses volontés, et implacable dans ses vengeances. Il avait toujours eu pour elle beaucoup de tendresse; il fut d'autant plus affligé de sa perte, que, commençant alors à devenir malheureux, il en devenait un peu plus sensible.

Il apprit aussi qu'on avait levé des troupes et de l'argent, en exécution de ses ordres; mais rien ne pouvait arriver jusqu'à son camp, puisque, entre lui et Stockholm, il y avait près de cinq cents lieues à traverser, et des ennemis supérieurs en nombre à combattre.

Le czar, aussi agissant que lui, après avoir envoyé de nouvelles troupes au secours des confédérés en Pologne, réunis contre Stanislas, sous le général Siniawski, s'avança bientôt dans l'Ukraine, au milieu de ce rude hiver, pour faire tête au roi de Suède. Là il continua dans la politique d'affaiblir son ennemi par de petits combats, jugeant bien que l'armée suédoise périrait entièrement à la longue, puisqu'elle ne pouvait être recrutée. Il fallait que le froid fût bien excessif, puisque les deux ennemis furent contraints de s'accorder une suspension d'armes. Mais, dès le 1er de février, on recommença à se battre au milieu des glaces et des neiges.

Après plusieurs petits combats, et quelques désavantages, le roi vit au mois d'avril qu'il ne lui restait plus que dix-huit mille Suédois. Mazeppa seul, ce prince des Cosaques, les fesait subsister : sans ce secours, l'armée eût péri de faim et de misère. Le czar, dans cette conjoncture, fit proposer à Mazeppa de rentrer sous sa domination ; mais le Cosaque fut fidèle à son nouvel allié, soit que le supplice affreux de la roue, dont avaient péri ses amis, le fît craindre pour lui-même, soit qu'il voulût les venger.

Charles, avec ses dix-huit mille Suédois, n'avait perdu ni le dessein ni l'espérance de pénétrer jusqu'à Moscou. Il alla, vers la fin de mai, investir Pultava, sur la rivière Vorskla, à l'extrémité orientale de l'Ukraine, à treize grandes lieues du Borysthène. Ce terrain est celui des Zaporaviens, le plus étrange peuple qui soit sur la terre : c'est un ramas d'anciens Russes, Polonais, et Tartares, fesant tous profession d'une espèce de christianisme et d'un brigandage semblable à celui des flibustiers. Ils élisent un chef qu'ils déposent ou qu'ils égorgent souvent. Ils ne souffrent point de femmes chez eux, mais ils vont enlever tous les enfants à vingt et trente lieues à la ronde, et les élèvent dans leurs mœurs. L'été ils sont toujours en campagne ; l'hiver ils couchent dans des granges spacieuses qui contiennent quatre ou cinq cents hommes. Ils ne craignent rien ; ils vivent libres ; ils affrontent la mort, pour le plus léger butin, avec la même intrépidité que Charles XII la bravait pour donner des couronnes. Le czar leur fit donner soixante mille florins, dans l'espérance qu'ils prendraient son parti; ils prirent son argent, et se déclarèrent pour Charles XII, par les soins de Mazeppa; mais ils servirent très peu, parcequ'ils trouvent ridicule de combattre pour autre chose que pour piller. C'était beaucoup qu'ils ne nuisissent pas; il y en eut environ deux mille tout au plus qui firent le service. On présenta dix de leurs chefs un matin au roi; mais on eut bien de la peine à obtenir d'eux qu'ils ne fussent point ivres, car c'est par là qu'ils commencent la journée. On les mena à la tranchée; ils y firent paraître leur adresse à tirer avec de longues carabines; car, étant montés sur le revers, ils tuaient à la distance de six cents pas les ennemis qu'ils choisissaient. Charles ajouta à ces bandits quelque mille Valaques que lui vendit le kan de la Petite-Tartarie. Il assiégeait donc Pultava avec toutes ses troupes de Zaporaviens, de Cosaques, de Valaques, qui, joints à ses dix-huit mille Suédois, fesaient une armée d'environ trente mille hommes, mais une armée délabrée, manquant de tout. Le czar avait fait de Pultava un magasin. Si le roi le prenait, il se rouvrait le chemin de Moscou, et pouvait au moins attendre dans l'abondance de toutes choses les secours qu'il espérait encore de Suède, de Livonie, de Poméranie, et de Pologne. Sa seule ressource étant donc dans la prise de Pultava, il en pressa le siége avec ardeur. Mazeppa, qui avait des intelligences dans la ville, l'assura qu'il en serait bientôt le maître : l'espérance renaissait dans l'armée. Les soldats regardaient la prise de Pultava comme la fin de toutes leurs misères.

Le roi s'aperçut, dès le commencement du siége, qu'il avait enseigné l'art de la guerre à ses ennemis. Le prince Menzikoff, malgré toutes ses précautions, jeta du secours dans la ville. La garnison, par ce moyen, se trouva forte de près de cinq mille hommes.

On fesait des sorties, et quelquefois avec succès; on fit jouer une mine; mais ce qui rendait la ville imprenable, c'était l'approche du czar, qui s'avançait avec soixante et dix mille combattants. Charles XII alla les reconnaître le 27 juin [1], jour de sa naissance, et battit un de leurs détachements : mais comme il retournait à son camp, il reçut un coup de carabine qui lui perça la botte, et lui fracassa l'os du talon. On ne remarqua pas sur son visage le moindre changement qui pût faire soupçonner qu'il était blessé : il continua à donner tranquillement ses ordres, et demeura encore près de six heures à cheval. Un de ses domestiques s'apercevant que le soulier de la botte du prince était tout sanglant, courut chercher des chirurgiens : la douleur du roi commençait à être si cuisante, qu'il fallut l'aider à descendre de cheval, et l'emporter dans sa tente. Les chirurgiens visitèrent sa plaie; ils furent d'avis de lui

[1] Les éditions antérieures à 1748 ne donnent point de date. L'édition de 1748 et toutes celles qui l'ont suivie jusqu'à la présente, disent « 27 *mai.* » Mais il est évident que c'est une faute de copiste. Le 27 mai est la date de la fondation de Pétersbourg; le *jour de la naissance* de Charles XII est, comme Voltaire l'a dit, page 40, le 27 juin; et c'est au 27 juin qu'il parle de la blessure de Charles XII, dans son *Histoire de Russie*, chapitre XVIII de la première partie. B..

couper la jambe. La consternation de l'armée était inexprimable. Un chirurgien, nommé Neuman, plus habile et plus hardi que les autres, assura qu'en fesant de profondes incisions il sauverait la jambe du roi. « Travaillez donc tout-à-l'heure, lui dit le roi ; « taillez hardiment, ne craignez rien. » Il tenait lui-même sa jambe avec les deux mains, regardant les incisions qu'on lui fesait, comme si l'opération eût été faite sur un autre.

Dans le temps même qu'on lui mettait un appareil, il ordonna un assaut pour le lendemain ; mais à peine avait-il donné cet ordre, qu'on vint lui apprendre que toute l'armée ennemie s'avançait sur lui. Il fallut alors prendre un autre parti. Charles, blessé, et incapable d'agir, se voyait entre le Borysthène et la rivière qui passe à Pultava, dans un pays désert, sans places de sûreté, sans munitions, vis-à-vis une armée qui lui coupait la retraite et les vivres. Dans cette extrémité, il n'assembla point de conseil de guerre, comme tant de relations l'ont débité ; mais la nuit du 7 au 8 de juillet, il fit venir le feld-maréchal Rehnsköld dans sa tente, et lui ordonna, sans délibération, comme sans inquiétude, de tout disposer pour attaquer le czar le lendemain. Rehnsköld ne contesta point, et sortit pour obéir. A la porte de la tente du roi, il rencontra le comte Piper, avec qui il était fort mal depuis long-temps, comme il arrive souvent entre le ministre et le général. Piper lui demanda s'il n'y avait rien de nouveau : « Non, » dit le général froidement, et passa outre pour aller donner ses ordres. Dès que le comte Piper fut entré dans la tente,

« Rehnsköld ne vous a-t-il rien appris? lui dit le roi.
« — Rien, répondit Piper. — Hé bien ! je vous ap-
« prends donc, reprit le roi, que demain nous don-
« nons bataille. » Le comte Piper fut effrayé d'une résolution si désespérée; mais il savait bien qu'on ne fesait jamais changer son maître d'idée ; il ne marqua
son étonnement que par son silence, et laissa Charles
dormir jusqu'à la pointe du jour.

Ce fut le 8 juillet de l'année 1709 que se donna
cette bataille décisive de Pultava, entre les deux plus
singuliers monarques qui fussent alors dans le monde :
Charles XII, illustre par neuf années de victoires ;
Pierre Alexiowitz par neuf années de peines, prises
pour former des troupes égales aux troupes suédoises ;
l'un glorieux d'avoir donné des états, l'autre d'avoir
civilisé les siens ; Charles aimant les dangers, et ne
combattant que pour la gloire; Alexiowitz ne fuyant
point le péril, et ne fesant la guerre que pour ses intérêts ; le monarque suédois libéral par grandeur
d'ame, le Moscovite ne donnant jamais que par quelque vue; celui-là d'une sobriété et d'une continence
sans exemple, d'un naturel magnanime, et qui n'a-
vait été barbare qu'une fois[1] ; celui-ci n'ayant pas dépouillé la rudesse de son éducation et de son pays,
aussi terrible à ses sujets qu'admirable aux étrangers,
et trop adonné à des excès qui ont même abrégé ses
jours. Charles avait le titre d'*invincible*, qu'un moment pouvait lui ôter; les nations avaient déjà donné
à Pierre Alexiowitz le nom de *grand*, qu'une défaite

---

[1] Voyez page 149. B.

ne pouvait lui faire perdre, parcequ'il ne le devait pas à des victoires.

Pour avoir une idée nette de cette bataille et du lieu où elle fut donnée, il faut se figurer Pultava au nord, le camp du roi de Suède au sud, tirant un peu vers l'orient, son bagage derrière lui à environ un mille, et la rivière de Pultava au nord de la ville, coulant de l'orient à l'occident.

Le czar avait passé la rivière à une lieue de Pultava, du côté de l'occident, et commençait à former son camp.

A la pointe du jour, les Suédois parurent hors de leurs tranchées avec quatre canons de fer pour toute artillerie : le reste fut laissé dans le camp avec environ trois mille hommes; quatre mille demeurèrent au bagage : de sorte que l'armée suédoise marcha aux ennemis forte d'environ vingt et un mille hommes, dont il y avait environ seize mille Suédois.

Les généraux Rehnskold, Roos, Levenhaupt, Slipenbach, Hoorn, Sparre, Hamilton, le prince de Vurtenberg, parent du roi, et quelques autres[1], dont la plupart avaient vu la bataille de Narva, fesaient tous souvenir les officiers subalternes de cette journée où huit mille Suédois avaient détruit une armée de quatre-vingt mille Moscovites dans un camp retranché. Les officiers le disaient aux soldats; tous s'encourageaient en marchant.

Le roi conduisait la marche, porté sur un bran-

---

[1] Il est étonnant que Voltaire ne nomme pas ici l'officier suédois Stralemberg, qu'il cite plusieurs fois dans le chapitre 1ᵉʳ de la première partie de l'*Histoire de Russie* (voyez tome XXV), et qu'il appelle même *célèbre*. B.

card à la tête de son infanterie. Une partie de la cavalerie s'avança par son ordre pour attaquer celle des ennemis; la bataille commença par cet engagement à quatre heures et demie du matin : la cavalerie ennemie était à l'occident, à la droite du camp moscovite; le prince Menzikoff et le comte Gollovin l'avaient disposée par intervalles entre des redoutes garnies de canons. Le général Slipenbach, à la tête des Suédois, fondit sur cette cavalerie. Tous ceux qui ont servi dans les troupes suédoises savent qu'il était presque impossible de résister à la fureur de leur premier choc. Les escadrons moscovites furent rompus et enfoncés. Le czar accourut lui-même pour les rallier; son chapeau fut percé d'une balle de mousquet; Menzikoff eut trois chevaux tués sous lui : les Suédois crièrent *victoire*.

Charles ne douta pas que la bataille ne fût gagnée; il avait envoyé au milieu de la nuit le général Creutz avec cinq mille cavaliers ou dragons, qui devaient prendre les ennemis en flanc, tandis qu'il les attaquerait de front; mais son malheur voulut que Creutz s'égarât, et ne parût point. Le czar, qui s'était cru perdu, eut le temps de rallier sa cavalerie. Il fondit à son tour sur celle du roi, qui, n'étant point soutenue par le détachement de Creutz, fut rompue à son tour; Slipenbach même fut fait prisonnier dans cet engagement. En même temps soixante et douze canons tiraient du camp sur la cavalerie suédoise, et l'infanterie russienne débouchant de ses lignes venait attaquer celle de Charles.

Le czar détacha alors le prince Menzikoff, pour

aller se poster entre Pultava et les Suédois : le prince Menzikoff exécuta avec habileté et avec promptitude l'ordre de son maître; non seulement il coupa la communication entre l'armée suédoise et les troupes restées au camp devant Pultava, mais ayant rencontré un corps de réserve de trois mille hommes, il l'enveloppa et le tailla en pièces. Si Menzikoff fit cette manœuvre de lui-même, la Russie lui dut son salut: si le czar l'ordonna, il était un digne adversaire de Charles XII. Cependant l'infanterie moscovite sortait de ses lignes, et s'avançait en bataille dans la plaine. D'un autre côté la cavalerie suédoise se ralliait à un quart de lieue de l'armée ennemie; et le roi, aidé de son feld-maréchal Rehnskold, ordonnait tout pour un combat général.

Il rangea sur deux lignes ce qui lui restait de troupes, son infanterie occupant le centre, sa cavalerie les deux ailes. Le czar disposa son armée de même; il avait l'avantage du nombre et celui de soixante et douze canons, tandis que les Suédois ne lui en opposaient que quatre, et qu'ils commençaient à manquer de poudre.

L'empereur moscovite était au centre de son armée, n'ayant alors que le titre de major-général, et semblait obéir au général Sheremetoff; mais il allait comme empereur de rang en rang, monté sur un cheval turc, qui était un présent du grand-seigneur, exhortant les capitaines et les soldats, et promettant à chacun des récompenses.

A neuf heures du matin la bataille recommença; une des premières volées du canon moscovite emporta les deux chevaux du brancard de Charles : il en fit atteler deux autres; une seconde volée mit le brancard en pièces, et renversa le roi. De vingt-quatre drabans qui se relayaient pour le porter, vingt et un furent tués. Les Suédois consternés s'ébranlèrent, et le canon ennemi continuant à les écraser, la première ligne se replia sur la seconde, et la seconde s'enfuit. Ce ne fut, en cette dernière action, qu'une ligne de dix mille hommes de l'infanterie russe qui mit en déroute l'armée suédoise, tant les choses étaient changées.

Tous les écrivains suédois disent qu'ils auraient gagné la bataille si on n'avait point fait de fautes; mais tous les officiers prétendent que c'en était une grande de la donner, et une plus grande encore de s'enfermer dans ces pays perdus, malgré l'avis des plus sages, contre un ennemi aguerri, trois fois plus fort que Charles XII par le nombre d'hommes et par les ressources qui manquaient aux Suédois. Le souvenir de Narva fut la principale cause du malheur de Charles à Pultava.

Déjà le prince de Vurtenberg, le général Rehnsköld, et plusieurs officiers principaux, étaient prisonniers, le camp devant Pultava forcé, et tout dans une confusion à laquelle il n'y avait plus de ressource. Le comte Piper avec quelques officiers de la chancellerie étaient sortis de ce camp, et ne savaient ni ce qu'ils devaient faire, ni ce qu'était devenu le roi; ils couraient de côté et d'autre dans la plaine. Un major, nommé Bère, s'offrit de les conduire au bagage; mais les nuages de poussière et de fumée qui couvraient la campagne, et l'égarement d'esprit naturel dans cette désolation, les conduisirent droit sur la contrescarpe de la ville même, où ils furent tous pris par la garnison.

Le roi ne voulut point fuir, et ne pouvait se défendre. Il avait en ce moment auprès de lui le général Poniatowski, colonel de la garde suédoise du roi Stanislas, homme d'un mérite rare, que son attachement pour la personne de Charles avait engagé à le suivre en Ukraine sans aucun commandement. C'était un homme qui, dans toutes les occurrences de sa vie et dans les dangers, où les autres n'ont tout au plus que de la valeur, prit toujours son parti sur-le-champ, et bien, et avec bonheur. Il fit signe à deux drabans, qui prirent le roi par-dessous les bras, et le mirent à cheval, malgré les douleurs extrêmes de sa blessure.

Poniatowski, quoiqu'il n'eût point de commandement dans l'armée, devenu en cette occasion général par nécessité, rallia cinq cents cavaliers auprès de la personne du roi ; les uns étaient des drabans, les autres des officiers, quelques uns de simples cavaliers : cette troupe rassemblée, et ranimée par le malheur de son prince, se fit jour à travers plus de dix régiments moscovites, et conduisit Charles au milieu des ennemis, l'espace d'une lieue, jusqu'au bagage de l'armée suédoise.

Le roi, fuyant et poursuivi, eut son cheval tué sous lui ; le colonel Gierta, blessé et perdant tout son sang, lui donna le sien. Ainsi on remit deux fois à cheval, dans sa fuite, ce conquérant qui n'avait pu y monter pendant la bataille.

Cette retraite étonnante était beaucoup dans un si grand malheur; mais il fallait fuir plus loin; on trouva dans le bagage le carrosse du comte Piper, car le roi n'en eut jamais depuis qu'il sortit de Stockholm. On le mit dans cette voiture, et l'on prit avec précipitation la route du Borysthène. Le roi qui, depuis le moment où on l'avait mis à cheval jusqu'à son arrivée au bagage, n'avait pas dit un seul mot, demanda alors ce qu'était devenu le comte Piper. « Il est pris avec toute « la chancellerie, lui répondit-on. — Et le général « Rehnsköld, et le duc de Vurtenberg? ajouta-t-il. — « Ils sont aussi prisonniers, lui dit Poniatowski. — « *Prisonniers chez des Russes!* reprit Charles en haus- « sant les épaules; *allons donc, allons plutôt chez les* « *Turcs.* » On ne remarquait pourtant point d'abattement sur son visage, et quiconque l'eût vu alors, et eût ignoré son état, n'eût point soupçonné qu'il était vaincu et blessé.

Pendant qu'il s'éloignait, les Russes saisirent son artillerie dans le camp devant Pultava, son bagage, sa caisse militaire, où ils trouvèrent six millions en espèces, dépouilles des Polonais et des Saxons. Près de neuf mille hommes Suédois ou Cosaques furent tués dans la bataille; environ six mille furent pris [1]. Il restait encore environ seize mille hommes [2], tant Suédois et Polonais que Cosaques, qui fuyaient vers le Borys-

---

[1] Voltaire, dans son *Histoire de Pierre-le-Grand*, partie première, chapitre XVIII, porte à neuf mille deux cent vingt-quatre le nombre des Suédois tués, et dit que les prisonniers furent au nombre de deux à trois mille. B.

[2] Dans son *Histoire de Pierre-le-Grand*, Voltaire dit: *environ quatorze mille*. B.

thène, sous la conduite du général Levenhaupt. Il marcha d'un côté avec ses troupes fugitives; le roi alla par un autre chemin avec quelques cavaliers. Le carrosse où il était rompit dans la marche, on le remit à cheval. Pour comble de disgrace, il s'égara pendant la nuit dans un bois; là, son courage ne pouvant plus suppléer à ses forces épuisées, les douleurs de sa blessure devenues plus insupportables par la fatigue, son cheval étant tombé de lassitude, il se coucha quelques heures au pied d'un arbre, en danger d'être surpris à tout moment par les vainqueurs qui le cherchaient de tous côtés.

Enfin la nuit du 9 au 10 juillet il se trouva vis-à-vis le Borysthène. Levenhaupt venait d'arriver avec les débris de l'armée. Les Suédois revirent, avec une joie mêlée de douleur, leur roi qu'ils croyaient mort. L'ennemi approchait; on n'avait ni pont pour passer le fleuve, ni temps pour en faire, ni poudre pour se défendre, ni provision pour empêcher de mourir de faim une armée qui n'avait mangé depuis deux jours. Cependant les restes de cette armée étaient des Suédois, et ce roi vaincu était Charles XII. Presque tous les officiers croyaient qu'on attendrait là de pied ferme les Russes, et qu'on périrait ou qu'on vaincrait sur le bord du Borysthène. Charles eût pris sans doute cette résolution, s'il n'eût été accablé de faiblesse. Sa plaie suppurait, il avait la fièvre; et on a remarqué que la plupart des hommes les plus intrépides perdent dans la fièvre de la suppuration cet instinct de valeur qui, comme les autres vertus, demande une tête libre. Charles n'était plus lui-même : c'est ce qu'on m'a assuré, et ce qui est le plus vraisemblable. On l'entraîna comme un malade qui ne se connaît plus. Il y avait encore par bonheur une mauvaise calèche qu'on avait amenée à tout hasard jusqu'en cet endroit : on l'embarqua sur un petit bateau; le roi se mit dans un autre avec le général Mazeppa. Celui-ci avait sauvé plusieurs coffres pleins d'argent; mais le courant étant trop rapide, et un vent violent commençant à souffler, ce Cosaque jeta plus des trois quarts de ses trésors dans le fleuve pour soulager le bateau. Muller, chancelier du roi, et le comte Poniatowski, homme plus que jamais nécessaire au roi par les ressources que son esprit lui fournissait dans les disgraces, passèrent dans d'autres barques avec quelques officiers. Trois cents cavaliers, et un très grand nombre de Polonais et de Cosaques, se fiant sur la bonté de leurs chevaux, hasardèrent de passer le fleuve à la nage. Leur troupe, bien serrée, résistait au courant, et rompait les vagues; mais tous ceux qui s'écartèrent un peu au-dessous furent emportés et abîmés dans le fleuve. De tous les fantassins qui risquèrent le passage, aucun n'arriva à l'autre bord.

Tandis que les débris de l'armée étaient dans cette extrémité, le prince Menzikoff s'approchait avec dix mille cavaliers, ayant chacun un fantassin en croupe. Les cadavres des Suédois morts, dans le chemin, de leurs blessures, de fatigue, et de faim, montraient assez au prince Menzikoff la route qu'avait prise le gros de l'armée fugitive. Le prince envoya au général suédois un trompette pour lui offrir une capitulation. Quatre officiers généraux furent aussitôt envoyés par

Levenhaupt pour recevoir la loi du vainqueur. Avant ce jour, seize mille soldats du roi Charles eussent attaqué toutes les forces de l'empire moscovite, et eussent péri jusqu'au dernier plutôt que de se rendre; mais, après une bataille perdue, après avoir fui pendant deux jours, ne voyant plus leur prince, qui était contraint de fuir lui-même, les forces de chaque soldat étant épuisées, leur courage n'étant plus soutenu par aucune espérance, l'amour de la vie l'emporta sur l'intrépidité. Il n'y eut que le colonel Troutfetre, qui, voyant approcher les Moscovites, s'ébranla avec un bataillon suédois pour les charger, espérant entraîner le reste des troupes; mais Levenhaupt fut obligé d'arrêter ce mouvement inutile. La capitulation fut achevée, et cette armée entière fut faite prisonnière de guerre. Quelques soldats, désespérés de tomber entre les mains des Moscovites, se précipitèrent dans le Borysthène. Deux officiers du régiment de ce brave Troutfetre s'entre-tuèrent, le reste fut fait esclave. Ils défilèrent tous en présence du prince Menzikoff, mettant les armes à ses pieds, comme trente mille Moscovites avaient fait neuf ans auparavant devant le roi de Suède, à Narva. Mais, au lieu que le roi avait alors renvoyé tous ces prisonniers moscovites qu'il ne craignait pas, le czar retint les Suédois pris à Pultava.

Ces malheureux furent dispersés depuis dans les états du czar, mais particulièrement en Sibérie, vaste province de la Grande-Tartarie, qui, du côté de l'orient, s'étend jusqu'aux frontières de l'empire chinois. Dans ce pays barbare, où l'usage du pain n'était pas même connu, les Suédois, devenus ingénieux par le besoin, y exercèrent les métiers et les arts dont ils pouvaient avoir quelque teinture. Alors toutes les distinctions que la fortune met entre les hommes furent bannies. L'officier qui ne put exercer aucun métier fut réduit à fendre et à porter le bois du soldat, devenu tailleur, drapier, menuisier, ou maçon, ou orfévre, et qui gagnait de quoi subsister. Quelques officiers devinrent peintres; d'autres, architectes. Il y en eut qui enseignèrent les langues, les mathématiques ; ils y établirent même des écoles publiques, qui, avec le temps, devinrent si utiles et si connues, qu'on y envoyait des enfants de Moscou.

Le comte Piper, premier ministre du roi de Suède, fut long-temps enfermé à Pétersbourg. Le czar était persuadé, comme le reste de l'Europe, que ce ministre avait vendu son maître au duc de Marlborough, et avait attiré sur la Moscovie les armes de la Suède, qui auraient pu pacifier l'Europe. Il lui rendit sa captivité plus dure. Ce ministre mourut quelques années après en Moscovie[1], peu secouru par sa famille, qui vivait à Stockholm dans l'opulence, et plaint inutilement par son roi, qui ne voulut jamais s'abaisser à offrir pour son ministre une rançon qu'il craignait que le czar n'acceptât pas; car il n'y eut jamais de cartel d'échange entre Charles et le czar.

L'empereur moscovite, pénétré d'une joie qu'il ne se mettait pas en peine de dissimuler, recevait sur le champ de bataille les prisonniers, qu'on lui amenait en foule, et demandait à tout moment: « Où est donc « mon frère Charles? »

[1] Voyez page 157. B.

Il fit aux généraux suédois l'honneur de les inviter à sa table. Entre autres questions qu'il leur fit, il demanda au général Rehnsköld à combien les troupes du roi son maître pouvaient monter avant la bataille. Rehnsköld répondit que le roi seul en avait la liste, qu'il ne communiquait à personne; mais que pour lui il pensait que le tout pouvait aller à environ trente mille[1] hommes, savoir, dix-huit mille Suédois, et le reste Cosaques. Le czar parut surpris, et demanda comment ils avaient pu hasarder de pénétrer dans un pays si reculé, et d'assiéger Pultava avec ce peu de monde. « Nous n'avons pas toujours été consultés, « reprit le général suédois; mais, comme fidèles ser- « viteurs, nous avons obéi aux ordres de notre maî- « tre, sans jamais y contredire. » Le czar se tourna à cette réponse vers quelques uns de ses courtisans, autrefois soupçonnés d'avoir trempé dans des conspirations contre lui : « Ah! dit-il, voilà comme il faut « servir son souverain. » Alors, prenant un verre de vin : « A la santé, dit-il, de mes maîtres dans l'art de « la guerre. » Rehnsköld lui demanda qui étaient ceux qu'il honorait d'un si beau titre. « Vous, messieurs « les généraux suédois, reprit le czar. —Votre ma- « jesté est donc bien ingrate, reprit le comte, d'avoir « tant maltraité ses maîtres! » Le czar, après le repas, fit rendre les épées à tous les officiers généraux, et les traita comme un prince qui voulait donner à ses sujets des leçons de générosité et de la politesse qu'il connaissait. Mais ce même prince, qui traita si

[1] Voltaire, dans l'*Histoire de Pierre-le-Grand*, livre Ier, chapitre XVIII, donne le détail qui réduit les combattants à vingt-sept mille. B.

bien les généraux suédois, fit rouer tous les Cosaques qui tombèrent dans ses mains.

Cependant cette armée suédoise, sortie de la Saxe si triomphante, n'était plus. La moitié avait péri de misère; l'autre moitié était esclave ou massacrée. Charles XII avait perdu en un jour le fruit de neuf ans de travaux, et de près de cent combats. Il fuyait dans une méchante calèche, ayant à son côté le major-général Hord, blessé dangereusement. Le reste de sa troupe suivait, les uns à pied, les autres à cheval, quelques uns dans des charrettes, à travers un désert où ils ne voyaient ni huttes, ni tentes, ni hommes, ni animaux, ni chemins; tout y manquait jusqu'à l'eau même. C'était dans le commencement de juillet. Le pays est situé au quarante-septième degré. Le sable aride du désert rendait la chaleur du soleil plus insupportable; les chevaux tombaient; les hommes étaient près de mourir de soif. Un ruisseau d'eau bourbeuse fut l'unique ressource qu'on trouva vers la nuit; on remplit des outres de cette eau, qui sauva la vie à la petite troupe du roi de Suède. Après cinq jours de marche, il se trouva sur le rivage du fleuve Hypanis, aujourd'hui nommé le Bog par les barbares, qui ont défiguré jusqu'au nom de ces pays, que des colonies grecques firent fleurir autrefois. Ce fleuve se joint à quelques milles de là au Borysthène, et tombe avec lui dans la mer Noire.

Au-delà du Bog, du côté du midi, est la petite ville d'Oczakov, frontière de l'empire des Turcs. Les habitants voyant venir à eux une troupe de gens de guerre dont l'habillement et le langage leur étaient inconnus, refusèrent de les passer à Oczakov sans un ordre de Mehemet bacha, gouverneur de la ville. Le roi envoya un exprès à ce gouverneur, pour lui demander le passage; ce Turc, incertain de ce qu'il devait faire dans un pays où une fausse démarche coûte souvent la vie, n'osa rien prendre sur lui sans avoir auparavant la permission du sérasquier de la province, qui réside à Bender, dans la Bessarabie. Pendant qu'on attendait cette permission, les Russes, qui avaient pris l'armée du roi prisonnière, avaient passé le Borysthène, et approchaient pour le prendre lui-même. Enfin, le bacha d'Oczakov envoya dire au roi qu'il fournirait une petite barque pour sa personne et pour deux ou trois hommes de sa suite. Dans cette extrémité, les Suédois prirent de force ce qu'ils ne pouvaient avoir de gré : quelques uns allèrent à l'autre bord, dans une petite nacelle, se saisir de quelques bateaux, et les amenèrent à leur rivage : ce fut leur salut; car les patrons des barques turques, craignant de perdre une occasion de gagner beaucoup, vinrent en foule offrir leurs services. Précisément dans le même temps, la réponse favorable du sérasquier de Bender arrivait aussi; mais les Moscovites se présentaient, et le roi eut la douleur de voir cinq cents hommes de sa suite saisis par ses ennemis, dont il entendait les bravades insultantes. Le bacha d'Oczakov lui demanda, par un interprète, pardon de ses retardements, qui étaient cause de la prise de ces cinq cents hommes, et le supplia de vouloir bien ne point s'en plaindre au grand-seigneur. Charles le promit, non sans lui faire une réprimande, comme s'il eût parlé à un de ses sujets.

Le commandant de Bender, qui était en même temps sérasquier, titre qui répond à celui de général, et bacha de la province, qui signifie gouverneur et intendant, envoya en hâte un aga complimenter le roi, et lui offrir une tente magnifique, avec les provisions, le bagage, les chariots, les commodités, les officiers, toute la suite nécessaire pour le conduire avec splendeur jusqu'à Bender; car tel est l'usage des Turcs, non seulement de défrayer les ambassadeurs jusqu'au lieu de leur résidence, mais de fournir tout abondamment aux princes réfugiés chez eux, pendant le temps de leur séjour.

FIN DU LIVRE QUATRIÈME.

LIVRE CINQUIÈME.

ARGUMENT.

État de la Porte ottomane. Charles séjourne près de Bender. Ses occupations. Ses intrigues à la Porte. Ses desseins. Auguste remonte sur son trône. Le roi de Danemark fait une descente en Suède. Tous les autres états de Charles sont attaqués. Le czar triomphe dans Moscou. Affaire du Pruth. Histoire de la czarine, paysanne devenue impératrice.

Achmet III gouvernait alors l'empire de Turquie. Il avait été mis en 1703 sur le trône, à la place de son frère Mustapha, par une révolution semblable à celle qui avait donné en Angleterre la couronne de Jacques II à son gendre Guillaume. Mustapha, gouverné par son mufti, que les Turcs abhorraient, souleva contre lui tout l'empire. Son armée, avec laquelle il comptait punir les mécontents, se joignit à eux. Il fut pris, déposé en cérémonie, et son frère tiré du sérail pour devenir sultan, sans qu'il y eût presque une goutte de sang répandue. Achmet renferma le sultan déposé dans le sérail de Constantinople, où il vécut encore quelques années, au grand étonnement de la Turquie, accoutumée à voir la mort de ses princes suivre toujours leur détrônement.

Le nouveau sultan, pour toute récompense d'une couronne qu'il devait aux ministres, aux généraux, aux officiers des janissaires, enfin à ceux qui avaient eu part à la révolution, les fit tous périr les uns après les autres, de peur qu'un jour ils n'en tentassent une seconde. Par le sacrifice de tant de braves gens il affaiblit les forces de l'empire ; mais il affermit son trône, du moins pour quelques années. Il s'appliqua depuis à amasser des trésors : c'est le premier des Ottomans qui ait osé altérer un peu la monnaie et établir de nouveaux impôts ; mais il a été obligé de s'arrêter dans ces deux entreprises, de crainte d'un soulèvement ; car la rapacité et la tyrannie du grand-seigneur ne s'étendent presque jamais que sur les officiers de l'empire, qui, quels qu'ils soient, sont esclaves domestiques du sultan ; mais le reste des musulmans vit dans une sécurité profonde, sans craindre ni pour leurs vies, ni pour leurs fortunes, ni pour leur liberté.

Tel était l'empereur des Turcs chez qui le roi de Suède vint chercher un asile. Il lui écrivit dès qu'il fut sur ses terres ; sa lettre est du 13 juillet 1709. Il en courut plusieurs copies différentes[1], qui toutes passent aujourd'hui pour infidèles : mais de toutes celles que j'ai vues, il n'en est aucune qui ne marquât de la hauteur, et qui ne fût plus conforme à son courage qu'à sa situation. Le sultan ne lui fit réponse que vers la fin de septembre. La fierté de la Porte ottomane fit sentir à Charles XII la différence qu'elle mettait entre l'empereur turc et un roi d'une partie de la Scandinavie, chrétien, vaincu, et fugitif. Au reste,

---

[1] Dans les premières éditions, Voltaire donnait le texte d'une de ces copies ; mais Poniatowski ayant dit dans ses *Remarques* que *la lettre du roi de Suède n'a jamais été du sens* de celle que Voltaire rapportait, c'en fut assez pour que Voltaire supprimât la lettre. B.

toutes ces lettres, que les rois écrivent très rarement eux-mêmes, ne sont que de vaines formalités qui ne font connaître ni le caractère des souverains ni leurs affaires.

Charles XII, en Turquie, n'était en effet qu'un captif honorablement traité. Cependant il concevait le dessein d'armer l'empire ottoman contre ses ennemis. Il se flattait de ramener la Pologne sous le joug, et de soumettre la Russie; il avait un envoyé à Constantinople; mais celui qui le servit le plus dans ses vastes projets fut le comte Poniatowski, lequel alla à Constantinople sans mission, et se rendit bientôt nécessaire au roi, agréable à la Porte, et enfin dangereux aux grands-vizirs mêmes[a].

Un de ceux qui secondèrent plus adroitement ses desseins fut le médecin Fonseca[1], portugais, juif établi à Constantinople, homme savant et délié, capable d'affaires, et le seul philosophe peut-être de sa nation : sa profession lui procurait des entrées à la Porte ottomane, et souvent la confiance des vizirs. Je l'ai fort connu à Paris; il m'a confirmé toutes les particularités que je vais raconter. Le comte Poniatowski m'a dit lui-même, et m'a écrit qu'il avait eu l'adresse de faire tenir des lettres à la sultane Validé, mère de l'empereur régnant, autrefois maltraitée par son fils, mais qui commençait à prendre du crédit dans le sé-

---

[a] C'est de lui dont je tiens non seulement les *Remarques* qui ont été imprimées, et dont le chapelain Nordberg a fait usage, mais encore beaucoup d'autres manuscrits concernant cette histoire.

[1] C'était un renégat français, nommé M. Goin, premier chirurgien du sérail. P.

rail. Une Juive, qui approchait souvent de cette princesse, ne cessait de lui raconter les exploits du roi de Suède, et la charmait par ses récits. La sultane, par une secrète inclination, dont presque toutes les femmes se sentent surprises en faveur des hommes extraordinaires, même sans les avoir vus, prenait hautement dans le sérail le parti de ce prince : elle ne l'appelait que son lion. « Quand voulez-vous donc, « disait-elle quelquefois au sultan son fils, aider mon « lion à dévorer ce czar ? » Elle passa même par-dessus les lois austères du sérail, au point d'écrire de sa main plusieurs lettres au comte Poniatowski, entre les mains duquel elles sont encore au temps qu'on écrit cette histoire [1].

Cependant on avait conduit le roi avec honneur à Bender, par le désert qui s'appelait autrefois la solitude des Gètes. Les Turcs eurent soin que rien ne manquât sur sa route de tout ce qui pouvait rendre son voyage plus agréable. Beaucoup de Polonais, de Suédois, de Cosaques, échappés les uns après les autres des mains des Moscovites, venaient par différents chemins grossir sa suite sur la route. Il avait avec lui dix-huit cents hommes, quand il se trouva à Bender : tout ce monde était nourri, logé, eux et leurs chevaux, aux dépens du grand-seigneur.

Le roi voulut camper auprès de Bender, au lieu de demeurer dans la ville. Le sérasquier Jussuf, bacha, lui fit dresser une tente magnifique, et on en fournit à tous les seigneurs de sa suite. Quelque temps après le prince se fit bâtir une maison dans cet endroit : ses

---

[1] Cette phrase existe dès l'édition de 1731. B.

officiers en firent autant à son exemple : les soldats dressèrent des baraques ; de sorte que ce camp devint insensiblement une petite ville. Le roi n'étant point encore guéri de sa blessure, il fallut lui tirer du pied un os carié ; mais dès qu'il put monter à cheval, il reprit ses fatigues ordinaires, toujours se levant avant le soleil, lassant trois chevaux par jour, fesant faire l'exercice à ses soldats. Pour tout amusement il jouait quelquefois aux échecs : si les petites choses peignent les hommes, il est permis de rapporter qu'il fesait toujours marcher le roi à ce jeu ; il s'en servait plus que des autres pièces, et par là il perdait toutes les parties.

Il se trouvait à Bender dans une abondance de toutes choses, bien rare pour un prince vaincu et fugitif ; car outre les provisions plus que suffisantes et les cinq cents écus par jour qu'il recevait de la magnificence ottomane, il tirait encore de l'argent de la France, et il empruntait des marchands de Constantinople. Une partie de cet argent servit à ménager des intrigues dans le sérail, à acheter la faveur des vizirs, ou à procurer leur perte. Il répandait l'autre partie avec profusion parmi ses officiers et les janissaires qui lui servaient de gardes à Bender. Grothusen, son favori et trésorier, était le dispensateur de ses libéralités ; c'était un homme qui, contre l'usage de ceux qui sont en cette place, aimait autant à donner que son maître. Il lui apporta un jour un compte de soixante mille écus en deux lignes : dix mille écus donnés aux Suédois et aux janissaires par les ordres généreux de sa majesté, et le reste mangé

par moi. « Voilà comme j'aime que mes amis me ren-
« dent leurs comptes, dit ce prince; Muller me fait
« lire des pages entières pour des sommes de dix mille
« francs. J'aime mieux le style laconique de Grothu-
« sen. » Un de ses vieux officiers, soupçonné d'être
un peu avare, se plaignit à lui de ce que sa majesté
donnait tout à Grothusen : « Je ne donne de l'argent,
« répondit le roi, qu'à ceux qui savent en faire usage. »
Cette générosité le réduisit souvent à n'avoir pas de
quoi donner. Plus d'économie dans ses libéralités eût
été aussi honorable et plus utile; mais c'était le défaut de ce prince de pousser à l'excès toutes les
vertus.

Beaucoup d'étrangers accouraient de Constantinople pour le voir. Les Turcs, les Tartares du voisinage y venaient en foule; tous le respectaient et l'admiraient. Son opiniâtreté à s'abstenir du vin, et sa
régularité à assister deux fois par jour aux prières publiques, leur fesaient dire : *C'est un vrai musulman.*
Ils brûlaient d'impatience de marcher avec lui à la
conquête de la Moscovie.

Dans ce loisir de Bender, qui fut plus long qu'il ne
pensait, il prit insensiblement du goût pour la lecture.
Le baron Fabrice, gentilhomme du duc de Holstein,
jeune homme aimable, qui avait dans l'esprit cette
gaîté et ce tour aisé qui plaît aux princes, fut celui
qui l'engagea à lire. Il était envoyé auprès de lui à
Bender pour y ménager les intérêts du jeune duc de
Holstein, et il y réussit en se rendant agréable. Il
avait lu tous les bons auteurs français. Il fit lire au
roi les tragédies de Pierre Corneille, celles de Racine,

et les ouvrages de Despréaux. Le roi ne prit nul goût aux satires de ce dernier, qui en effet ne sont pas ses meilleures pièces; mais il aimait fort ses autres écrits. Quand on lui lut ce trait de la satire huitième [1] où l'auteur traite Alexandre de fou et d'enragé, il déchira le feuillet.

De toutes les tragédies françaises, *Mithridate* était celle qui lui plaisait davantage, parceque la situation de ce roi vaincu, et respirant la vengeance, était conforme à la sienne. Il montrait avec le doigt à M. Fabrice les endroits qui le frappaient; mais il n'en voulait lire aucun tout haut, ni hasarder jamais un mot en français. Même quand il vit depuis à Bender M. Désaleurs, ambassadeur de France à la Porte, homme d'un mérite distingué, mais qui ne savait que sa langue naturelle, il répondit à cet ambassadeur en latin; et sur ce que M. Désaleurs protesta qu'il n'entendait pas quatre mots de cette langue, le roi, plutôt que de parler français, fit venir un interprète.

Telles étaient les occupations de Charles XII, à Bender, où il attendait qu'une armée de Turcs vînt à son secours. Son envoyé présentait des mémoires en son nom au grand-vizir, et Poniatowski les soutenait par le crédit qu'il savait se donner. L'insinuation

---

[1] Les premières éditions portaient : « Quand il lut cette épitre au roi de « France, Louis XIV, où l'auteur, etc. » Brossette, dans l'édition qu'on fit à Lyon de l'*Histoire de Charles XII*, fit mettre: « Quand il lut cette satire, où « l'auteur, etc. » Brossette trouvait dans la première version inexactitude et amphibologie, ainsi qu'on le voit par une lettre qu'il écrivit à Voltaire le 20 mars 1732, et à laquelle Voltaire répondit le 14 avril (voyez cette dernière lettre, tome LI). Cependant ce n'est qu'en 1748 que Voltaire mit la version qu'on lit aujourd'hui. B.

réussit partout : il ne paraissait vêtu qu'à la turque : il se procurait toutes les entrées. Le grand-seigneur lui fit présent d'une bourse de mille ducats, et le grand-vizir lui dit : « Je prendrai votre roi d'une main, « et une épée dans l'autre, et je le mènerai à Moscou « à la tête de deux cent mille hommes. » Ce grand-vizir s'appelait Chourlouli Ali bacha; il était fils d'un paysan du village de Chourlou. Ce n'est point parmi les Turcs un reproche qu'une telle extraction ; on n'y connaît point la noblesse, soit celle à laquelle les emplois sont attachés, soit celle qui ne consiste que dans des titres. Les services seuls sont censés tout faire, c'est l'usage de presque tout l'Orient; usage très naturel et très bon, si les dignités pouvaient n'être données qu'au mérite; mais les vizirs ne sont d'ordinaire que des créatures d'un eunuque noir, ou d'une esclave favorite.

Le premier ministre changea bientôt d'avis. Le roi ne pouvait que négocier, et le czar pouvait donner de l'argent; il en donna, et ce fut de celui même de Charles XII qu'il se servit. La caisse militaire prise à Pultava fournit de nouvelles armes contre le vaincu : il ne fut plus alors question de faire la guerre aux Russes. Le crédit du czar fut tout puissant à la Porte; elle accorda à son envoyé des honneurs dont les ministres moscovites n'avaient point encore joui à Constantinople : on lui permit d'avoir un sérail, c'est-à-dire un palais dans le quartier des Francs, et de communiquer avec les ministres étrangers. Le czar crut même pouvoir demander qu'on lui livrât le général Mazeppa, comme Charles XII s'était fait livrer le malheureux Patkul. Chourlouli-Ali bacha ne savait plus rien refuser à un prince qui demandait en donnant des millions : ainsi ce même grand-vizir, qui, auparavant, avait promis solennellement de mener le roi de Suède en Moscovie avec deux cent mille hommes, osa bien lui faire proposer de consentir au sacrifice du général Mazeppa. Charles fut outré de cette demande. On ne sait jusqu'où le vizir eût poussé l'affaire, si Mazeppa, âgé de soixante et dix ans, ne fût mort précisément dans cette conjoncture. La douleur et le dépit du roi augmentèrent, quand il apprit que Tolstoy, devenu l'ambassadeur du czar à la Porte, était publiquement servi par des Suédois faits esclaves à Pultava, et qu'on vendait tous les jours ces braves soldats dans le marché de Constantinople. L'ambassadeur moscovite disait même hautement que les troupes musulmanes qui étaient à Bender y étaient plus pour s'assurer du roi que pour lui faire honneur.

Charles, abandonné par le grand-vizir, vaincu par l'argent du czar en Turquie, après l'avoir été par ses armes dans l'Ukraine, se voyait trompé, dédaigné par la Porte, presque prisonnier parmi des Tartares. Sa suite commençait à désespérer. Lui seul tint ferme, et ne parut pas abattu un moment ; il crut que le sultan ignorait les intrigues de Chourlouli Ali, son grand-vizir : il résolut de les lui apprendre : et Poniatowski se chargea de cette commission hardie. Le grand-seigneur va tous les vendredis à la mosquée, entouré de ses solaks, espèce de gardes dont les turbans sont ornés de plumes si hautes qu'elles dérobent le sultan à la vue du peuple. Quand on a quelque placet à présenter au grand-seigneur, on tâche de se mêler parmi ces gardes, et on lève en haut le placet. Quelquefois le sultan daigne le prendre lui-même ; mais le plus souvent il ordonne à un aga de s'en charger, et se fait ensuite représenter les placets au sortir de la mosquée. Il n'est pas à craindre qu'on ose l'importuner de mémoires inutiles, et de placets sur des bagatelles, puisqu'on écrit moins à Constantinople, en toute une année, qu'à Paris en un seul jour. On se hasarde encore moins à présenter des mémoires contre les ministres, à qui, pour l'ordinaire, le sultan les renvoie sans les lire. Poniatowski n'avait que cette voie pour faire passer jusqu'au grand-seigneur les plaintes du roi de Suède. Il dressa un mémoire accablant contre le grand-vizir. M. de Fériol, alors ambassadeur de France, et qui m'a conté le fait, fit traduire le mémoire en turc. On donna quelque argent à un Grec pour le présenter. Ce Grec, s'étant mêlé parmi les gardes du grand-seigneur, leva le papier si haut, si long-temps, et fit tant de bruit, que le sultan l'aperçut, et prit lui-même le mémoire.

On se servit plusieurs fois de ce moyen pour présenter au sultan des mémoires contre ses vizirs : un Suédois, nommé Leloing, en donna encore un autre bientôt après. Charles XII, dans l'empire des Turcs, était réduit à employer les ressources d'un sujet opprimé.

Quelques jours après, le sultan envoya au roi de Suède, pour toute réponse à ses plaintes, vingt-cinq chevaux arabes, dont l'un, qui avait porté sa hautesse, était couvert d'une selle et d'une housse enrichie de pierreries, avec des étriers d'or massif. Ce présent fut accompagné d'une lettre obligeante, mais conçue en termes généraux, et qui fesait soupçonner que le ministre n'avait rien fait que du consentement du sultan. Chourlouli, qui savait dissimuler, envoya aussi cinq chevaux très rares au roi. Charles dit fièrement à celui qui les amenait : « Retournez vers votre maître, « et dites-lui que je ne reçois point de présents de mes « ennemis. »

M. Poniatowski, ayant déjà osé faire présenter un mémoire contre le grand-vizir, conçut alors le hardi dessein de le faire déposer. Il savait que ce vizir déplaisait à la sultane mère, que le kislar aga, chef des eunuques noirs, et l'aga des janissaires, le haïssaient : il les excita tous trois à parler contre lui. C'était une chose bien surprenante de voir un chrétien, un Polonais, un agent sans caractère d'un roi suédois réfugié chez les Turcs, cabaler presque ouvertement, à la Porte, contre un vice-roi de l'empire ottoman, qui de plus était utile et agréable à son maître. Poniatowski n'eût jamais réussi, et l'idée seule du projet lui eût coûté la vie, si une puissance plus forte que toutes celles qui étaient dans ses intérêts n'eût porté les derniers coups à la fortune du grand-vizir Chourlouli.

Le sultan avait un jeune favori, qui a depuis gouverné l'empire ottoman, et a été tué en Hongrie, en 1716, à la bataille de Peterwaradin, gagnée sur les Turcs par le prince Eugène de Savoie. Son nom était Coumourgi Ali bacha. Sa naissance n'était guère différente de celle de Chourlouli : il était fils d'un porteur de charbon, comme *Coumourgi* le signifie; car *cou-*

mour veut dire *charbon* en turc. L'empereur Achmet II, oncle d'Achmet III, ayant rencontré dans un petit bois, près d'Andrinople, Coumourgi encore enfant, dont l'extrême beauté le frappa, le fit conduire dans son sérail. Il plut à Mustapha, fils aîné et successeur de Mahomet[1]. Achmet III en fit son favori. Il n'avait alors que la charge de *seliçtar aga*, porte-épée de la couronne. Son extrême jeunesse ne lui permettait pas de prétendre à l'emploi de grand-vizir ; mais il avait l'ambition d'en faire. La faction de Suède ne put jamais gagner l'esprit de ce favori. Il ne fut en aucun temps l'ami de Charles, ni d'aucun prince chrétien, ni d'aucun de leurs ministres; mais, en cette occasion, il servait le roi Charles XII sans le vouloir; il s'unit avec la sultane Validé et les grands officiers de la Porte pour faire tomber Chourlouli, qu'ils haïssaient tous. Ce vieux ministre, qui avait long-temps et bien servi son maître, fut la victime du caprice d'un enfant et des intrigues d'un étranger. On le dépouilla de sa dignité et de ses richesses : on lui ôta sa femme, qui était fille du dernier sultan Mustapha ; et il fut relégué à Caffa, autrefois Théodosie, dans la Tartarie Crimée. On donna le bul, c'est-à-dire le sceau de l'empire, à Numan Couprougli, petit-fils du grand Couprougli[2] qui prit Candie. Ce nouveau vizir était tel que les chrétiens mal instruits ont peine à se figurer un Turc; homme d'une vertu inflexible, scrupuleux observateur de la loi, il opposait souvent la

---

[1] Je crois qu'il faut lire : Mustapha, fils aîné de Mahomet IV, et successeur d'Achmet II. B.

[2] Il est nommé Cuprogli, ou Kieuperli, tome XVIII, page 420. B.

justice aux volontés du sultan. Il ne voulut point entendre parler de la guerre contre le Moscovite, qu'il traitait d'injuste et d'inutile ; mais le même attachement à sa loi qui l'empêchait de faire la guerre au czar, malgré la foi des traités, lui fit respecter les devoirs de l'hospitalité envers le roi de Suède. Il disait à son maître : « La loi te défend d'attaquer le czar qui « ne t'a point offensé, mais elle t'ordonne de secourir « le roi de Suède qui est malheureux chez toi. » Il fit tenir à ce prince huit cents bourses (une bourse vaut cinq cents écus), et lui conseilla de s'en retourner paisiblement dans ses états par les terres de l'empereur d'Allemagne, ou par des vaisseaux français, qui étaient alors au port de Constantinople, et que M. de Fériol, ambassadeur de France à la Porte, offrait à Charles XII pour le transporter à Marseille. Le comte Poniatowski négocia plus que jamais avec ce ministre, et acquit dans les négociations une supériorité que l'or des Moscovites ne pouvait plus disputer auprès d'un vizir incorruptible. La faction russe crut que la meilleure ressource pour elle était d'empoisonner un négociateur si dangereux. On gagna un de ses domestiques, qui devait lui donner du poison dans du café ; le crime fut découvert avant l'exécution ; on trouva le poison entre les mains du domestique, dans une petite fiole que l'on porta au grand-seigneur. L'empoisonneur fut jugé en plein divan, et condamné aux galères, parceque la justice des Turcs ne punit jamais de mort les crimes qui n'ont pas été exécutés.

Charles XII, toujours persuadé que tôt ou tard il

réussirait à faire déclarer l'empire turc contre celui de Russie, n'accepta aucune des propositions qui tendaient à un retour paisible dans ses états ; il ne cessait de représenter comme formidable aux Turcs ce même czar qu'il avait si long-temps méprisé ; ses émissaires insinuaient sans cesse que Pierre Alexiowitz voulait se rendre maître de la navigation de la mer Noire ; qu'après avoir subjugué les Cosaques, il en voulait à la Tartarie Crimée. Tantôt ses représentations animaient la Porte, tantôt les ministres russes les rendaient sans effet.

Tandis que Charles XII fesait ainsi dépendre sa destinée des volontés des vizirs, qu'il recevait des bienfaits et des affronts d'une puissance étrangère, qu'il fesait présenter des placets au sultan, qu'il subsistait de ses libéralités dans un désert, tous ses ennemis réveillés attaquaient ses états.

La bataille de Pultava fut d'abord le signal d'une révolution dans la Pologne. Le roi Auguste y retourna, protestant contre son abdication, contre la paix d'Alt-Rantstadt, et accusant publiquement de brigandage et de barbarie Charles XII, qu'il ne craignait plus. Il mit en prison Fingsten et Imhof, ses plénipotentiaires qui avaient signé son abdication, comme s'ils avaient en cela passé leurs ordres, et trahi leur maître. Ses troupes saxonnes, qui avaient été le prétexte de son détrônement, le ramenèrent à Varsovie accompagné de la plupart des palatins polonais qui, lui ayant autrefois juré fidélité, avaient fait depuis les mêmes serments à Stanislas, et revenaient en faire de nouveaux à Auguste. Siniawski même rentra dans son parti, et, perdant l'idée de se faire roi, se contenta de rester grand-général de la couronne. Flemming, son premier ministre, qui avait été obligé de quitter pour un temps la Saxe, de peur d'être livré avec Patkul, contribua alors, par son adresse, à ramener à son maître une grande partie de la noblesse polonaise.

Le pape releva ses peuples du serment de fidélité qu'ils avaient fait à Stanislas. Cette démarche du saint père faite à propos, et appuyée des forces d'Auguste, fut d'un assez grand poids : elle affermit le crédit de la cour de Rome en Pologne, où l'on n'avait nulle envie de contester alors aux premiers pontifes le droit chimérique de se mêler du temporel des rois. Chacun retournait volontiers sous la domination d'Auguste, et recevait sans répugnance une absolution inutile, que le nonce ne manqua pas de faire valoir comme nécessaire.

La puissance de Charles et la grandeur de la Suède touchèrent alors à leur dernier période. Plus de dix têtes couronnées voyaient depuis long-temps avec crainte et avec envie la domination suédoise s'étendant loin de ses bornes naturelles, au-delà de la mer Baltique, depuis la Duna jusqu'à l'Elbe. La chute de Charles et son absence réveillèrent les intérêts et les jalousies de tous ces princes, assoupies long-temps par des traités et par l'impuissance de les rompre.

Le czar, plus puissant qu'eux tous ensemble, profitant de la victoire, prit Vibourg et toute la Carélie, inonda la Finlande de troupes, mit le siége devant Riga, et envoya un corps d'armée en Pologne pour aider Auguste à remonter sur le trône. Cet empereur était alors ce que Charles avait été autrefois, l'arbitre de la Pologne et du Nord ; mais il ne consultait que ses intérêts, au lieu que Charles n'avait jamais écouté que ses idées de vengeance et de gloire. Le monarque suédois avait secouru ses alliés et accablé ses ennemis, sans exiger le moindre fruit de ses victoires : le czar, se conduisant plus en prince et moins en héros, ne voulut secourir le roi de Pologne qu'à condition qu'on lui céderait la Livonie, et que cette province, pour laquelle Auguste avait allumé la guerre, resterait aux Moscovites pour toujours.

Le roi de Danemark, oubliant le traité de Travendal, comme Auguste celui d'Alt-Rantstadt, songea dès-lors à se rendre maître des duchés de Holstein et de Brême, sur lesquels il renouvela ses prétentions. Le roi de Prusse avait d'anciens droits sur la Poméranie suédoise, qu'il voulait faire revivre. Le duc de Mecklenbourg voyait avec dépit que la Suède possédât encore Vismar, la plus belle ville du duché : ce prince devait épouser une nièce de l'empereur moscovite ; et le czar ne demandait qu'un prétexte pour s'établir en Allemagne, à l'exemple des Suédois. George, électeur de Hanovre, cherchait de son côté à s'enrichir des dépouilles de Charles. L'évêque de Munster aurait bien voulu faire aussi valoir quelques droits, s'il en avait eu le pouvoir.

Douze à treize mille Suédois défendaient la Poméranie et les autres pays que Charles possédait en Allemagne : c'était là que la guerre allait se porter. Cet orage alarma l'empereur et ses alliés. C'est une loi de l'empire, que quiconque attaque une de ses provinces est réputé l'ennemi de tout le corps germanique.

Mais il y avait encore un plus grand embarras. Tous ces princes, à la réserve du czar, étaient réunis alors contre Louis XIV, dont la puissance avait été quelque temps aussi redoutable à l'empire que celle de Charles.

L'Allemagne s'était trouvée, au commencement du siècle, pressée, du midi au nord, entre les armées de la France et de la Suède. Les Français avaient passé le Danube, et les Suédois l'Oder; si leurs forces, alors victorieuses, s'étaient jointes, l'empire eût été perdu. Mais la même fatalité qui accabla la Suède avait aussi humilié la France : toutefois la Suède avait encore des ressources, et Louis XIV fesait la guerre avec vigueur, quoique malheureusement. Si la Poméranie et le duché de Brême devenaient le théâtre de la guerre, il était à craindre que l'empire n'en souffrît, et qu'étant affaibli de ce côté, il n'en fût moins fort contre Louis XIV. Pour prévenir ce danger, l'empereur, les princes d'Allemagne, Anne, reine d'Angleterre, les états-généraux des Provinces-Unies, conclurent à La Haye, sur la fin de l'année 1709, un des plus singuliers traités que jamais on ait signés.

Il fut stipulé par ces puissances que la guerre contre les Suédois ne se ferait point en Poméranie, ni dans aucune des provinces de l'Allemagne, et que les ennemis de Charles XII pourraient l'attaquer partout ailleurs. Le roi de Pologne et le czar accédèrent eux-mêmes à ce traité; ils y firent insérer un article aussi extraordinaire que le traité même : ce fut que les douze mille Suédois qui étaient en Poméranie n'en pourraient sortir pour aller défendre leurs autres provinces.

Pour assurer l'exécution de ce traité, on proposa d'assembler une armée conservatrice de cette neutralité imaginaire. Elle devait camper sur le bord de l'Oder : c'eût été une nouveauté singulière qu'une armée levée pour empêcher une guerre : ceux mêmes qui devaient la soudoyer avaient pour la plupart beaucoup d'intérêt à faire cette guerre, qu'on prétendait écarter ; le traité portait qu'elle serait composée de troupes de l'empereur, du roi de Prusse, de l'électeur de Hanovre, du landgrave de Hesse, de l'évêque de Munster.

Il arriva ce qu'on devait naturellement attendre d'un pareil projet; il ne fut point exécuté : les princes qui devaient fournir leur contingent pour lever cette armée ne donnèrent rien : il n'y eut pas deux régiments formés : on parla beaucoup de neutralité, personne ne la garda ; et tous les princes du Nord, qui avaient des intérêts à démêler avec le roi de Suède, restèrent en pleine liberté de se disputer les dépouilles de ce prince.

Dans ces conjonctures, le czar, après avoir laissé ses troupes en quartier dans la Lithuanie, et avoir ordonné le siége de Riga, s'en retourna à Moscou étaler à ses peuples un appareil aussi nouveau que tout ce qu'il avait fait jusqu'alors dans ses états : ce fut un triomphe tel à peu près que celui des anciens Romains. Il fit son entrée dans Moscou, le 1er janvier 1710, sous sept arcs triomphaux dressés dans les rues ornées de tout ce que le climat peut fournir, et de ce que le commerce, florissant par ses soins, y avait pu apporter. Un régiment des gardes commençait la marche, suivi des pièces d'artillerie prises sur les Suédois à Lesno et à Pultava : chacune était traînée par huit chevaux couverts de housses d'écarlate pendantes à terre : ensuite venaient les étendards, les timbales, les drapeaux gagnés à ces deux batailles, portés par les officiers et par les soldats qui les avaient pris ; toutes ces dépouilles étaient suivies des plus belles troupes du czar. Après qu'elles eurent défilé, on vit sur un char fait exprès* paraître le brancard de Charles XII, trouvé sur le champ de bataille de Pultava, tout brisé de deux coups de canon : derrière ce brancard marchaient deux à deux tous les prisonniers : on y voyait le comte Piper, premier ministre de Suède, le célèbre maréchal Rehnsköld, le comte de Levenhaupt, les généraux Slipenbach, Stackelberg, Hamilton, tous les officiers et les soldats, qu'on dispersa depuis dans la Grande-Russie. Le czar paraissait immédiatement après eux sur le même cheval qu'il avait monté à la bataille de Pultava. A quelques pas de lui, on voyait les généraux qui avaient eu part au succès de cette journée. Un autre régiment des gardes venait ensuite. Les chariots de munitions des Suédois fermaient la marche.

Cette pompe passa au bruit de toutes les cloches

---

* M. Nordberg, confesseur de Charles XII, reprend ici l'auteur, et assure que ce brancard était porté à la main. On s'en rapporte sur ces circonstances essentielles à ceux qui les ont vues.

de Moscou, au son des tambours, des timbales, des trompettes, et d'un nombre infini d'instruments de musique, qui se fesaient entendre par reprises, avec les salves de deux cents pièces de canon, et les acclamations de cinq cent mille hommes qui s'écriaient *vive l'empereur notre père*, à chaque pause que fesait le czar dans cette entrée triomphale.

Cet appareil imposant augmenta la vénération de ses peuples pour sa personne; tout ce qu'il avait fait d'utile en leur faveur le rendait peut-être moins grand à leurs yeux. Il fit cependant continuer le blocus de Riga. Ses généraux s'emparèrent du reste de la Livonie et d'une partie de la Finlande. En même temps le roi de Danemark vint avec toute sa flotte faire une descente en Suède : il y débarqua dix-sept mille hommes, qu'il laissa sous la conduite du comte de Reventlau.

La Suède était alors gouvernée par une régence composée de quelques sénateurs, que le roi établit quand il partit de Stockholm. Le corps du sénat, qui croyait que le gouvernement lui appartenait de droit, était jaloux de la régence. L'état souffrit de ces divisions ; mais quand, après la bataille de Pultava, la première nouvelle qu'on apprit dans Stockholm fut que le roi était à Bender à la merci des Tartares et des Turcs, et que les Danois étaient descendus en Scanie, où ils avaient pris la ville d'Helsinbourg, alors les jalousies cessèrent ; on ne songea qu'à sauver la Suède. Elle commençait à être épuisée de troupes réglées ; car, quoique Charles eût toujours fait ses grandes expéditions à la tête de petites armées, cependant les combats innombrables qu'il avait livrés pendant neuf années, la nécessité de recruter continuellement ses troupes, d'entretenir ses garnisons, et les corps d'armée qu'il fallait toujours avoir sur pied dans la Finlande, dans l'Ingrie, la Livonie, la Poméranie, Brême, Verden, tout cela avait coûté à la Suède, pendant le cours de la guerre, plus de deux cent cinquante mille soldats ; il ne restait pas huit mille hommes d'anciennes troupes, qui, avec les milices nouvelles, étaient les seules ressources de la Suède.

La nation est née belliqueuse, et tout peuple prend insensiblement le génie de son roi. On ne s'entretenait, d'un bout du pays à l'autre, que des actions prodigieuses de Charles et de ses généraux, et des vieux corps qui avaient combattu sous eux à Narva, à la Duna, à Clissau, à Pultusk, à Hollosin. Les moindres Suédois en prenaient un esprit d'émulation et de gloire. La tendresse pour le roi, la pitié, la haine irréconciliable contre les Danois, s'y joignirent encore. Dans bien d'autres pays les paysans sont esclaves ou traités comme tels : ceux-ci, fesant un corps dans l'état, se regardaient comme des citoyens, et se formaient des sentiments plus grands ; de sorte que ces milices devenaient en peu de temps les meilleures troupes du Nord.

Le général Stenbock se mit, par ordre de la régence, à la tête de huit mille hommes d'anciennes troupes, et d'environ douze mille de ces nouvelles milices, pour aller chasser les Danois, qui ravageaient toute la côte d'Helsinbourg, et qui étendaient déjà leurs contributions fort avant dans les terres.

On n'eut ni le temps ni les moyens de donner aux milices des habits d'ordonnance : la plupart de ces laboureurs vinrent vêtus de leurs sarraux de toile, ayant à leurs ceintures des pistolets attachés avec des cordes. Stenbock, à la tête de cette armée extraordinaire, se trouva en présence des Danois, à trois lieues d'Helsinbourg, le 10 mars 1710. Il voulut laisser à ses troupes quelques jours de repos, se retrancher, et donner à ses nouveaux soldats le temps de s'accoutumer à l'ennemi ; mais tous ces paysans demandèrent la bataille le même jour qu'ils arrivèrent.

Des officiers qui y étaient m'ont dit les avoir vus alors presque tous écumer de colère, tant la haine nationale des Suédois contre les Danois est extrême ! Stenbock profita de cette disposition des esprits, qui, dans un jour de bataille, vaut autant que la discipline militaire ; on attaqua les Danois, et c'est là qu'on vit ce dont il n'y a peut-être pas deux exemples de plus, des milices toutes nouvelles égaler dans le premier combat l'intrépidité des vieux corps. Deux régiments de ces paysans, armés à la hâte, taillèrent en pièces le régiment des gardes du roi de Danemark, dont il ne resta que dix hommes.

Les Danois, entièrement défaits, se retirèrent sous le canon d'Helsinbourg. Le trajet de Suède en Séeland est si court, que le roi de Danemark apprit le même jour à Copenhague la défaite de son armée en Suède ; il envoya sa flotte pour embarquer les débris de ses troupes. Les Danois quittèrent la Suède avec précipitation cinq jours après la bataille ; mais, ne pouvant emmener leurs chevaux, et ne voulant pas les laisser à l'ennemi, ils les tuèrent tous aux environs d'Helsinbourg, et mirent le feu à leurs provisions, brûlant leurs grains et leurs bagages, et laissant dans Helsinbourg quatre mille blessés, dont la plus grande partie mourut par l'infection de tant de chevaux tués, et par le défaut de provisions, dont leurs compatriotes mêmes les privaient, pour empêcher que les Suédois n'en jouissent.

Dans le même temps, les paysans de la Dalécarlie ayant ouï dire, dans le fond de leurs forêts, que leur roi était prisonnier chez les Turcs, députèrent à la régence de Stockholm, et offrirent d'aller à leurs dépens, au nombre de vingt mille, délivrer leur maître des mains de ses ennemis. Cette proposition, qui marquait plus de courage et d'affection qu'elle n'était utile, fut écoutée avec plaisir, quoique rejetée; et on ne manqua pas d'en instruire le roi, en lui envoyant le détail de la bataille d'Helsinbourg.

Charles reçut dans son camp, près de Bender, ces nouvelles consolantes, au mois de juillet 1710. Peu de temps après, un autre événement le confirma dans ses espérances.

Le grand-vizir Couprougli, qui s'opposait à ses desseins, fut déposé après deux mois de ministère. La petite cour de Charles XII, et ceux qui tenaient encore pour lui en Pologne, publiaient que Charles fesait et défesait les vizirs, et qu'il gouvernait l'empire turc du fond de sa retraite de Bender; mais il n'avait aucune part à la disgrace de ce favori. La rigide probité du vizir fut, dit-on, la seule cause de sa chute : son prédécesseur ne payait point les janissaires du trésor impérial, mais de l'argent qu'il fesait venir par ses extorsions. Couprougli les paya de l'argent du trésor. Achmet lui reprocha qu'il préférait l'intérêt des sujets à celui de l'empereur : « Ton prédécesseur Chourlouli, « lui dit-il, savait bien trouver d'autres moyens de « payer mes troupes. » Le grand-vizir répondit : « S'il « avait l'art d'enrichir ta hautesse par des rapines, « c'est un art que je fais gloire d'ignorer. »

Le secret profond du sérail permet rarement que de pareils discours transpirent dans le public ; mais celui-ci fut su avec la disgrace de Couprougli. Ce vizir ne paya point sa hardiesse de sa tête, parceque la vraie vertu se fait quelquefois respecter, lors même qu'elle déplaît. On lui permit de se retirer dans l'île de Négrepont. J'ai su ces particularités par des lettres de M. Bru, mon parent, premier drogman à la Porte ottomane ; et je les rapporte pour faire connaître l'esprit de ce gouvernement.

Le grand-seigneur fit alors revenir d'Alep Baltagi Mehemet, bacha de Syrie, qui avait déjà été grand-vizir avant Chourlouli. Les baltagis du sérail, ainsi nommés de *balta*, qui signifie *cognée*, sont des esclaves qui coupent le bois pour l'usage des princes du sang ottoman et des sultanes. Ce vizir avait été baltagi dans sa jeunesse, et en avait toujours retenu le nom, selon la coutume des Turcs, qui prennent sans rougir le nom de leur première profession, ou de celle de leur père, ou du lieu de leur naissance.

Dans le temps que Baltagi Mehemet était valet dans le sérail, il fut assez heureux pour rendre quelques petits services au prince Achmet, alors prisonnier d'état, sous l'empire de son frère Mustapha. On laisse aux princes du sang ottoman, pour leurs plaisirs, quelques femmes d'un âge à ne plus avoir d'enfants (et cet âge arrive de bonne heure en Turquie), mais assez belles encore pour plaire. Achmet, devenu sultan, donna une de ses esclaves, qu'il avait beaucoup aimée, en mariage à Baltagi Mehemet. Cette femme, par ses intrigues, fit son mari grand-vizir : une autre intrigue le déplaça, et une troisième le fit encore grand-vizir.

Quand Baltagi Mehemet vint recevoir le bul de l'empire, il trouva le parti du roi de Suède dominant dans le sérail. La sultane Validé, Ali Coumourgi, favori du grand-seigneur, le kislar aga, chef des eunuques noirs, et l'aga des janissaires, voulaient la guerre contre le czar : le sultan y était déterminé : le premier ordre qu'il donna au grand-vizir fut d'aller combattre les Moscovites avec deux cent mille hommes. Baltagi Mehemet n'avait jamais fait la guerre ; mais ce n'était point un imbécile, comme les Suédois, mécontents de lui, l'ont représenté. Il dit au grand-seigneur, en recevant de sa main un sabre garni de pierreries : « Ta hautesse sait que j'ai été élevé à me servir d'une « hache pour fendre du bois, et non d'une épée pour « commander tes armées : je tâcherai de te bien ser- « vir; mais, si je ne réussis pas, souviens-toi que je « t'ai supplié de ne me le point imputer. » Le sultan l'assura de son amitié, et le vizir se prépara à obéir.

La première démarche de la Porte ottomane fut de mettre au château des Sept-Tours l'ambassadeur moscovite. La coutume des Turcs est de commencer d'abord par faire arrêter les ministres des princes auxquels ils déclarent la guerre. Observateurs de l'hospitalité en tout le reste, ils violent en cela le droit le plus sacré des nations. Ils commettent cette injustice sous prétexte d'équité, s'imaginant ou voulant faire croire qu'ils n'entreprennent jamais que de justes guerres, parcequ'elles sont consacrées par l'approbation de leur mufti. Sur ce principe, ils se croient armés pour châtier les violateurs de traités, que souvent ils rompent eux-mêmes, et croient punir les ambassadeurs des rois leurs ennemis comme complices des infidélités de leurs maîtres.

A cette raison se joint le mépris ridicule qu'ils affectent pour les princes chrétiens et pour les ambassadeurs, qu'ils ne regardent d'ordinaire que comme des consuls de marchands.

Le han des Tartares de Crimée, que nous nommons le *kan*, reçut ordre de se tenir prêt avec quarante mille Tartares. Ce prince gouverne le Nagaï, le Budziack, avec une partie de la Circassie, et toute la Crimée, province connue dans l'antiquité sous le nom de Chersonèse Taurique, où les Grecs portèrent leur commerce et leurs armes, et fondèrent de puissantes villes, et où les Génois pénétrèrent depuis, lorsqu'ils étaient les maîtres du commerce de l'Europe. On voit en ce pays des ruines des villes grecques, et quelques monuments des Génois, qui subsistent encore au milieu de la désolation et de la barbarie.

Le kan est appelé par ses sujets empereur; mais, avec ce grand titre, il n'en est pas moins l'esclave de la Porte. Le sang ottoman, dont les kans sont descendus, et le droit qu'ils prétendent à l'empire des Turcs, au défaut de la race du grand-seigneur, rendent leur famille respectable au sultan même, et leurs personnes redoutables. C'est pourquoi le grand-seigneur n'ose détruire la race des kans tartares; mais il ne laisse presque jamais vieillir ces princes sur le trône. Leur conduite est toujours éclairée par les bachas voisins, leurs états entourés de janissaires, leurs volontés traversées par les grands-vizirs, leurs desseins toujours suspects. Si les Tartares se plaignent du kan, la Porte le dépose sur ce prétexte; s'il en est trop aimé, c'est un plus grand crime dont il est plus tôt puni; ainsi, presque tous passent de la souveraineté à l'exil, et finissent leurs jours à Rhodes, qui est d'ordinaire leur prison et leur tombeau.

Les Tartares, leurs sujets, sont les peuples les plus brigands de la terre, et en même temps, ce qui semble inconcevable, les plus hospitaliers. Ils vont à cinquante lieues de leur pays attaquer une caravane, détruire des villages; mais qu'un étranger, quel qu'il soit, passe dans leur pays, non seulement il est reçu partout, logé, et défrayé, mais, dans quelque lieu qu'il passe, les habitants se disputent l'honneur de l'avoir pour hôte; le maître de la maison, sa femme, ses filles, le servent à l'envi. Les Scythes, leurs ancêtres, leur ont transmis ce respect inviolable pour l'hospitalité, qu'ils ont conservé, parceque le peu d'étrangers qui voyagent chez eux, et le bas prix de toutes les denrées, ne leur rendent point cette vertu trop onéreuse.

Quand les Tartares vont à la guerre avec l'armée

ottomane, ils sont nourris par le grand-seigneur : le butin qu'ils font est leur seule paie : aussi sont-ils plus propres à piller qu'à combattre régulièrement.

Le kan, gagné par les présents et par les intrigues du roi de Suède, obtint d'abord que le rendez-vous général des troupes serait à Bender même, sous les yeux de Charles XII, afin de lui marquer mieux que c'était pour lui qu'on fesait la guerre.

Le nouveau vizir, Baltagi Mehemet, n'ayant pas les mêmes engagements, ne voulait pas flatter à ce point un prince étranger. Il changea l'ordre, et ce fut à Andrinople que s'assembla cette grande armée. C'est toujours dans les vastes et fertiles plaines d'Andrinople qu'est le rendez-vous des armées turques, quand ce peuple fait la guerre aux chrétiens : les troupes venues d'Asie et d'Afrique s'y reposent et s'y rafraîchissent quelques semaines ; mais le grand-vizir, pour prévenir le czar, ne laissa reposer l'armée que trois jours, et marcha vers le Danube, et de là vers la Bessarabie.

Les troupes des Turcs ne sont plus aujourd'hui si formidables qu'autrefois lorsqu'elles conquirent tant d'états dans l'Asie, dans l'Afrique, et dans l'Europe : alors la force du corps, la valeur, et le nombre des Turcs, triomphaient d'ennemis moins robustes qu'eux et plus mal disciplinés ; mais aujourd'hui que les chrétiens entendent mieux l'art de la guerre, ils battent presque toujours les Turcs en bataille rangée, même à forces inégales. Si l'empire ottoman a depuis peu fait quelques conquêtes, ce n'est que sur la république de Venise, estimée plus sage que guerrière, défendue par des étrangers, et mal secourue par les princes chrétiens, toujours divisés entre eux.

Les janissaires et les spahis attaquent en désordre, incapables d'écouter le commandement et de se rallier : leur cavalerie, qui devrait être excellente, attendu la bonté et la légèreté de leurs chevaux, ne saurait soutenir le choc de la cavalerie allemande : l'infanterie ne savait point encore faire un usage avantageux de la baïonnette au bout du fusil : de plus, les Turcs n'ont pas eu un grand général de terre parmi eux depuis Couprougli, qui conquit l'île de Candie[1]. Un esclave nourri dans l'oisiveté et dans le silence du sérail, fait vizir par faveur, et général malgré lui, conduisait une armée levée à la hâte, sans expérience, sans discipline, contre des troupes moscovites aguerries par douze ans de guerres, et fières d'avoir vaincu les Suédois.

Le czar, selon toutes les apparences, devait vaincre Baltagi Mehemet ; mais il fit la même faute avec les Turcs que le roi de Suède avait commise avec lui ; il méprisa trop son ennemi. Sur la nouvelle de l'armement des Turcs, il quitta Moscou ; et ayant ordonné qu'on changeât le siége de Riga en blocus, il assembla sur les frontières de Pologne quatre-vingt mille hommes de ses troupes[a]. Avec cette armée il prit son chemin par la Moldavie et la Valachie, autrefois le pays

---

[1] En 1669. Voyez tome XVIII, page 422. B.

[a] Le chapelain Nordberg prétend que le czar força le quatrième homme de ses sujets capables de porter les armes, de le suivre à cette guerre. Si cela eût été vrai, l'armée eût été au moins de deux millions de soldats.

des Daces, aujourd'hui habité par des chrétiens grecs tributaires du grand-seigneur.

La Moldavie était gouvernée alors par le prince Cantemir, grec d'origine, qui réunissait les talents des anciens Grecs, la science des lettres et celle des armes. On le fesait descendre du fameux Timur, connu sous le nom de Tamerlan. Cette origine paraissait plus belle qu'une grecque; on prouvait cette descendance par le nom de ce conquérant. Timur, dit-on, ressemble à Témir; le titre de kan, que possédait Timur avant de conquérir l'Asie, se retrouve dans le nom de Cantemir; ainsi le prince Cantemir est descendant de Tamerlan. Voilà les fondements de la plupart des généalogies.

De quelque maison que fût Cantemir, il devait toute sa fortune à la Porte ottomane. A peine avait-il reçu l'investiture de sa principauté, qu'il trahit l'empereur turc son bienfaiteur pour le czar, dont il espérait davantage. Il se flattait que le vainqueur de Charles XII triompherait aisément d'un vizir peu estimé, qui n'avait jamais fait la guerre, et qui avait choisi pour son kiaia, c'est-à-dire pour son lieutenant, l'intendant des douanes de Turquie. Il comptait que tous les Grecs se rangeraient de son parti; les patriarches grecs l'encouragèrent à cette défection. Le czar ayant donc fait un traité secret avec ce prince, et l'ayant reçu dans son armée, s'avança dans le pays, et arriva, au mois de juin 1711, sur le bord septentrional du fleuve Hiérase, aujourd'hui le Pruth, près d'Yassi, capitale de la Moldavie.

Dès que le grand-vizir eut appris que Pierre Alexiowitz marchait de ce côté, il quitta aussitôt son camp; et, suivant le cours du Danube, il alla passer ce fleuve sur un pont de bateaux, près d'un bourg nommé Saccia, au même endroit où Darius fit construire autrefois le pont qui porta son nom. L'armée turque fit tant de diligence, qu'elle parut bientôt en présence des Moscovites, la rivière de Pruth entre deux.

Le czar, sûr du prince de Moldavie, ne s'attendait pas que les Moldaves dussent lui manquer : mais souvent le prince et les sujets ont des intérêts très différents. Ceux-ci aimaient la domination turque, qui n'est jamais fatale qu'aux grands, et qui affecte de la douceur pour les peuples tributaires : ils redoutaient les chrétiens, et surtout les Moscovites, qui les avaient toujours traités avec inhumanité. Ils portèrent toutes leurs provisions à l'armée ottomane : les entrepreneurs, qui s'étaient engagés à fournir des vivres aux Moscovites, exécutèrent avec le grand-vizir le marché même qu'ils avaient fait avec le czar. Les Valaques, voisins des Moldaves, montrèrent aux Turcs la même affection : tant l'ancienne idée de la barbarie moscovite avait aliéné tous les esprits.

Le czar, ainsi trompé dans ses espérances, peut-être trop légèrement prises, vit tout d'un coup son armée sans vivres et sans fourrages. Les soldats désertaient par troupes, et bientôt cette armée se trouva réduite à moins de trente mille hommes près de périr de misère. Le czar éprouvait sur le Pruth, pour s'être livré à Cantemir, ce que Charles XII avait éprouvé à

Pultava pour avoir trop compté sur Mazeppa. Cependant les Turcs passent la rivière, enferment les Russes, et forment devant eux un camp retranché. Il est surprenant que le czar ne disputât point le passage de la rivière, ou du moins qu'il ne réparât pas cette faute en livrant bataille aux Turcs immédiatement après le passage, au lieu de leur donner le temps de faire périr son armée de faim et de fatigue. Il semble que ce prince fit dans cette campagne tout ce qu'il fallait pour être perdu. Il se trouva sans provisions, ayant la rivière de Pruth derrière lui, cent cinquante mille Turcs devant lui, et quarante mille Tartares qui le harcelaient continuellement à droite et à gauche. Dans cette extrémité, il dit publiquement : « Me voilà du « moins aussi mal que mon frère Charles l'était à « Pultava. »

Le comte Poniatowski, infatigable agent du roi de Suède, était dans l'armée du grand-vizir avec quelques Polonais et quelques Suédois, qui tous croyaient la perte du czar inévitable.

Dès que Poniatowski vit que les armées seraient infailliblement en présence, il le manda au roi de Suède, qui partit aussitôt de Bender, suivi de quarante officiers, jouissant par avance du plaisir de combattre l'empereur moscovite. Après beaucoup de pertes et de marches ruineuses, le czar, poussé vers le Pruth, n'avait pour tout retranchement que des chevaux de frise et des chariots : quelques troupes de janissaires et de spahis vinrent fondre sur son armée si mal retranchée ; mais ils attaquèrent en désordre, et les

Moscovites se défendirent avec une vigueur que la présence de leur prince et le désespoir leur donnaient.

Les Turcs furent deux fois repoussés. Le lendemain M. Poniatowski conseilla au grand-vizir d'affamer l'armée moscovite, qui, manquant de tout, serait obligée, dans un jour, de se rendre à discrétion avec son empereur.

Le czar a depuis avoué plus d'une fois qu'il n'avait jamais rien senti de si cruel dans sa vie que les inquiétudes qui l'agitèrent cette nuit: il roulait dans son esprit tout ce qu'il avait fait depuis tant d'années pour la gloire et le bonheur de sa nation: tant de grands ouvrages, toujours interrompus par des guerres, allaient peut-être périr avec lui avant d'avoir été achevés; il fallait ou être détruit par la faim, ou attaquer près de cent quatre-vingt mille hommes avec des troupes languissantes, diminuées de plus de la moitié, une cavalerie presque toute démontée, et des fantassins exténués de faim et de fatigue.

Il appela le général Sheremetoff vers le commencement de la nuit, et lui ordonna, sans balancer et sans prendre conseil, que tout fût prêt à la pointe du jour pour aller attaquer les Turcs la baïonnette au bout du fusil.

Il donna de plus ordre exprès qu'on brûlât tous les bagages, et que chaque officier ne réservât qu'un seul chariot, afin que, s'ils étaient vaincus, les ennemis ne pussent du moins profiter du butin qu'ils espéraient.

Après avoir tout réglé avec le général pour la bataille, il se retira dans sa tente, accablé de douleur et agité de convulsions, mal dont il était souvent attaqué, et qui redoublait toujours avec violence quand il avait quelque grande inquiétude. Il défendit que personne osât de la nuit entrer dans sa tente, sous quelque prétexte que ce pût être, ne voulant pas qu'on vînt lui faire des remontrances sur une résolution désespérée, mais nécessaire, encore moins qu'on fût témoin du triste état où il se sentait.

Cependant on brûla, selon son ordre, la plus grande partie de ses bagages. Toute l'armée suivit cet exemple, quoique à regret; plusieurs enterrèrent ce qu'ils avaient de plus précieux. Les officiers généraux ordonnaient déjà la marche, et tâchaient d'inspirer à l'armée une confiance qu'ils n'avaient pas eux-mêmes; chaque soldat, épuisé de fatigue et de faim, marchait sans ardeur et sans espérance. Les femmes, dont l'armée était trop remplie, poussaient des cris qui énervaient encore les courages; tout le monde attendait, le lendemain matin, la mort ou la servitude. Ce n'est point une exagération, c'est à la lettre ce qu'on a entendu dire à des officiers qui servaient dans cette armée.

Il y avait alors dans le camp moscovite une femme aussi singulière peut-être que le czar même. Elle n'était encore connue que sous le nom de Catherine. Sa mère était une malheureuse paysanne, nommée Erb-Magden, du village de Ringen en Estonie, province où les peuples sont serfs, et qui était en ce temps-là sous la domination de la Suède; jamais elle ne connut son père[a]; elle fut baptisée sous le nom de Marthe. Le vicaire de la paroisse l'éleva par charité jusqu'à quatorze ans; à cet âge elle fut servante à Marienbourg chez un ministre luthérien de ce pays, nommé Gluk.

En 1702, à l'âge de dix-huit ans, elle épousa un dragon suédois. Le lendemain de ses noces, un parti des troupes de Suède ayant été battu par les Moscovites, ce dragon, qui avait été à l'action, ne reparut plus, sans que sa femme pût savoir s'il avait été fait prisonnier, et sans même que depuis ce temps elle en pût jamais rien apprendre.

Quelques jours après, faite prisonnière elle-même par le général Bauer, elle servit chez lui, ensuite chez le maréchal Sheremetoff : celui-ci la donna à Menzikoff, homme qui a connu les plus extrêmes vicissitudes de la fortune, ayant été, de garçon pâtissier, général et prince, ensuite dépouillé de tout, et relégué en Sibérie, où il est mort dans la misère et dans le désespoir.

Ce fut à un souper, chez le prince Menzikoff, que l'empereur la vit et en devint amoureux. Il l'épousa secrètement en 1707, non pas séduit par des artifices de femme, mais parcequ'il lui trouva une fermeté d'ame capable de seconder ses entreprises, et même de les conduire après lui. Il avait déjà répudié depuis

---

[a] On m'a assuré que son père était un fossoyeur. Il est assez inutile de savoir quelle était sa profession; il suffit qu'on sache qu'une paysanne est devenue impératrice par son mérite encore plus que par sa beauté. — Cette note est dans l'édition de 1737. L'auteur, en 1746, la réduisit à ces mots : « On m'a assuré depuis que le père de la czarine était un fossoyeur, » et la supprima en 1748. Ce fut alors qu'il ajouta la note *a* de la page suivante. B.

long-temps sa première femme Ottokefa[1], fille d'un boïard, accusée de s'opposer aux changements qu'il fesait dans ses états. Ce crime était le plus grand aux yeux du czar. Il ne voulait dans sa famille que des personnes qui pensassent comme lui. Il crut rencontrer dans cette esclave étrangère les qualités d'un souverain, quoiqu'elle n'eût aucune des vertus de son sexe : il dédaigna, pour elle, les préjugés qui eussent arrêté un homme ordinaire; il la fit couronner impératrice : le même génie qui la fit femme de Pierre Alexiowitz lui donna l'empire après la mort de son mari. L'Europe a vu avec surprise cette femme, qui ne sut jamais ni lire[a] ni écrire, réparer son éducation et ses faiblesses par son courage, et remplir avec gloire le trône d'un législateur.

Lorsqu'elle épousa le czar, elle quitta la religion luthérienne, où elle était née, pour la moscovite : on la rebaptisa selon l'usage du rite russien ; et au lieu du nom de Marthe, elle prit le nom de Catherine, sous lequel elle a été connue depuis. Cette femme étant donc au camp de Pruth, tint un conseil avec les offi-

[1] Je ne sais ce que signifie ce nom qu'on lit dans toutes les éditions. La première femme de Pierre s'appelait Lapouchin (Eudoxie-Fedorovna), ainsi que Voltaire le dit dans son *Histoire de Russie*, chapitre vi de la première partie, et chapitres i. iii et x de la seconde. B.

[a] Le sieur La Motraye prétend qu'on lui avait donné une belle éducation, qu'elle lisait et écrivait très bien. Le contraire est connu de tout le monde ; on ne souffre point en Livonie que les paysans apprennent à lire et à écrire, à cause de l'ancien privilége nommé *le bénéfice des clercs*, établi autrefois chez les nouveaux chrétiens barbares, et subsistant dans ces pays. Les mémoires sur lesquels on rapporte ce fait disent d'ailleurs que la princesse Élisabeth, depuis impératrice, signait toujours pour sa mère dès son enfance. —Voyez tome XXVIII, page 107, ce que c'est que le *Bénéfice des clercs*. B.

ciers généraux et le vice-chancelier Schaffirof, pendant que le czar était dans sa tente.

On conclut qu'il fallait demander la paix aux Turcs, et engager le czar à faire cette démarche. Le vice-chancelier écrivit une lettre au grand-vizir, au nom de son maître : la czarine entra avec cette lettre dans la tente du czar, malgré la défense; et ayant, après bien des prières, des contestations, et des larmes, obtenu qu'il la signât, elle rassembla sur-le-champ toutes ses pierreries, tout ce qu'elle avait de plus précieux, tout son argent; elle en emprunta même des officiers généraux, et ayant composé de cet amas un présent considérable, elle l'envoya à Osman aga, lieutenant du grand-vizir, avec la lettre signée par l'empereur moscovite. Mehemet Baltagi, conservant d'abord la fierté d'un vizir et d'un vainqueur, répondit : « Que le czar « m'envoie son premier ministre, et je verrai ce que « j'ai à faire. » Le vice-chancelier Schaffirof vint aussitôt chargé de quelques présents, qu'il offrit publiquement lui-même au grand-vizir, assez considérables pour lui marquer qu'on avait besoin de lui, mais trop peu pour le corrompre.

La première demande du vizir fut que le czar se rendît avec toute son armée à discrétion. Le vice-chancelier répondit que son maître allait l'attaquer dans un quart d'heure, et que les Moscovites périraient jusqu'au dernier, plutôt que de subir des conditions si infames. Osman ajouta ses remontrances aux paroles de Schaffirof.

Mehemet Baltagi n'était pas guerrier : il voyait que les janissaires avaient été repoussés la veille. Osman lui persuada aisément de ne pas mettre au hasard d'une bataille des avantages certains. Il accorda donc d'abord une suspension d'armes pour six heures, pendant laquelle on conviendrait des conditions du traité.

Pendant qu'on parlementait, il arriva un petit accident qui peut faire connaître que les Turcs sont souvent plus jaloux de leur parole que nous ne croyons. Deux gentilshommes italiens, parents de M. Brillo, lieutenant-colonel d'un régiment de grenadiers au service du czar, s'étant écartés pour chercher quelque fourrage, furent pris par des Tartares, qui les emmenèrent à leur camp, et offrirent de les vendre à un officier des janissaires. Le Turc, indigné qu'on osât ainsi violer la trève, fit arrêter les Tartares, et les conduisit lui-même devant le grand-vizir avec ces deux prisonniers.

Le vizir renvoya ces deux gentilshommes au camp du czar, et fit trancher la tête aux Tartares qui avaient eu le plus de part à leur enlèvement.

Cependant le kan des Tartares s'opposait à la conclusion d'un traité qui lui ôtait l'espérance du pillage. Poniatowski secondait le kan par les raisons les plus pressantes; mais Osman l'emporta sur l'impatience tartare, et sur les insinuations de Poniatowski.

Le vizir crut faire assez pour le grand-seigneur, son maître, de conclure une paix avantageuse. Il exigea que les Moscovites rendissent Azof; qu'ils brûlassent les galères qui étaient dans ce port; qu'ils démolissent des citadelles importantes bâties sur les Palus-Méotides, et que tout le canon et les munitions de ces forteresses demeurassent au grand-seigneur; que le czar retirât ses troupes de la Pologne; qu'il n'inquiétât plus le petit nombre de Cosaques qui étaient sous la protection des Polonais, ni ceux qui dépendaient de la Turquie, et qu'il payât dorénavant aux Tartares un subside de quarante mille sequins par an, tribut odieux, imposé depuis long-temps, mais dont le czar avait affranchi son pays.

Enfin le traité allait être signé sans qu'on eût seulement fait mention du roi de Suède. Tout ce que Poniatowski put obtenir du vizir fut qu'on insérât un article par lequel le Moscovite s'engageait à ne point troubler le retour de Charles XII; et ce qui est assez singulier, il fut stipulé dans cet article que le czar et le roi de Suède feraient la paix s'ils en avaient envie, et s'ils pouvaient s'accorder.

A ces conditions le czar eut la liberté de se retirer avec son armée, son canon, son artillerie, ses drapeaux, son bagage. Les Turcs lui fournirent des vivres, et tout abonda dans son camp deux heures après la signature du traité, qui fut commencé le 21 juillet 1711, et signé le 1ᵉʳ auguste.

Dans le temps que le czar, échappé de ce mauvais pas, se retirait tambour battant et enseignes déployées, arrive le roi de Suède, impatient de combattre et de voir son ennemi entre ses mains. Il avait couru plus de cinquante lieues à cheval depuis Bender jusqu'auprès d'Yassi. Il arriva dans le temps que les Russes commençaient à faire paisiblement leur retraite; il fallait, pour pénétrer au camp des Turcs, aller passer le Pruth sur un pont, à trois lieues de là. Charles XII, qui ne fesait rien comme les autres hommes, passa la rivière à la nage, au hasard de se noyer, et traversa le camp moscovite, au hasard d'être pris; il parvint à l'armée turque, et descendit à la tente du comte Poniatowski, qui m'a conté et écrit ce fait. Le comte s'avança tristement vers lui, et lui apprit comment il venait de perdre une occasion qu'il ne recouvrerait peut-être jamais.

Le roi, outré de colère, va droit à la tente du grand-vizir; il lui reproche, avec un visage enflammé, le traité qu'il vient de conclure. « J'ai droit, dit le grand-« vizir d'un air calme, de faire la guerre et la paix.— « Mais, reprend le roi, n'avais-tu pas toute l'armée « moscovite en ton pouvoir?—Notre loi nous or-« donne, repartit gravement le vizir, de donner la « paix à nos ennemis quand ils implorent notre mi-« séricorde. — Hé! t'ordonne-t-elle, insiste le roi en « colère, de faire un mauvais traité quand tu peux « imposer telles lois que tu veux? Ne dépendait-il « pas de toi d'amener le czar prisonnier à Constanti-« nople? »

Le Turc, poussé à bout, répondit sèchement: « Hé, « qui gouvernerait son empire en son absence? Il ne « faut pas que tous les rois soient hors de chez eux. » Charles répliqua par un sourire d'indignation: il se jeta sur un sopha, et regardant le vizir d'un air plein de colère et de mépris, il étendit sa jambe vers lui, et embarrassant exprès son éperon dans la robe du Turc, il la lui déchira, se releva sur-le-champ, remonta à cheval, et retourna à Bender, le désespoir dans le cœur.

Poniatowski resta encore quelque temps avec le grand-vizir, pour essayer, par des voies plus douces, de l'engager à tirer un meilleur parti du czar; mais l'heure de la prière étant venue, le Turc, sans répondre un seul mot, alla se laver et prier Dieu.

FIN DU LIVRE CINQUIÈME.

LIVRE SIXIÈME.

ARGUMENT.

Intrigues à la Porte ottomane. Le kan des Tartares et le bacha de Bender veulent forcer Charles de partir. Il se défend avec quarante domestiques contre une armée. Il est pris et traité en prisonnier.

La fortune du roi de Suède, si changée de ce qu'elle avait été, le persécutait dans les moindres choses : il trouva, à son retour, son petit camp de Bender et tout le logement inondés des eaux du Niester : il se retira à quelques milles, près d'un village nommé Varnitza; et comme s'il eût eu un secret pressentiment de ce qui devait lui arriver, il fit bâtir en cet endroit une large maison de pierre, capable, en un besoin, de soutenir quelques heures un assaut. Il la meubla même magnifiquement, contre sa coutume, pour imposer plus de respect aux Turcs.

Il en construisit aussi deux autres, l'une pour sa chancellerie, l'autre pour son favori Grothusen, qui tenait une de ses tables. Tandis que le roi bâtissait ainsi près de Bender, comme s'il eût voulu rester toujours en Turquie, Baltagi Mehemet, craignant plus que jamais les intrigues et les plaintes de ce prince à la Porte, avait envoyé le résident de l'empereur d'Allemagne demander lui-même à Vienne un passage pour le roi de Suède par les terres héréditaires de la maison d'Autriche. Cet envoyé avait rapporté en trois semaines de temps une promesse de la régence impériale de rendre à Charles XII les honneurs qui lui étaient dus, et de le conduire en toute sûreté en Poméranie.

On s'était adressé à cette régence de Vienne, parcequ'alors l'empereur d'Allemagne, Charles, successeur de Joseph Ier, était en Espagne, où il disputait la couronne à Philippe V. Pendant que l'envoyé allemand exécutait à Vienne cette commission, le grand-vizir envoya trois bachas au roi de Suède pour lui signifier qu'il fallait quitter les terres de l'empire turc.

Le roi, qui savait l'ordre dont ils étaient chargés, leur fit d'abord dire que s'ils osaient lui rien proposer contre son honneur, et lui manquer de respect, il les ferait pendre tous trois sur l'heure. Le bacha de Salonique, qui portait la parole, déguisa la dureté de sa commission sous les termes les plus respectueux. Charles finit l'audience sans daigner seulement répondre; son chancelier Muller, qui resta avec ces trois bachas, leur expliqua en peu de mots le refus de son maître, qu'ils avaient assez compris par son silence.

Le grand-vizir ne se rebuta pas: il ordonna à Ismaël-bacha, nouveau sérasquier de Bender, de menacer le roi de l'indignation du sultan, s'il ne se déterminait pas sans délai. Ce sérasquier était d'un tempérament doux et d'un esprit conciliant, qui lui avait attiré la bienveillance de Charles et l'amitié de tous les Suédois. Le roi entra en conférence avec lui, mais ce fut pour lui dire qu'il ne partirait que quand Achmet lui aurait accordé deux choses, la punition de son grand-vizir, et cent mille hommes pour retourner en Pologne.

Baltagi Mehemet sentait bien que Charles restait en Turquie pour le perdre ; il eut soin de faire mettre des gardes sur toutes les routes de Bender à Constantinople, pour intercepter les lettres du roi. Il fit plus, il lui retrancha son thaïm, c'est-à-dire la provision que la Porte fournit aux princes à qui elle accorde un asile. Celle du roi de Suède était immense, consistant en cinq cents écus par jour en argent, et dans une profusion de tout ce qui peut contribuer à l'entretien d'une cour dans la splendeur et dans l'abondance.

Dès que le roi sut que le vizir avait osé retrancher sa subsistance, il se tourna vers son grand maître-d'hôtel, et lui dit : «Vous n'avez eu que deux tables « jusqu'à présent; je vous ordonne d'en tenir quatre « dès demain.»

Les officiers de Charles XII étaient accoutumés à ne trouver rien d'impossible de ce qu'il ordonnait : cependant on n'avait ni provisions ni argent : on fut obligé d'emprunter à vingt, à trente, à quarante pour cent, des officiers, des domestiques, et des janissaires, devenus riches par les profusions du roi. M. Fabrice, l'envoyé de Holstein, Jeffreys, ministre d'Angleterre, leurs secrétaires, leurs amis, donnèrent ce qu'ils avaient. Le roi, avec sa fierté ordinaire, et sans inquiétude du lendemain, subsistait de ces dons, qui n'auraient pas suffi long-temps. Il fallut tromper la vigilance des gardes, et envoyer secrètement à Constantinople pour emprunter de l'argent des négociants européans. Tous refusèrent d'en prêter à un roi qui semblait s'être mis hors d'état de jamais rendre. Un seul marchand anglais, nommé Couk, osa enfin prêter environ quarante mille écus, satisfait de les perdre si le roi de Suède venait à mourir. On apporta cet argent au petit camp du roi, dans le temps qu'on commençait à manquer de tout, et à ne plus espérer de ressource.

Dans cet intervalle, M. Poniatowski écrivit, du camp même du grand-vizir, une relation de la campagne du Pruth, dans laquelle il accusait Baltagi Mehemet de lâcheté et de perfidie. Un vieux janissaire, indigné de la faiblesse du vizir, et de plus gagné par les présents de Poniatowski, se chargea de cette relation, et ayant obtenu un congé, il présenta lui-même la lettre au sultan.

Poniatowski partit du camp quelques jours après, et alla à la Porte ottomane former des intrigues contre le grand-vizir, selon sa coutume.

Les circonstances étaient favorables : le czar, en liberté, ne se pressait pas d'accomplir ses promesses : les clefs d'Azof ne venaient point; le grand-vizir, qui en était responsable, craignant avec raison l'indignation de son maître, n'osait s'aller présenter devant lui.

Le sérail était alors plus rempli que jamais d'intrigues et de factions. Ces cabales, que l'on voit dans toutes les cours, et qui se terminent d'ordinaire dans les nôtres par quelque déplacement de ministre, ou tout au plus par quelque exil, font toujours tomber à Constantinople plus d'une tête; il en coûta la vie à l'ancien vizir Chourlouli, et à Osman, ce lieutenant de Baltagi Mehemet, qui était le principal auteur de la paix du Pruth, et qui depuis cette paix avait obtenu une charge considérable à la Porte. On trouva parmi les trésors d'Osman la bague de la czarine, et vingt mille pièces d'or au coin de Saxe et de Moscovie; ce fut une preuve que l'argent seul avait tiré le czar du précipice, et avait ruiné la fortune de Charles XII. Le vizir Baltagi Mehemet fut relégué dans l'île de Lemnos, où il mourut trois ans après. Le sultan ne saisit son bien ni à son exil, ni à sa mort; il n'était pas riche, et sa pauvreté justifia sa mémoire.

A ce grand-vizir succéda Jussuf, c'est-à-dire Joseph, dont la fortune était aussi singulière que celle de ses prédécesseurs. Né sur les frontières de la Moscovie, et fait prisonnier par les Turcs à l'âge de six ans avec sa famille, il avait été vendu à un janissaire. Il fut long-temps valet dans le sérail, et devint enfin la seconde personne de l'empire où il avait été esclave; mais ce n'était qu'un fantôme de ministre. Le jeune Selictar Ali Coumourgi l'éleva à ce poste glissant, en attendant qu'il pût s'y placer lui-même; et Jussuf, sa créature, n'eut d'autre emploi que d'apposer les sceaux de l'empire aux volontés du favori. La politique de la cour ottomane parut toute changée dès les premiers jours de ce vizirat : les plénipotentiaires du czar, qui restaient à Constantinople, et comme ministres, et comme otages, y furent mieux traités que jamais : le grand-vizir confirma avec eux la paix du Pruth : mais ce qui mortifia le plus le roi de Suède, ce fut d'apprendre que les liaisons secrètes qu'on prenait à Constantinople avec le czar, étaient le fruit de la médiation des ambassadeurs d'Angleterre et de Hollande.

Constantinople, depuis la retraite de Charles à Bender, était devenue ce que Rome a été si souvent, le centre des négociations de la chrétienté. Le comte Désaleurs, ambassadeur de France, y appuyait les intérêts de Charles et de Stanislas : le ministre de l'empereur allemand les traversait : les factions de Suède et de Moscovie s'entre-choquaient, comme on a vu long-temps celles de France et d'Espagne agiter la cour de Rome.

L'Angleterre et la Hollande, qui paraissaient neutres, ne l'étaient pas : le nouveau commerce que le czar avait ouvert dans Pétersbourg attirait l'attention de ces deux nations commerçantes.

Les Anglais et les Hollandais seront toujours pour le prince qui favorisera le plus leur trafic. Il y avait beaucoup à gagner avec le czar[1] : il n'est donc pas étonnant que les ministres d'Angleterre et de Hollande le servissent secrètement à la Porte ottomane. Une des conditions de cette nouvelle amitié fut que l'on ferait sortir incessamment Charles des terres de l'empire turc; soit que le czar espérât se saisir de sa personne sur les chemins, soit qu'il crût Charles moins redoutable dans ses états qu'en Turquie, où il était toujours sur le point d'armer les forces ottomanes contre l'empire des Russes.

Le roi de Suède sollicitait toujours la Porte de le

---

[1] L'auteur donne une juste et véritable idée des négociations des ministres étrangers à Constantinople. P.

renvoyer par la Pologne avec une nombreuse armée. Le divan résolut en effet de le renvoyer, mais avec une simple escorte de sept à huit mille hommes; non plus comme un roi qu'on voulait secourir, mais comme un hôte dont on voulait se défaire. Pour cet effet, le sultan Achmet lui écrivit en ces termes :

Très puissant entre les rois adorateurs de Jésus, redresseur des torts et des injures, et protecteur de la justice dans les ports et les républiques du Midi et du Septentrion, éclatant en majesté, ami de l'honneur et de la gloire, et de notre sublime Porte, Charles, roi de Suède, dont Dieu couronne les entreprises de bonheur.

« Aussitôt que le très illustre Achmet, ci-devant
« chiaoux pachi, aura eu l'honneur de vous présenter
« cette lettre, ornée de notre sceau impérial, soyez
« persuadé et convaincu de la vérité de nos intentions
« qui y sont contenues, à savoir que, quoique nous
« nous fussions proposé de faire marcher de nouveau
« contre le czar nos troupes toujours victorieuses, ce-
« pendant ce prince, pour éviter le juste ressentiment
« que nous avait donné son retardement à exécuter le
« traité conclu sur les bords du Pruth, et renouvelé
« depuis à notre sublime Porte, ayant rendu à notre
« empire le château et la ville d'Azof, et cherché par
« la médiation des ambassadeurs d'Angleterre et de
« Hollande, nos anciens amis, à cultiver avec nous les
« liens d'une constante paix, nous la lui avons accor-
« dée, et donné à ses plénipotentiaires, qui nous res-

« tent pour otages, notre ratification impériale, après
« avoir reçu la sienne de leurs mains.

« Nous avons donné au très honorable et vaillant
« Delvet Gherai, han de Cudziack, de Crimée, de Na-
« gaï, et de Circassie, et à notre très sage conseiller et
« généreux sérasquier de Bender, Ismaël (que Dieu
« perpétue et augmente leur magnificence et pru-
« dence), nos ordres inviolables et salutaires pour
« votre retour par la Pologne, selon votre premier
« dessein, qui nous a été renouvelé de votre part.

« Vous devez donc vous préparer à partir sous les
« auspices de la Providence, et avec une honorable
« escorte, avant l'hiver prochain, pour vous rendre
« dans vos provinces, ayant soin de passer en ami
« par celles de la Pologne.

« Tout ce qui sera nécessaire pour votre voyage
« vous sera fourni par ma sublime Porte, tant en ar-
« gent qu'en hommes, chevaux, et chariots. Nous
« vous exhortons surtout, et vous recommandons de
« donner vos ordres les plus positifs et les plus clairs
« à tous les Suédois et autres gens qui se trouvent
« auprès de vous de ne commettre aucun désordre,
« et de ne faire aucune action qui tende directement
« ou indirectement à violer cette paix et amitié.

« Vous conserverez par là notre bienveillance, dont
« nous chercherons à vous donner d'aussi grandes et
« d'aussi fréquentes marques qu'il s'en présentera
« d'occasions. Nos troupes destinées pour vous ac-
« compagner recevront des ordres conformes à nos
« intentions impériales.

« Donné à notre sublime Porte de Constantinople,

« le 14 de la lune *rebyul eurech* 1124. » Ce qui revient au 19 avril 1712.

Cette lettre ne fit point encore perdre l'espérance au roi de Suède : il écrivit au sultan qu'il serait toute sa vie reconnaissant des faveurs dont sa hautesse l'avait comblé ; mais qu'il croyait le sultan trop juste pour le renvoyer avec la simple escorte d'un camp-volant dans un pays encore inondé des troupes du czar. En effet l'empereur russe, malgré le premier article de la paix du Pruth, par lequel il s'était engagé à retirer toutes ses troupes de la Pologne, y en avait fait encore passer de nouvelles ; et ce qui semble étonnant, c'est que le grand-seigneur n'en savait rien.

La mauvaise politique de la Porte, d'avoir toujours par vanité des ambassadeurs des princes chrétiens à Constantinople, et de ne pas entretenir un seul agent dans les cours chrétiennes, fait que ceux-ci pénètrent et conduisent quelquefois les résolutions les plus secrètes du sultan, et que le divan est toujours dans une profonde ignorance de ce qui se passe publiquement chez les chrétiens.

Le sultan, enfermé dans son sérail parmi ses femmes et ses eunuques, ne voit que par les yeux de son grand-vizir : ce ministre, aussi inaccessible que son maître, occupé des intrigues du sérail, et sans correspondance au-dehors, est d'ordinaire trompé, ou trompe le sultan, qui le dépose ou le fait étrangler à la première faute, pour en choisir un autre aussi ignorant ou aussi perfide, qui se conduit comme ses prédécesseurs, et qui tombe bientôt comme eux.

Telle est pour l'ordinaire l'inaction et la sécurité profonde de cette cour, que si les princes chrétiens se liguaient contre elle, leurs flottes seraient aux Dardanelles, et leur armée de terre aux portes d'Andrinople, avant que les Turcs eussent songé à se défendre; mais les divers intérêts qui diviseront toujours la chrétienté sauveront les Turcs d'une destinée que leur peu de politique et leur ignorance dans la guerre et dans la marine semblent leur préparer aujourd'hui.

Achmet était si peu informé de ce qui se passait en Pologne, qu'il envoya un aga pour voir s'il était vrai que les armées du czar y fussent encore : deux secrétaires du roi de Suède, qui savaient la langue turque, accompagnèrent l'aga, afin de servir de témoins contre lui en cas qu'il fît un faux rapport.

Cet aga vit par ses yeux la vérité, et en vint rendre compte au sultan même. Achmet indigné allait faire étrangler le grand-vizir : mais le favori, qui le protégeait, et qui croyait avoir besoin de lui, obtint sa grace, et le soutint encore quelque temps dans le ministère.

Les Russes étaient protégés ouvertement par le vizir, et secrètement par Ali Coumourgi, qui avait changé de parti; mais le sultan était si irrité, l'infraction du traité était si manifeste, et les janissaires, qui font trembler souvent les ministres, les favoris, et les sultans, demandaient si hautement la guerre, que personne dans le sérail n'osa ouvrir un avis modéré.

Aussitôt le grand-seigneur fit mettre aux Sept-Tours les ambassadeurs moscovites, déjà aussi accoutumés à aller en prison qu'à l'audience. La guerre est de nouveau déclarée contre le czar, les queues de cheval arborées, les ordres donnés à tous les bachas d'assembler une armée de deux cent mille combattants. Le sultan lui-même quitta Constantinople, et vint établir sa cour à Andrinople, pour être moins éloigné du théâtre de la guerre.

Pendant ce temps une ambassade solennelle, envoyée au grand-seigneur de la part d'Auguste et de la république de Pologne, s'avançait sur le chemin d'Andrinople; le palatin de Mazovie était à la tête de l'ambassade, avec une suite de plus de trois cents personnes.

Tout ce qui composait l'ambassade fut arrêté et retenu prisonnier dans l'un des faubourgs de la ville: jamais le parti du roi de Suède ne s'était plus flatté que dans cette occasion; cependant ce grand appareil devint encore inutile, et toutes ses espérances furent trompées.

Si l'on en croit un ministre public, homme sage et clairvoyant, qui résidait alors à Constantinople, le jeune Coumourgi roulait déjà dans sa tête d'autres desseins que de disputer des déserts au czar de Moscovie dans une guerre douteuse. Il projetait d'enlever aux Vénitiens le Péloponèse, nommé aujourd'hui la Morée, et de se rendre maître de la Hongrie.

Il n'attendait, pour exécuter ses grands desseins, que l'emploi de premier vizir, dont sa jeunesse l'écartait encore. Dans cette idée, il avait plus besoin d'être l'allié que l'ennemi du czar; son intérêt ni sa volonté n'étaient pas de garder plus long-temps le roi de Suède, encore moins d'armer la Turquie en sa faveur. Non seulement il voulait renvoyer ce prince, mais il disait ouvertement qu'il ne fallait plus souffrir désormais aucun ministre chrétien à Constantinople; que tous ces ambassadeurs ordinaires n'étaient que des espions honorables [1], qui corrompaient ou qui trahissaient les vizirs, et donnaient depuis trop long-temps le mouvement aux intrigues du sérail; que les Francs établis à Péra et dans les Échelles du Levant sont des marchands qui n'ont besoin que d'un consul, et non d'un ambassadeur. Le grand-vizir, qui devait son établissement et sa vie même au favori, et qui de plus le craignait, se conformait à ses intentions d'autant plus aisément qu'il s'était vendu aux Moscovites, et qu'il espérait se venger du roi de Suède, qui avait voulu le perdre. Le mufti, créature d'Ali Coumourgi, était aussi l'esclave de ses volontés : il avait conseillé la guerre contre le czar quand le favori la voulait, et il la trouva injuste dès que ce jeune homme eut changé d'avis; ainsi à peine l'armée fut assemblée qu'on écouta des propositions d'accommodement. Le vice-chancelier Schaffirof et le jeune Sheremetoff, plénipotentiaires et otages du czar à la Porte, promirent, après bien des négociations, que le czar retirerait ses troupes de la Pologne. Le grand-vizir, qui savait bien que le czar n'exécuterait pas ce traité, ne laissa pas de le signer; et le sultan, content d'avoir en apparence imposé des lois aux Russes, resta encore à Andrinople. Ainsi on vit en moins de six mois la paix jurée avec le czar, ensuite la guerre déclarée, et la paix renouvelée encore.

[1] Voyez ma note, tome XXXVII, pages 23-24. B.

Le principal article de tous ces traités fut toujours qu'on ferait partir le roi de Suède. Le sultan ne voulait point commettre son honneur et celui de l'empire ottoman, en exposant le roi à être pris sur la route par ses ennemis. Il fut stipulé qu'il partirait, mais que les ambassadeurs de Pologne et de Moscovie répondraient de la sûreté de sa personne : ces ambassadeurs jurèrent, au nom de leurs maîtres, que ni le czar ni le roi Auguste ne troubleraient son passage, et que Charles, de son côté, ne tenterait d'exciter aucun mouvement en Pologne. Le divan, ayant ainsi réglé la destinée de Charles, Ismaël, sérasquier de Bender, se transporta à Varnitza, où le roi était campé, et vint lui rendre compte des résolutions de la Porte, en lui insinuant adroitement qu'il n'y avait plus à différer, et qu'il fallait partir.

Charles ne répondit autre chose, sinon que le grand-seigneur lui avait promis une armée et non une escorte, et que des rois devaient tenir leur parole.

Cependant le général Flemming, ministre et favori du roi Auguste, entretenait une correspondance secrète avec le kan de Tartarie et le sérasquier de Bender. La Mare, gentilhomme français, colonel au service de Saxe, avait fait plus d'un voyage de Bender à Dresde, et tous ces voyages étaient suspects.

Précisément dans ce temps le roi de Suède fit arrêter sur les frontières de la Valachie un courrier que Flemming envoyait au prince de Tartarie. Les lettres lui furent apportées; on les déchiffra : on y vit une intelligence marquée entre les Tartares et la cour de Dresde; mais elles étaient conçues en termes si ambigus et si généraux, qu'il était difficile de démêler si le but du roi Auguste était seulement de détacher les Turcs du parti de la Suède, ou s'il voulait que le kan livrât Charles à ses Saxons en le reconduisant en Pologne.

Il semblait difficile d'imaginer qu'un prince aussi généreux qu'Auguste voulût, en saisissant la personne du roi de Suède, hasarder la vie de ses ambassadeurs et de trois cents gentilshommes polonais qui étaient retenus dans Andrinople, comme des gages de la sûreté de Charles.

Mais, d'un autre côté, on savait que Flemming, ministre absolu d'Auguste, était très délié et peu scrupuleux. Les outrages faits au roi électeur par le roi de Suède semblaient rendre toute vengeance excusable; et on pouvait penser que si la cour de Dresde achetait Charles du kan des Tartares, elle pourrait acheter aisément de la cour ottomane la liberté des otages polonais.

Ces raisons furent agitées entre le roi, Muller son chancelier privé, et Grothusen son favori. Ils lurent et relurent les lettres; et la malheureuse situation où ils étaient les rendant plus soupçonneux, ils se déterminèrent à croire ce qu'il y avait de plus triste.

Quelques jours après le roi fut confirmé dans ses soupçons par le départ précipité d'un comte Sapieha, réfugié auprès de lui, qui le quitta brusquement pour aller en Pologne se jeter entre les bras d'Auguste. Dans toute autre occasion, Sapieha ne lui aurait paru qu'un mécontent; mais, dans ces conjonctures délicates, il ne balança pas à le croire un traître. Les instances réitérées qu'on lui fit alors de partir changèrent ses soupçons en certitude. L'opiniâtreté de son caractère se joignant à toutes ces vraisemblances, il demeura ferme dans l'opinion qu'on voulait le trahir et le livrer à ses ennemis, quoique ce complot n'ait jamais été prouvé.

Il pouvait se tromper dans l'idée qu'il avait que le roi Auguste avait marchandé sa personne avec les Tartares; mais il se trompait encore davantage en comptant sur le secours de la cour ottomane. Quoi qu'il en soit, il résolut de gagner du temps.

Il dit au bacha de Bender qu'il ne pouvait partir sans avoir auparavant de quoi payer ses dettes; car quoiqu'on lui eût rendu depuis long-temps son thaïm, ses libéralités l'avaient toujours forcé d'emprunter. Le bacha lui demanda ce qu'il voulait; le roi répondit au hasard, *mille bourses*, qui sont quinze cent mille francs de notre argent en monnaie forte. Le bacha en écrivit à la Porte : le sultan, au lieu de mille bourses qu'on lui demandait, en accorda douze cents, et écrivit au bacha la lettre suivante.

Lettre du grand-seigneur au bacha de Bender.

« Le but de cette lettre impériale est pour vous
« faire savoir que, sur votre recommandation et re-
« présentation, et sur celle du très noble Delvet Ghe-
« rai, han à notre sublime Porte, notre impériale ma-
« gnificence a accordé mille bourses au roi de Suède,
« qui seront envoyées à Bender, sous la conduite et la
« charge du très illustre Mehemet bacha, ci-devant

« chiaoux pachi, pour rester sous votre garde jus-
« qu'au temps du départ du roi de Suède, dont Dieu
« dirige les pas! et lui être données alors avec deux
« cents bourses de plus, comme un surcroît de notre
« libéralité impériale qui excède sa demande.

« Quant à la route de Pologne, qu'il est résolu de
« prendre, vous aurez soin, vous et le han qui devez
« l'accompagner, de prendre des mesures si prudentes
« et si sages, que, pendant tout le passage, les trou-
« pes qui sont sous votre commandement, et les
« gens du roi de Suède, ne causent aucun dommage,
« et ne fassent aucune action qui puisse être réputée
« contraire à la paix qui subsiste encore entre notre
« sublime Porte et le royaume et la république de Po-
« logne : en sorte que le roi passe comme ami sous
« notre protection.

« Ce que fesant comme vous lui recommanderez
« bien expressément de faire, il recevra tous les hon-
« neurs et les égards dus à sa majesté de la part des
« Polonais, ce dont nous ont fait assurer les ambas-
« sadeurs du roi Auguste et de la république, en s'of-
« frant même à cette condition, aussi bien que quel-
« ques autres nobles Polonais, si nous le requérons,
« pour otages et sûreté de son passage.

« Lorsque le temps dont vous serez convenu avec le
« très noble Delvet Gherai, pour la marche, sera venu,
« vous vous mettrez à la tête de vos braves soldats,
« entre lesquels seront les Tartares, ayant à leur tête le
« han, et vous conduirez le roi de Suède avec ses gens.

« Qu'ainsi il plaise au seul Dieu tout puissant de di-

« riger vos pas et les leurs ; le bacha d'Aulos restera à
« Bender pour le garder, en votre absence, avec un
« corps de spahis et un autre de janissaires ; et en
« suivant nos ordres et nos intentions impériales en
« tous ces points et articles, vous vous rendrez digne
« de la continuation de notre faveur impériale, aussi
« bien que des louanges et des récompenses dues à
« tous ceux qui les observent.

« Fait à notre résidence impériale de Constantino-
« ple, le 2 de la lune de cheval, 1124 de l'hégire. »

Pendant qu'on attendait cette réponse du grand-seigneur, le roi écrivit à la Porte pour se plaindre de la trahison dont il soupçonnait le kan des Tartares ; mais les passages étaient bien gardés : de plus, le ministère lui était contraire ; les lettres ne parvinrent point au sultan ; le vizir empêcha même M. Désaleurs de venir à Andrinople, où était la Porte, de peur que ce ministre, qui agissait pour le roi de Suède, ne voulût déranger le dessein qu'on avait de le faire partir.

Charles, indigné de se voir en quelque sorte chassé des terres du grand-seigneur, se détermina à ne point partir du tout.

Il pouvait demander à s'en retourner par les terres d'Allemagne, ou s'embarquer sur la mer Noire, pour se rendre à Marseille par la Méditerranée ; mais il aima mieux ne demander rien, et attendre les événements.

Quand les douze cents bourses furent arrivées, son trésorier Grothusen, qui avait appris la langue turque dans ce long séjour, alla voir le bacha sans interprête, dans le dessein de tirer de lui les douze cents bourses, et de former ensuite à la Porte quelque intrigue nouvelle, toujours sur cette fausse supposition que le parti suédois armerait enfin l'empire ottoman contre le czar.

Grothusen dit au bacha que le roi ne pouvait avoir ses équipages prêts sans argent: « Mais, dit le bacha, « c'est nous qui ferons tous les frais de votre départ; « votre maître n'a rien à dépenser tant qu'il sera sous « la protection du mien. »

Grothusen répliqua qu'il y avait tant de différence entre les équipages turcs et ceux des Francs, qu'il fallait avoir recours aux artisans suédois et polonais qui étaient à Varnitza.

Il l'assura que son maître était disposé à partir, et que cet argent faciliterait et avancerait son départ. Le bacha, trop confiant, donna les douze cents bourses; il vint quelques jours après demander au roi, d'une manière très respectueuse, les ordres pour le départ.

Sa surprise fut extrême, quand le roi lui dit qu'il n'était pas prêt à partir, et qu'il lui fallait encore mille bourses. Le bacha, confondu à cette réponse, fut quelque temps sans pouvoir parler. Il se retira vers une fenêtre, où on le vit verser quelques larmes. Ensuite, s'adressant au roi : « Il m'en coûtera la tête, dit-« il, pour avoir obligé ta majesté; j'ai donné les douze « cents bourses malgré l'ordre exprès de mon souve-« rain. » Ayant dit ces paroles, il s'en retournait plein de tristesse.

Le roi l'arrêta, et lui dit qu'il l'excuserait auprès du sultan. « Ah ! repartit le Turc en s'en allant, mon

« maître ne sait point excuser les fautes; il ne sait que
« les punir. »

Ismaël bacha alla apprendre cette nouvelle au kan
des Tartares, lequel ayant reçu le même ordre que le
bacha, de ne point souffrir que les douze cents bourses
fussent données avant le départ du roi, et ayant consenti qu'on délivrât cet argent, appréhendait aussi
bien que le bacha l'indignation du grand-seigneur.
Ils écrivirent tous deux à la Porte pour se justifier;
ils protestèrent qu'ils n'avaient donné les douze cents
bourses que sur les promesses positives d'un ministre
du roi de partir sans délai; et ils supplièrent sa hautesse que le refus du roi ne fût point attribué à leur
désobéissance.

Charles, persistant toujours dans l'idée que le kan
et le bacha voulaient le livrer à ses ennemis, ordonna
à M. Funk, alors son envoyé auprès du grand-seigneur, de porter contre eux des plaintes, et de demander encore mille bourses. Son extrême générosité,
et le peu de cas qu'il fesait de l'argent, l'empêchaient
de sentir qu'il y avait de l'avilissement dans cette
proposition. Il ne la fesait que pour s'attirer un refus,
et pour avoir un nouveau prétexte de ne point partir:
mais c'était être réduit à d'étranges extrémités que
d'avoir besoin de pareils artifices. Savari, son interprète, homme adroit et entreprenant, porte sa lettre
à Andrinople, malgré la sévérité avec laquelle le
grand-vizir fesait garder les passages.

Funk fut obligé d'aller faire cette demande dangereuse. Pour toute réponse on le fit mettre en prison.
Le sultan, indigné, fit assembler un divan extraordi-

naire, et y parla lui-même, ce qu'il ne fait que très rarement. Tel fut son discours, selon la traduction qu'on en fit alors :

« Je n'ai presque connu le roi de Suède que par la
« défaite de Pultava, et par la prière qu'il m'a faite de
« lui accorder un asile dans mon empire : je n'ai, je
« crois, nul besoin de lui, et n'ai sujet ni de l'aimer ni
« de le craindre ; cependant, sans consulter d'autres
« motifs que l'hospitalité d'un musulman, et ma gé-
« nérosité qui répand la rosée de ses faveurs sur
« les grands comme sur les petits, sur les étrangers
« comme sur mes sujets, je l'ai reçu et secouru de
« tout, lui, ses ministres, ses officiers, ses soldats, et
« n'ai cessé, pendant trois ans et demi, de l'accabler
« de présents.

« Je lui ai accordé une escorte considérable pour le
« conduire dans ses états. Il a demandé mille bourses
« pour payer quelques frais, quoique je les fasse tous :
« au lieu de mille, j'en ai accordé douze cents. Après
« les avoir tirées de la main du sérasquier de Bender,
« il en demande encore mille autres, et ne veut point
« partir, sous prétexte que l'escorte est trop petite,
« au lieu qu'elle n'est que trop grande pour passer par
« un pays ami.

« Je demande donc si c'est violer les lois de l'hos-
« pitalité que de renvoyer ce prince, et si les puis-
« sances étrangères doivent m'accuser de violence et
« d'injustice, en cas qu'on soit réduit à le faire partir
« par force. » Tout le divan répondit que le grand-seigneur agissait avec justice.

Le mufti déclara que l'hospitalité n'est point de

commande aux musulmans envers les infidèles, encore moins envers les ingrats; et il donna son fetfa, espèce de mandement qui accompagne presque toujours les ordres importants du grand-seigneur; ces fetfas sont révérés comme des oracles, quoique ceux dont ils émanent soient des esclaves du sultan comme les autres.

L'ordre et le fetfa furent portés à Bender par le *Bouyouk Imraour*, grand-maître des écuries, et un *Chiaoux Bacha*, premier huissier. Le bacha de Bender reçut l'ordre chez le kan des Tartares; aussitôt il alla à Varnitza demander si le roi voulait partir comme ami, ou le réduire à exécuter les ordres du sultan.

Charles XII menacé n'était pas maître de sa colère. « Obéis à ton maître, si tu l'oses, lui dit-il, et sors de « ma présence. » Le bacha, indigné, s'en retourna au grand galop, contre l'usage ordinaire des Turcs : en s'en retournant, il rencontra Fabrice, et lui cria toujours en courant : « Le roi ne veut point écouter la « raison; tu vas voir des choses bien étranges. » Le jour même il retrancha les vivres au roi, et lui ôta sa garde de janissaires. Il fit dire aux Polonais et aux Cosaques qui étaient à Varnitza, que s'ils voulaient avoir des vivres, il fallait quitter le camp du roi de Suède, et venir se mettre dans la ville de Bender sous la protection de la Porte. Tous obéirent, et laissèrent le roi réduit aux officiers de sa maison et à trois cents soldats suédois contre vingt mille Tartares et six mille Turcs.

Il n'y avait plus de provisions dans le camp pour les hommes ni pour les chevaux. Le roi ordonna qu'on tuât hors du camp, à coups de fusil, vingt de ces beaux chevaux arabes que le grand-seigneur lui avait envoyés, en disant : « Je ne veux ni de leurs provisions « ni de leurs chevaux. » Ce fut un régal pour les troupes tartares, qui, comme on sait, trouvent la chair de cheval délicieuse. Cependant les Turcs et les Tartares investirent de tous côtés le petit camp du roi.

Ce prince, sans s'étonner, fit faire des retranchements réguliers par ses trois cents Suédois : il y travailla lui-même ; son chancelier, son trésorier, ses secrétaires, les valets de chambre, tous ses domestiques, aidaient à l'ouvrage. Les uns barricadaient les fenêtres, les autres enfonçaient des solives derrière les portes, en forme d'arcs-boutants.

Quand on eut bien barricadé la maison, et que le roi eut fait le tour de ses prétendus retranchements, il se mit à jouer aux échecs tranquillement avec son favori Grothusen, comme si tout eût été dans une sécurité profonde. Heureusement Fabrice, l'envoyé de Holstein, ne s'était point logé à Varnitza, mais dans un petit village entre Varnitza et Bender, où demeurait aussi M. Jeffreys, envoyé d'Angleterre auprès du roi de Suède. Ces deux ministres, voyant l'orage prêt à éclater, prirent sur eux de se rendre médiateurs entre les Turcs et le roi. Le kan, et surtout le bacha de Bender, qui n'avait nulle envie de faire violence à ce monarque, reçurent avec empressement les offres de ces deux ministres ; ils eurent ensemble à Bender deux conférences, où assistèrent cet huissier du sérail et le grand-maître des écuries, qui avaient apporté l'ordre du sultan et le fetfa du mufti.

M. Fabrice[a] leur avoua que sa majesté suédoise avait de justes raisons de croire qu'on voulait le livrer à ses ennemis en Pologne. Le kan, le bacha et les autres jurèrent sur leurs têtes, prirent Dieu à témoin qu'ils détestaient une si horrible perfidie; qu'ils verseraient tout leur sang plutôt que de souffrir qu'on manquât seulement de respect au roi en Pologne; ils dirent qu'ils avaient entre leurs mains les ambassadeurs russes et polonais, dont la vie leur répondait du moindre affront qu'on oserait faire au roi de Suède. Enfin ils se plaignirent amèrement des soupçons outrageants que le roi concevait sur des personnes qui l'avaient si bien reçu et si bien traité. Quoique les serments ne soient souvent que le langage de la perfidie, Fabrice se laissa persuader par les Turcs : il crut voir dans leurs protestations cet air de vérité que le mensonge n'imite jamais qu'imparfaitement. Il savait bien qu'il y avait eu une secrète correspondance entre le kan tartare et le roi Auguste; mais il demeura convaincu qu'il ne s'était agi dans leur négociation que de faire sortir Charles XII des terres du grand-seigneur. Soit que Fabrice se trompât ou non, il les assura qu'il représenterait au roi l'injustice de ses défiances. « Mais prétendez-vous le « forcer à partir? ajouta-t-il. — Oui, dit le bacha; tel « est l'ordre de notre maître. » Alors il les pria encore une fois de bien considérer si cet ordre était de verser le sang d'une tête couronnée? « Oui, répliqua « le kan en colère, si cette tête couronnée désobéit au « grand-seigneur dans son empire. »

---

[a] Tout ce récit est rapporté par M. Fabrice, dans ses lettres.

Cependant tout étant prêt pour l'assaut, la mort de Charles XII paraissait inévitable, et l'ordre du sultan n'étant pas positivement de le tuer, en cas de résistance, le bacha engagea le kan à souffrir qu'on envoyât dans le moment un exprès à Andrinople, où était alors le grand-seigneur, pour avoir les derniers ordres de sa hautesse.

M. Jeffreys et M. Fabrice ayant obtenu ce peu de relâche, courent en avertir le roi; ils arrivent avec l'empressement de gens qui apportaient une nouvelle heureuse; mais ils furent très froidement reçus; il les appela médiateurs volontaires, et persista à soutenir que l'ordre du sultan et le fetfa du mufti étaient forgés, puisqu'on venait d'envoyer demander de nouveaux ordres à la Porte.

Le ministre anglais se retira, bien résolu de ne se plus mêler des affaires d'un prince si inflexible. M. Fabrice, aimé du roi, et plus accoutumé à son humeur que le ministre anglais, resta avec lui pour le conjurer de ne pas hasarder une vie si précieuse dans une occasion si inutile.

Le roi, pour toute réponse, lui fit voir ses retranchements, et le pria d'employer sa médiation seulement pour lui faire avoir des vivres; on obtint aisément des Turcs de laisser passer des provisions dans le camp du roi, en attendant que le courrier fût revenu d'Andrinople. Le kan même avait défendu à ses Tartares, impatients du pillage, de rien attenter contre les Suédois jusqu'à nouvel ordre; de sorte que Charles XII sortait quelquefois de son camp avec quarante chevaux, et courait au milieu des troupes tartares, qui lui laissaient respectueusement le passage libre : il marchait même droit à leurs rangs, et ils s'ouvraient plutôt que de résister.

Enfin l'ordre du grand-seigneur étant venu de passer au fil de l'épée tous les Suédois qui feraient la moindre résistance, et de ne pas épargner la vie du roi, le bacha eut la complaisance de montrer cet ordre à M. Fabrice, afin qu'il fît un dernier effort sur l'esprit de Charles. Fabrice vint faire aussitôt ce triste rapport. « Avez-vous vu l'ordre dont vous parlez? dit « le roi. — Oui, répondit Fabrice. — Hé bien, dites-« leur de ma part que c'est un second ordre qu'ils ont « supposé, et que je ne veux point partir. » Fabrice se jeta à ses pieds, se mit en colère, lui reprocha son opiniâtreté : tout fut inutile. « Retournez à vos Turcs, « lui dit le roi en souriant; s'ils m'attaquent, je saurai « bien me défendre. »

Les chapelains du roi se mirent aussi à genoux devant lui, le conjurant de ne pas exposer à un massacre certain les malheureux restes de Pultava, et surtout sa personne sacrée; l'assurant de plus que cette résistance était injuste, qu'il violait les droits de l'hospitalité, en s'opiniâtrant à rester par force chez des étrangers qui l'avaient si long-temps et si généreusement secouru. Le roi, qui ne s'était point fâché contre Fabrice, se mit en colère contre ses prêtres, et leur dit qu'il les avait pris pour faire les prières, et non pour lui dire leurs avis.

Le général Hord et le général Dahldorf, dont le sentiment avait toujours été de ne pas tenter un combat dont la suite ne pouvait être que funeste, montrèrent au roi leurs estomacs couverts de blessures reçues à son service; et l'assurant qu'ils étaient prêts de mourir pour lui, ils le supplièrent que ce fût au moins dans une occasion plus nécessaire. « Je sais par « vos blessures et par les miennes, leur dit Char-« les XII, que nous avons vaillamment combattu en-« semble; vous avez fait votre devoir jusqu'à présent; « il faut le faire encore aujourd'hui. » Il n'y eut plus alors qu'à obéir; chacun eut honte de ne pas chercher de mourir avec le roi. Ce prince, préparé à l'assaut, se flattait en secret du plaisir et de l'honneur de soutenir avec trois cents Suédois les efforts de toute une armée. Il plaça chacun à son poste : son chancelier Muller, le secrétaire Ehrenpreus, et les clercs, devaient défendre la maison de la chancellerie; le baron Fief, à la tête des officiers de la bouche, était à un autre poste : les palefreniers, les cuisiniers, avaient un autre endroit à garder, car avec lui tout était soldat; il courait à cheval de ses retranchements à sa maison, promettant des récompenses à tout le monde, créant des officiers, et assurant de faire capitaines les moindres valets qui combattraient avec courage.

On ne fut pas long-temps sans voir l'armée des Turcs et des Tartares, qui venaient attaquer le petit retranchement avec dix pièces de canon et deux mortiers. Les queues de cheval flottaient en l'air, les clairons sonnaient, les cris de *alla, alla,* se fesaient entendre de tous côtés. Le baron de Grothusen remarqua que les Turcs ne mêlaient dans leurs cris aucune injure contre le roi, et qu'ils l'appelaient seulement *Demirbash,* tête de fer. Aussitôt il prend le parti de sortir seul sans armes des retranchements ; il s'avança dans les rangs des janissaires, qui presque tous avaient reçu de l'argent de lui. «Eh quoi! mes amis, « leur dit-il en propres mots, venez-vous massacrer « trois cents Suédois sans défense? Vous, braves ja- « nissaires, qui avez pardonné à cinquante mille Rus- « ses, quand ils vous ont crié *amman* (pardon), avez- « vous oublié les bienfaits que vous avez reçus de « nous? et voulez-vous assassiner ce grand roi de « Suède que vous aimez tant, et qui vous a fait tant « de libéralités? Mes amis, il ne demande que trois « jours, et les ordres du sultan ne sont pas si sévères « qu'on vous le fait croire. »

Ces paroles firent un effet que Grothusen n'attendait pas lui-même. Les janissaires jurèrent sur leurs barbes qu'ils n'attaqueraient point le roi, et qu'ils lui donneraient les trois jours qu'il demandait. En vain on donna le signal de l'assaut : les janissaires, loin d'obéir, menacèrent de se jeter sur leurs chefs, si l'on n'accordait pas trois jours au roi de Suède; ils vinrent en tumulte à la tente du bacha de Bender, criant que les ordres du sultan étaient supposés : à cette sédition inopinée, le bacha n'eut à opposer que la patience.

Il feignit d'être content de la généreuse résolution des janissaires, et leur ordonna de se retirer à Bender. Le kan des Tartares, homme violent, voulait donner immédiatement l'assaut avec ses troupes ; mais le bacha, qui ne prétendait pas que les Tartares eussent seuls l'honneur de prendre le roi, tandis qu'il serait puni peut-être de la désobéissance de ses janissaires, persuada au kan d'attendre jusqu'au lendemain.

Le bacha, de retour à Bender, assembla tous les officiers des janissaires et les plus vieux soldats; il leur lut et leur fit voir l'ordre positif du sultan et le fetfa du mufti. Soixante des plus vieux, qui avaient des barbes blanches vénérables, et qui avaient reçu mille présents des mains du roi, proposèrent d'aller eux-mêmes le supplier de se remettre entre leurs mains, et de souffrir qu'ils lui servissent de gardes.

Le bacha le permit; il n'y avait point d'expédient qu'il n'eût pris, plutôt que d'être réduit à faire tuer ce prince. Ces soixante vieillards allèrent donc le lendemain matin à Varnitza, n'ayant dans leurs mains que de longs bâtons blancs, seules armes des janissaires quand ils ne vont point au combat; car les Turcs regardent comme barbare la coutume des chrétiens de porter des épées en temps de paix, et d'entrer armés chez leurs amis et dans leurs églises.

Ils s'adressèrent au baron de Grothusen et au chancelier Muller; ils leur dirent qu'ils venaient dans le dessein de servir de fidèles gardes au roi; et que, s'il voulait, ils le conduiraient à Andrinople, où il pourrait parler lui-même au grand-seigneur. Dans le temps qu'ils fesaient cette proposition, le roi lisait des lettres qui arrivaient de Constantinople, et que Fabrice, qui ne pouvait plus le voir, lui avait fait tenir secrètement par un janissaire. Elles étaient du comte Poniatowski, qui ne pouvait le servir à Bender ni à Andrinople, étant retenu à Constantinople par ordre de la Porte, depuis l'indiscrète demande des mille bourses. Il mandait au roi que les ordres du sultan pour saisir ou massacrer sa personne royale, en cas de résistance, n'étaient que trop réels; qu'à la vérité le sultan était trompé par ses ministres, mais que plus l'empereur était trompé dans cette affaire, plus il voulait être obéi; qu'il fallait céder au temps et plier sous la nécessité; qu'il prenait la liberté de lui conseiller de tout tenter auprès des ministres par la voie des négociations; de ne point mettre de l'inflexibilité où il ne fallait que de la douceur, et d'attendre de la politique et du temps le remède à un mal que la violence aigrirait sans ressource.

Mais ni les propositions de ces vieux janissaires, ni les lettres de Poniatowski, ne purent donner seulement au roi l'idée qu'il pouvait fléchir sans déshonneur. Il aimait mieux mourir de la main des Turcs que d'être en quelque sorte leur prisonnier: il renvoya ces janissaires sans les vouloir voir, et leur fit dire que, s'ils ne se retiraient, il leur ferait couper la barbe, ce qui est dans l'Orient le plus outrageant de tous les affronts.

Les vieillards, remplis de l'indignation la plus vive, s'en retournèrent en criant: « Ah! la tête de fer! puis-« qu'il veut périr, qu'il périsse. » Ils vinrent rendre compte au bacha de leur commission, et apprendre à leurs camarades de Bender l'étrange réception qu'on leur avait faite. Tous jurèrent alors d'obéir aux ordres du bacha sans délai, et eurent autant d'impatience d'aller à l'assaut qu'ils en avaient eu peu le jour précédent. L'ordre est donné dans le moment: les Turcs marchent aux retranchements: les Tartares les attendaient déjà, et les canons commençaient à tirer.

Les janissaires d'un côté, et les Tartares de l'autre, forcent en un instant ce petit camp; à peine vingt Suédois tirèrent l'épée; les trois cents soldats furent enveloppés et faits prisonniers sans résistance. Le roi était alors à cheval, entre sa maison et son camp, avec les généraux Hord, Dahldorf, et Sparre: voyant que tous les soldats s'étaient laissé prendre en sa présence, il dit de sang froid à ces trois officiers: « Allons défendre la maison; nous combattrons, ajou-« ta-t-il en souriant, *pro aris et focis.* »

Aussitôt il galope avec eux vers cette maison, où il avait mis environ quarante domestiques en sentinelle, et qu'on avait fortifiée du mieux qu'on avait pu.

Ces généraux, tout accoutumés qu'ils étaient à l'opiniâtre intrépidité de leur maître, ne pouvaient se lasser d'admirer qu'il voulût de sang froid, et en plaisantant, se défendre contre dix canons et toute une armée; ils le suivirent avec quelques gardes et quelques domestiques, qui fesaient en tout vingt personnes.

Mais quand ils furent à la porte, ils la trouvèrent assiégée de janissaires; déjà même près de deux cents Turcs ou Tartares étaient entrés par une fenêtre, et s'étaient rendus maîtres de tous les appartements, à la réserve d'une grande salle où les domestiques du roi s'étaient retirés. Cette salle était heureusement près de la porte par où le roi voulait entrer avec sa petite troupe de vingt personnes; il s'était jeté en bas de son cheval, le pistolet et l'épée à la main, et sa suite en avait fait autant.

Les janissaires tombent sur lui de tous côtés; ils

étaient animés par la promesse qu'avait faite le bacha de huit ducats d'or à chacun de ceux qui auraient seulement touché son habit, en cas qu'on pût le prendre. Il blessait et il tuait tous ceux qui s'approchaient de sa personne. Un janissaire qu'il avait blessé lui appuya son mousqueton sur le visage : si le bras du Turc n'avait fait un mouvement causé par la foule, qui allait et qui venait comme des vagues, le roi était mort: la balle glissa sur son nez, lui emporta un bout de l'oreille, et alla casser le bras au général Hord, dont la destinée était d'être toujours blessé à côté de son maître[1].

Le roi enfonça son épée dans l'estomac du janissaire; en même temps ses domestiques, qui étaient enfermés dans la grande salle, en ouvrent la porte: le roi entre comme un trait, suivi de sa petite troupe; on referme la porte dans l'instant, et on la barricade avec tout ce qu'on peut trouver. Voilà Charles XII dans cette salle, enfermé avec toute sa suite, qui consistait en près de soixante hommes, officiers, gardes, secrétaires, valets de chambre, domestiques de toute espèce.

Les janissaires et les Tartares pillaient le reste de la maison, et remplissaient les appartements. « Allons « un peu chasser de chez moi ces barbares », dit-il; et se mettant à la tête de son monde, il ouvrit lui-même la porte de la salle, qui donnait dans son appartement à coucher; il entre, et fait feu sur ceux qui pillaient.

[1] Voyez page 200. B.

Les Turcs, chargés de butin, épouvantés de la subite apparition de ce roi qu'ils étaient accoutumés à respecter, jettent leurs armes, sautent par la fenêtre, ou se retirent jusque dans les caves : le roi profitant de leur désordre, et les siens animés par le succès, poursuivent les Turcs de chambre en chambre, tuent ou blessent ceux qui ne fuient point, et en un quart d'heure nettoient la maison d'ennemis.

Le roi aperçut, dans la chaleur du combat, deux janissaires qui se cachaient sous son lit : il en tua un d'un coup d'épée; l'autre lui demanda pardon en criant *amman*. « Je te donne la vie, dit le roi au Turc, à con-
« dition que tu iras faire au bacha un fidèle récit de ce
« que tu as vu. » Le Turc promit aisément ce qu'on voulut, et on lui permit de sauter par la fenêtre comme les autres.

Les Suédois étant enfin maîtres de la maison, refermèrent et barricadèrent encore les fenêtres. Ils ne manquaient point d'armes: une chambre basse, pleine de mousquets et de poudre, avait échappé à la recherche tumultueuse des janissaires; on s'en servit à propos; les Suédois tiraient à travers les fenêtres, presque à bout portant, sur cette multitude de Turcs, dont ils tuèrent deux cents en moins d'un demi-quart d'heure.

Le canon tirait contre la maison; mais les pierres étant fort molles, il ne fesait que des trous, et ne renversait rien.

Le kan des Tartares et le bacha, qui voulaient prendre le roi en vie, honteux de perdre du monde et d'occuper une armée entière contre soixante personnes, jugèrent à propos de mettre le feu à la maison, pour obliger le roi de se rendre. Ils firent lancer sur le toit, contre les portes et contre les fenêtres, des flèches entortillées de mèches allumées : la maison fut en flammes en un moment. Le toit tout embrasé était prêt à fondre sur les Suédois. Le roi donna tranquillement ses ordres pour éteindre le feu. Trouvant un petit baril plein de liqueur, il prend le baril lui-même, et, aidé de deux Suédois, il le jette à l'endroit où le feu était le plus violent. Il se trouva que ce baril était rempli d'eau-de-vie; mais la précipitation, inséparable d'un tel embarras, empêcha d'y penser. L'embrasement redoubla avec plus de rage : l'appartement du roi était consumé; la grande salle, où les Suédois se tenaient, était remplie d'une fumée affreuse, mêlée de tourbillons de feu qui entraient par les portes des appartements voisins; la moitié du toit était abîmée dans la maison même, l'autre tombait en dehors en éclatant dans les flammes.

Un garde, nommé Walberg, osa, dans cette extrémité, crier qu'il fallait se rendre. « Voilà un étrange « homme, dit le roi, qui s'imagine qu'il n'est pas plus « beau d'être brûlé que d'être prisonnier. » Un autre garde, nommé Rosen, s'avisa de dire que la maison de la chancellerie, qui n'était qu'à cinquante pas, avait un toit de pierre, et était à l'épreuve du feu; qu'il fallait faire une sortie, gagner cette maison, et s'y défendre. « Voilà un vrai Suédois! » s'écria le roi : il embrassa ce garde, et le créa colonel sur-le-champ. « Al-

« lons, mes amis, dit-il, prenez avec vous le plus de
« poudre et de plomb que vous pourrez, et gagnons
« la chancellerie, l'épée à la main. »

Les Turcs, qui cependant entouraient cette maison
tout embrasée, voyaient avec une admiration mêlée
d'épouvante que les Suédois n'en sortaient point; mais
leur étonnement fut encore plus grand lorsqu'ils virent ouvrir les portes, et le roi et les siens fondre sur
eux en désespérés. Charles et ses principaux officiers
étaient armés d'épées et de pistolets : chacun tira deux
coups à-la-fois à l'instant que la porte s'ouvrit; et dans
le même clin d'œil, jetant leurs pistolets et s'armant
de leurs épées, ils firent reculer les Turcs plus de
cinquante pas. Mais, le moment d'après, cette petite
troupe fut entourée : le roi, qui était en bottes, selon
sa coutume, s'embarrassa dans ses éperons, et tomba :
vingt et un janissaires se jettent aussitôt sur lui; il jette
en l'air son épée, pour s'épargner la douleur de la rendre : les Turcs l'emmènent au quartier du bacha; les
uns le tenant sous les jambes, les autres sous les
bras, comme on porte un malade que l'on craint
d'incommoder.

Au moment que le roi se vit saisi, la violence de
son tempérament, et la fureur où un combat si long
et si terrible avait dû le mettre, firent place tout-à-coup à la douceur et à la tranquillité. Il ne lui échappa
pas un mot d'impatience, pas un coup d'œil de colère. Il regardait les janissaires en souriant, et ceux-ci le portaient en criant *alla*, avec une indignation
mêlée de respect. Ses officiers furent pris au même

temps, et dépouillés par les Turcs et par les Tartares. Ce fut le 12 février de l'an 1713 qu'arriva cet étrange événement, qui eut encore des suites singulières[a].

[a] M. Nordberg, qui n'était pas présent à cet événement, n'a fait que suivre ici dans son histoire celle de M. de Voltaire: mais il l'a tronquée, il en a supprimé les circonstances intéressantes, et n'a pu justifier la témérité de Charles XII. Tout ce qu'il a pu dire contre M. de Voltaire, au sujet de cette affaire de Bender, se réduit à l'aventure du sieur Frédéric, valet de chambre du roi de Suède, que quelques uns prétendaient avoir été brûlé dans la maison du roi, et que d'autres disaient avoir été coupé en deux par les Tartares. La Motraye prétend aussi que le roi de Suède ne dit point ces paroles, « Nous combattrons *pro aris et focis* ; » mais M. Fabrice, qui était présent, assure que le roi prononça ces mots que La Motraye n'était pas plus à portée d'écouter qu'il n'était capable de les comprendre, ne sachant pas un mot de latin.—Cette note existe dès 1748. B.

FIN DU LIVRE SIXIÈME.

LIVRE SEPTIÈME.

ARGUMENT.

Les Turcs transfèrent Charles à Démirtash. Le roi Stanislas est pris dans le même temps. Action hardie de M. de Villelongue. Révolution dans le sérail. Bataille donnée en Poméranie. Altena brûlé par les Suédois. Charles part enfin pour retourner dans ses états. Sa manière étrange de voyager. Son arrivée à Stralsund. Disgraces de Charles. Succès de Pierre-le-Grand. Son triomphe dans Pétersbourg.

Le bacha de Bender attendait Charles gravement dans sa tente, ayant près de lui Marco pour interprète. Il reçut ce prince avec un profond respect, et le supplia de se reposer sur un sopha; mais le roi ne prenant pas seulement garde aux civilités du Turc, se tint debout dans la tente.

« Le Tout-Puissant soit béni, dit le bacha, de ce que « ta majesté est en vie! mon désespoir est amer d'a-« voir été réduit par ta majesté à exécuter les ordres « de sa hautesse. » Le roi, fâché seulement de ce que ses trois cents soldats s'étaient laissé prendre dans leurs retranchements, dit au bacha : « Ah! s'ils s'é-« taient défendus comme ils devaient, on ne nous au-« rait pas forcés en dix jours. — Hélas! dit le Turc, « voilà du courage bien mal employé. » Il fit reconduire le roi à Bender sur un cheval richement caparaçonné. Ses Suédois étaient ou tués ou pris; tout son équipage, ses meubles, ses papiers, ses hardes les plus nécessaires, pillés ou brûlés ; on voyait sur les chemins les officiers suédois presque nus, enchaînés deux à deux, et suivant à pied des Tartares ou des janissaires. Le chancelier, les généraux, n'avaient point un autre sort ; ils étaient esclaves des soldats auxquels ils étaient échus en partage.

Ismaël bacha, ayant conduit Charles XII dans son sérail de Bender, lui céda son appartement, et le fit servir en roi, non sans prendre la précaution de mettre des janissaires en sentinelle à la porte de la chambre. On lui prépara un lit ; mais il se jeta tout botté sur un sopha, et dormit profondément. Un officier, qui se tenait debout auprès de lui, lui couvrit la tête d'un bonnet, que le roi jeta en se réveillant de son premier sommeil ; et le Turc voyait avec étonnement un souverain qui couchait en bottes et nu-tête. Le lendemain matin Ismaël introduisit Fabrice dans la chambre du roi. Fabrice trouva ce prince avec ses habits déchirés, ses bottes, ses mains, et toute sa personne, couvertes de sang et de poudre, les sourcils brûlés, mais l'air serein dans cet état affreux. Il se jeta à genoux devant lui, sans pouvoir proférer une parole : rassuré bientôt par la manière libre et douce dont le roi lui parlait, il reprit avec lui sa familiarité ordinaire, et tous deux s'entretinrent en riant du combat de Bender. « On « prétend, dit Fabrice, que votre majesté a tué vingt « janissaires de sa main. — Bon, bon, dit le roi, on « augmente toujours les choses de la moitié. » Au milieu de cette conversation, le bacha présenta au roi son favori Grothusen et le colonel Ribbing, qu'il avait eu la générosité de racheter à ses dépens. Fabrice se chargea de la rançon des autres prisonniers.

Jeffreys, l'envoyé d'Angleterre, se joignit à lui pour fournir à cette dépense. Un Français que la curiosité avait amené à Bender[1], et qui a écrit une partie des événements que l'on rapporte, donna aussi ce qu'il avait. Ces étrangers, assistés des soins et même de l'argent du bacha, rachetèrent non seulement les officiers, mais encore leurs habits, des mains des Turcs et des Tartares.

Dès le lendemain on conduisit le roi prisonnier dans un chariot couvert d'écarlate sur le chemin d'Andrinople : son trésorier Grothusen était avec lui : le chancelier Muller et quelques officiers suivaient dans un autre char : plusieurs étaient à cheval, et lorsqu'ils jetaient les yeux sur le chariot où était le roi, ils ne pouvaient retenir leurs larmes. Le bacha était à la tête de l'escorte. Fabrice lui représenta qu'il était honteux de laisser le roi sans épée, et le pria de lui en donner une. « Dieu m'en préserve ! dit le bacha, « il voudrait nous en couper la barbe. » Cependant il la lui rendit quelques heures après.

Comme on conduisait ainsi prisonnier et désarmé ce roi qui, peu d'années auparavant, avait donné la loi à tant d'états, et qui s'était vu l'arbitre du Nord et la terreur de l'Europe, on vit au même endroit un autre exemple de la fragilité des grandeurs humaines.

---

[1] Ce texte est de 1748. Dans les éditions antérieures, il y avait : « La « Motraye, ce gentilhomme français, que la curiosité, etc. ; » et en note: « On s'est éloigné souvent des mémoires du sieur de La Motraye pour suivre « ceux de MM. Fabrice, de Sierville, Jeffreys et de Villelongue. » B.

Le roi Stanislas avait été arrêté sur les terres des Turcs, et on l'amenait prisonnier à Bender, dans le temps même qu'on transférait Charles XII.

Stanislas n'étant plus soutenu par la main qui l'avait fait roi, se trouvant sans argent, et par conséquent sans parti en Pologne, s'était retiré d'abord en Poméranie; et ne pouvant plus conserver son royaume, il avait défendu autant qu'il l'avait pu les états de son bienfaiteur. Il avait même passé en Suède, pour précipiter les secours dont on avait besoin dans la Poméranie et dans la Livonie : il avait fait tout ce qu'on devait attendre de l'ami de Charles XII. En ce temps, le premier roi de Prusse [1], prince très sage, s'inquiétant avec raison du voisinage des Moscovites, imagina de se liguer avec Auguste et la république de Pologne, pour renvoyer les Russes dans leur pays, et de faire entrer Charles XII lui-même dans ce projet. Trois grands événements devaient en être le fruit : la paix du Nord, le retour de Charles dans ses états, et une barrière opposée aux Russes, devenus formidables à l'Europe. Le préliminaire de ce traité, dont dépendait la tranquillité publique, était l'abdication de Stanislas. Non seulement Stanislas l'accepta, mais il se chargea d'être le négociateur d'une paix qui lui enlevait la couronne; la nécessité, le bien public, la gloire du sacrifice, et l'intérêt de Charles, à qui il devait tout, et qu'il aimait, le déterminèrent. Il écrivit à Bender : il exposa au roi de Suède l'état des affaires, les malheurs, et le remède : il le conjura de ne

---

[1] Voyez une note, tome XXI, sur le chapitre VI du *Précis du Siècle de Louis XV*. B.

point s'opposer à une abdication devenue nécessaire par les conjonctures, et honorable par les motifs; il le pressa de ne point immoler les intérêts de la Suède à ceux d'un ami malheureux, qui s'immolait au bien public sans répugnance. Charles XII reçut ces lettres à Varnitza; il dit en colère au courrier, en présence de plusieurs témoins : « Si mon ami ne veut pas être « roi, je saurai bien en faire un autre. »

Stanislas s'obstina au sacrifice que Charles refusait. Ces temps étaient destinés à des sentiments et à des actions extraordinaires. Stanislas voulut aller lui-même fléchir Charles; et il hasarda, pour abdiquer un trône, plus qu'il n'avait fait pour s'en emparer. Il se déroba un jour, à dix heures du soir, de l'armée suédoise qu'il commandait en Poméranie, et partit avec le baron Sparre, qui a été depuis ambassadeur en Angleterre et en France, et avec un autre colonel. Il prend le nom d'un Français, nommé Haran, alors major au service de Suède, et qui est mort depuis commandant de Dantzick. Il côtoie toute l'armée des ennemis : arrêté plusieurs fois et relâché sur un passe-port obtenu au nom de Haran, il arrive enfin, après bien des périls, aux frontières de Turquie.

Quand il est arrivé en Moldavie, il renvoie à son armée le baron Sparre, entre dans Yassi, capitale de la Moldavie, se croyant en sûreté dans un pays où le roi de Suède avait été si respecté : il était bien loin de soupçonner ce qui se passait alors.

On lui demande qui il est : il se dit major d'un régiment au service de Charles XII. On l'arrête à ce seul nom; il est mené devant le hospodar de Moldavie, qui, sachant déjà par les gazettes que Stanislas s'était éclipsé de son armée, concevait quelques soupçons de la vérité. On lui avait dépeint la figure du roi, très aisé à reconnaître à un visage plein et aimable, et à un air de douceur assez rare.

Le hospodar l'interrogea, lui fit beaucoup de questions captieuses, et enfin lui demanda quel emploi il avait dans l'armée suédoise. Stanislas et le hospodar parlaient latin. *Major sum*, lui dit Stanislas ; *imo maximus es*, lui répondit le Moldave ; et aussitôt, lui présentant un fauteuil, il le traita en roi ; mais aussi il le traita en roi prisonnier, et on fit une garde exacte autour d'un couvent grec, dans lequel il fut obligé de rester jusqu'à ce qu'on eût des ordres du sultan. Les ordres vinrent de le conduire à Bender, dont on fesait partir Charles.

La nouvelle en vint au bacha dans le temps qu'il accompagnait le chariot du roi de Suède. Le bacha le dit à Fabrice : celui-ci s'approchant du chariot de Charles XII, lui apprit qu'il n'était pas le seul roi prisonnier entre les mains des Turcs, et que Stanislas était à quelques milles de lui, conduit par des soldats. « Courez à lui, mon cher Fabrice, lui dit Charles, « sans se déconcerter d'un tel accident : dites-lui bien « qu'il ne fasse jamais de paix avec le roi Auguste, et « assurez-le que dans peu nos affaires changeront. » Telle était l'inflexibilité de Charles dans ses opinions, que, tout abandonné qu'il était en Pologne, tout poursuivi dans ses propres états, tout captif dans une litière turque, conduit prisonnier, sans savoir où on le menait, il comptait encore sur sa fortune, et espérait toujours un secours de cent mille hommes de la Porte ottomane. Fabrice courut s'acquitter de sa commission, accompagné d'un janissaire, avec la permission du bacha. Il trouva à quelques milles le gros de soldats qui conduisait Stanislas : il s'adressa au milieu d'eux à un cavalier vêtu à la française et assez mal monté, et lui demanda en allemand où était le roi de Pologne. Celui à qui il parla était Stanislas lui-même, qu'il n'avait pas reconnu sous ce déguisement. « Hé « quoi ! dit le roi, ne vous souvenez-vous donc plus « de moi ? » Alors Fabrice lui apprit le triste état où était le roi de Suède, et la fermeté inébranlable, mais inutile, de ses desseins.

Quand Stanislas fut près de Bender, le bacha, qui revenait après avoir accompagné Charles XII quelques milles, envoya au roi polonais un cheval arabe avec un harnais magnifique.

Il fut reçu dans Bender au bruit de l'artillerie, et, à la liberté près qu'il n'eut pas d'abord, il n'eut point à se plaindre du traitement qu'on lui fit[a]. Cependant on conduisait Charles sur le chemin d'Andrinople. Cette ville était déjà remplie du bruit de son combat. Les Turcs le condamnaient et l'admiraient ; mais le divan irrité menaçait déjà de le reléguer dans une île de l'Archipel.

Le roi de Pologne, Stanislas, qui m'a fait l'honneur de m'apprendre la plupart de ces particularités,

---

[a] Le bon chapelain Nordberg prétend qu'on se contredit ici en disant que le roi Stanislas fut retenu en prisonnier et servi en roi dans Bender. Comment ce pauvre homme ne voyait-il pas qu'on peut être à-la-fois honoré et prisonnier ?

m'a confirmé aussi qu'il fut proposé dans le divan de le confiner lui-même dans une île de la Grèce ; mais, quelques mois après, le grand-seigneur, adouci, le laissa partir.

M. Désaleurs, qui aurait pu prendre le parti de Charles, et empêcher qu'on ne fît cet affront aux rois chrétiens, était à Constantinople, aussi bien que M. Poniatowski, dont on craignait toujours le génie fécond en ressources. La plupart des Suédois, restés dans Andrinople, étaient en prison ; le trône du sultan paraissait inaccessible de tous côtés aux plaintes du roi de Suède.

Le marquis de Fierville, envoyé secrètement de la part de la France auprès de Charles à Bender, était pour lors à Andrinople. Il osa imaginer de rendre service à ce prince dans le temps que tout l'abandonnait ou l'opprimait. Il fut heureusement secondé dans ce dessein par un gentilhomme français, d'une ancienne maison de Champagne, nommé de Villelongue, homme intrépide, qui, n'ayant pas alors une fortune selon son courage, et charmé d'ailleurs de la réputation du roi de Suède, était venu chez les Turcs dans le dessein de se mettre au service de ce prince.

M. de Fierville, avec l'aide de ce jeune homme, écrivit un mémoire au nom du roi de Suède, dans lequel ce monarque demandait vengeance au sultan de l'insulte faite en sa personne à toutes les têtes couronnées, et de la trahison vraie ou fausse du kan et du bacha de Bender.

On y accusait le vizir et les autres ministres d'avoir été corrompus par les Moscovites, d'avoir trompé le grand-seigneur, d'avoir empêché les lettres du roi de parvenir jusqu'à sa hautesse, et d'avoir, par ses artifices, arraché du sultan cet ordre si contraire à l'hospitalité musulmane, par lequel on avait violé le droit des nations d'une manière si indigne d'un grand empereur, en attaquant avec vingt mille hommes un roi qui n'avait, pour se défendre, que ses domestiques, et qui comptait sur la parole sacrée du sultan.

Quand ce mémoire fut écrit, il fallut le faire traduire en turc, et l'écrire d'une écriture particulière sur un papier fait exprès, dont on doit se servir pour tout ce qu'on présente au sultan.

On s'adressa à quelques interprètes français qui étaient dans la ville; mais les affaires du roi de Suède étaient si désespérés, et le vizir déclaré si ouvertement contre lui, qu'aucun interprète n'osa seulement traduire l'écrit de M. de Fierville. On trouva enfin un autre étranger, dont la main n'était point connue à la Porte, qui, moyennant quelque récompense et l'assurance d'un secret profond, traduisit le mémoire en turc, et l'écrivit sur le papier convenable : le baron d'Arvidson, officier des troupes de Suède, contrefit la signature du roi. Fierville, qui avait le sceau royal, l'apposa à l'écrit, et on cacheta le tout avec les armes de Suède. Villelongue se chargea de remettre lui-même ce paquet entre les mains du grand-seigneur, lorsqu'il irait à la mosquée, selon la coutume. On s'était déjà servi d'une pareille voie pour présenter au sultan des mémoires contre ses ministres; mais cela même rendait le succès de cette entreprise plus difficile, et le danger beaucoup plus grand.

Le vizir, qui prévoyait que les Suédois demanderaient justice à son maître, et qui n'était que trop instruit par le malheur de ses prédécesseurs, avait expressément défendu qu'on laissât approcher personne du grand-seigneur, et avait ordonné surtout qu'on arrêtât tous ceux qui se présenteraient auprès de la mosquée avec des placets.

Villelongue savait cet ordre, et n'ignorait pas qu'il y allait de sa tête. Il quitta son habit franc, prit un vêtement à la grecque; et ayant caché dans son sein la lettre qu'il voulait présenter, il se promena de bonne heure près de la mosquée où le grand-seigneur devait aller. Il contrefit l'insensé, s'avança en dansant au milieu de deux haies de janissaires, entre lesquelles le grand-seigneur allait passer; il laissait tomber exprès quelques pièces d'argent de ses poches pour amuser les gardes.

Dès que le sultan approcha, on voulut faire retirer Villelongue; il se jeta à genoux, et se débattit entre les mains des janissaires : son bonnet tomba; de grands cheveux qu'il portait le firent reconnaître pour un Franc : il reçut plusieurs coups, et fut très maltraité. Le grand-seigneur, qui était déjà proche, entendit ce tumulte, et en demanda la cause. Villelongue lui cria de toutes ses forces: *amman! amman! miséricorde!* en tirant la lettre de son sein. Le sultan commanda qu'on le laissât approcher. Villelongue court à lui dans le moment, embrasse son étrier, et lui présente l'écrit en lui disant : *Suet kral dan,* c'est le roi de Suède qui te le donne. Le sultan mit la lettre dans son sein, et continua son chemin vers la mosquée. Cependant on s'assure de Villelongue, et on le conduit en prison dans les bâtiments extérieurs du sérail.

Le sultan, au sortir de la mosquée, après avoir lu la lettre, voulut lui-même interroger le prisonnier. Ce que je raconte ici paraîtra peut-être peu croyable; mais enfin je n'avance rien que sur la foi des lettres de M. de Villelongue lui-même; quand un si brave officier assure un fait sur son honneur, il mérite quelque créance. Il m'a donc assuré que le sultan quitta l'habit impérial, comme aussi le turban particulier qu'il porte, et se déguisa en officier des janissaires, ce qui lui arrivait assez souvent. Il amena avec lui un vieillard de l'île de Malte, qui lui servit d'interprète. A la faveur de ce déguisement, Villelongue jouit d'un honneur qu'aucun ambassadeur chrétien n'a jamais eu : il eut tête à tête une conférence d'un quart d'heure avec l'empereur turc. Il ne manqua pas d'expliquer les griefs du roi de Suède, d'accuser les ministres, et de demander vengeance avec d'autant plus de liberté, qu'en parlant au sultan même, il était censé ne parler qu'à son égal. Il avait reconnu aisément le grand-seigneur malgré l'obscurité de la prison, et il n'en fut que plus hardi dans la conversation. Le prétendu officier des janissaires dit à Villelongue ces propres paroles : « Chrétien, assure-toi que le sultan mon maître « a l'ame d'un empereur, et que si ton roi de Suède a « raison, il lui fera justice. » Villelongue fut bientôt élargi : on vit, quelques semaines après, un changement subit dans le sérail, dont les Suédois attribuèrent la cause à cette unique conférence. Le mufti fut déposé; le kan des Tartares exilé à Rhodes, et le sérasquier bacha de Bender relégué dans une île de l'Archipel.

La Porte ottomane est si sujette à de pareils orages, qu'il est bien difficile de décider si en effet le sultan voulait apaiser le roi de Suède par ces sacrifices. La manière dont ce prince fut traité ne prouve pas que la Porte s'empressât beaucoup à lui plaire.

Le favori Ali Coumourgi fut soupçonné d'avoir fait seul tous ces changements pour ses intérêts particuliers. On dit qu'il fit exiler le kan de Tartarie et le sérasquier de Bender, sous prétexte qu'ils avaient délivré au roi les douze cents bourses, malgré l'ordre du grand-seigneur. Il mit sur le trône des Tartares le frère du kan déposé, jeune homme de son âge, qui aimait peu son frère, et sur lequel Ali Coumourgi comptait beaucoup dans les guerres qu'il méditait. A l'égard du grand-vizir Jussuf, il ne fut déposé que quelques semaines après, et Soliman bacha eut le titre de premier vizir.

Je suis obligé de dire que M. de Villelongue et plusieurs Suédois m'ont assuré que la simple lettre présentée au sultan au nom du roi avait causé tous ces grands changements à la Porte; mais M. de Fierville m'a, de son côté, assuré tout le contraire. J'ai trouvé quelquefois de pareilles contrariétés dans les mémoires que l'on m'a confiés. En ce cas, tout ce que doit faire un historien, c'est de conter ingénument le fait, sans vouloir pénétrer les motifs, et de se borner à dire précisément ce qu'il sait, au lieu de deviner ce qu'il ne sait pas.

Cependant on avait conduit Charles XII dans le petit château de Démirtash auprès d'Andrinople. Une foule innombrable de Turcs s'était rendue en cet endroit pour voir arriver ce prince : on le transporta de son chariot au château sur un sopha; mais Charles, pour n'être point vu de cette multitude, se mit un carreau sur la tête.

La Porte se fit prier quelques jours de souffrir qu'il habitât à Démotica, petite ville à six lieues d'Andrinople, près du fameux fleuve Hébrus, aujourd'hui appelé Mérizza. Coumourgi dit au grand-vizir Soliman : « Va, fais avertir le roi de Suède qu'il peut res-
« ter à Démotica toute sa vie : je te réponds qu'avant
« un an il demandera à s'en aller de lui-même; mais
« surtout ne lui fais point tenir d'argent. »

Ainsi on transféra le roi à la petite ville de Démotica, où la Porte lui assigna un thaïm considérable de provisions pour lui et pour sa suite; on lui accorda seulement vingt-cinq écus par jour en argent, pour acheter du cochon et du vin, deux sortes de provisions que les Turcs ne fournissent pas; mais la bourse de cinq cents écus par jour qu'il avait à Bender lui fut retranchée.

A peine fut-il à Démotica avec sa petite cour, qu'on déposa le grand-vizir Soliman; sa place fut donnée à Ibrahim Molla, fier, brave, et grossier, à l'excès. Il n'est pas inutile de savoir son histoire, afin que l'on connaisse plus particulièrement tous ces vice-rois de l'empire ottoman, dont la fortune de Charles a si longtemps dépendu.

Il avait été simple matelot à l'avénement du sultan

Achmet III. Cet empereur se déguisait souvent en homme privé, en iman, ou en dervis; il se glissait le soir dans les cafés de Constantinople, et dans les lieux publics, pour entendre ce qu'on disait de lui, et pour recueillir par lui-même les sentiments du peuple. Il entendit un jour ce Molla qui se plaignait que les vaisseaux turcs ne revenaient jamais avec des prises, et qui jurait que s'il était capitaine de vaisseau il ne rentrerait jamais dans le port de Constantinople sans ramener avec lui quelque bâtiment des infidèles. Le grand-seigneur ordonna dès le lendemain qu'on lui donnât un vaisseau à commander, et qu'on l'envoyât en course. Le nouveau capitaine revint quelques jours après avec une barque maltaise et une galiote de Gênes. Au bout de deux ans on le fit capitaine général de la mer, et enfin grand-vizir. Dès qu'il fut dans ce poste, il crut pouvoir se passer du favori; et pour se rendre nécessaire, il projeta de faire la guerre aux Moscovites : dans cette intention il fit dresser une tente près de l'endroit où demeurait le roi de Suède.

Il invita ce prince à l'y venir trouver avec le nouveau kan des Tartares, et l'ambassadeur de France. Le roi, d'autant plus altier qu'il était malheureux, regardait comme le plus sensible des affronts qu'un sujet osât l'envoyer chercher : il ordonna à son chancelier Muller d'y aller à sa place; et de peur que les Turcs ne lui manquassent de respect, et ne le forçassent à commettre sa dignité, ce prince, extrême en tout, se mit au lit, et résolut de n'en pas sortir tant qu'il serait à Démotica. Il resta dix mois couché, feignant d'être malade : le chancelier Muller, Grothusen., et le colonel Duben, étaient les seuls qui mangeassent avec lui. Ils n'avaient aucune des commodités dont les Francs se servent; tout avait été pillé à l'affaire de Bender; de sorte qu'il s'en fallait bien qu'il y eût dans leurs repas de la pompe et de la délicatesse. Ils se servaient eux-mêmes : et ce fut le chancelier Muller qui fit pendant tout ce temps la fonction de cuisinier.

Tandis que Charles XII passait sa vie dans son lit, il apprit la désolation de toutes ses provinces situées hors de la Suède.

Le général Stenboch, illustre pour avoir chassé les Danois de la Scanie, et pour avoir vaincu leurs meilleures troupes avec des paysans, soutint encore quelque temps la réputation des armes suédoises. Il défendit autant qu'il put la Poméranie et Brême, et ce que le roi possédait encore en Allemagne; mais il ne put empêcher les Saxons et les Danois réunis d'assiéger Stade, ville forte et considérable, située près de l'Elbe dans le duché de Brême. La ville fut bombardée et réduite en cendres, et la garnison obligée de se rendre à discrétion, avant que Stenboch pût s'avancer pour la secourir.

Ce général, qui avait environ douze mille hommes, dont la moitié était cavalerie, poursuivit les ennemis qui étaient une fois plus forts, et les atteignit enfin dans le duché de Mecklenbourg, près d'un lieu nommé Gadebesk, et d'une petite rivière qui porte ce nom : il arriva vis-à-vis des Saxons et des Danois le 20 décembre 1712. Il était séparé d'eux par un marais. Les ennemis, campés derrière ce marais, étaient appuyés à un bois : ils avaient l'avantage du nombre et du terrain, et on ne pouvait aller à eux qu'en traversant le marécage sous le feu de leur artillerie.

Stenbock passe à la tête de ses troupes, arrive en ordre de bataille, et engage un des combats les plus sanglants et les plus acharnés qui se fussent encore donnés entre ces deux nations rivales. Après trois heures de cette mêlée si vive, les Danois et les Saxons furent enfoncés et quittèrent le champ de bataille.

Un fils du roi Auguste et de la comtesse de Koënigsmarck, connu sous le nom de comte de Saxe, fit dans cette bataille son apprentissage de l'art de la guerre. C'est ce même comte de Saxe qui eut depuis l'honneur d'être élu duc de Courlande, et à qui il n'a manqué que la force pour jouir du droit le plus incontestable qu'un homme puisse jamais avoir sur une souveraineté, je veux dire les suffrages unanimes du peuple. C'est lui [1] qui s'est acquis depuis une gloire plus réelle en sauvant la France à la bataille de Fontenoi, en conquérant la Flandre, et en méritant la réputation du plus grand général de nos jours. Il commandait un régiment à Gadebesk, et y eut un cheval tué sous lui : je lui ai entendu dire que les Suédois gardèrent toujours leurs rangs, et que même après que la victoire fut décidée, les premières lignes de ces braves troupes ayant à leurs pieds leurs ennemis morts, il n'y eut pas un soldat suédois qui osât seulement se baisser pour les dépouiller, avant que la prière eût été faite sur le champ de bataille,

---

[1] Cette phrase fut ajoutée en 1748. B.

tant ils étaient inébranlables dans la discipline sévère à laquelle leur roi les avait accoutumés.

Stenbock, après cette victoire, se souvenant que les Danois avaient mis Stade en cendres, alla s'en venger sur Altena, qui appartient au roi de Danemark. Altena est au-dessous de Hambourg, sur le fleuve de l'Elbe, qui peut apporter dans son port d'assez gros vaisseaux. Le roi de Danemark favorisait cette ville de beaucoup de priviléges; son dessein était d'y établir un commerce florissant : déjà même l'industrie des Altenais, encouragée par les sages vues du roi, commençait à mettre leur ville au nombre des villes commerçantes et riches. Hambourg en concevait de la jalousie, et ne souhaitait rien tant que sa destruction. Dès que Stenbock fut à la vue d'Altena, il envoya dire par un trompette aux habitants qu'ils eussent à se retirer avec ce qu'ils pourraient emporter d'effets, et qu'on allait détruire leur ville de fond en comble.

Les magistrats vinrent se jeter à ses pieds, et offrirent cent mille écus de rançon. Stenbock en demanda deux cent mille. Les Altenais supplièrent qu'il leur fût permis au moins d'envoyer à Hambourg où étaient leurs correspondances, et assurèrent que le lendemain ils apporteraient cette somme : le général suédois répondit qu'il fallait la donner sur l'heure, ou qu'on allait embraser Altena sans délai [1].

---

[1] Entre cet alinéa et le suivant, il y avait dans la première édition : « On « disait que les Hambourgeois avaient donné secrètement à Stenbock une « grosse somme pour acheter la ruine de cette ville, qui leur fesait ombrage; « et que Stenbock, dans cette sévérité, satisfaisait également ses intérêts, sa

Ses troupes étaient dans le faubourg, le flambeau à la main : une faible porte de bois et un fossé déjà comblé étaient les seules défenses des Altenais. Ces malheureux furent obligés de quitter leurs maisons avec précipitation au milieu de la nuit : c'était le 9 janvier 1713 : il fesait un froid rigoureux, augmenté par un vent de nord violent, qui servit à étendre l'embrasement avec plus de promptitude dans la ville, et à rendre plus insupportables les extrémités où le peuple fut réduit dans la campagne. Les hommes, les femmes, courbés sous le fardeau des meubles qu'ils emportaient, se réfugièrent, en pleurant et en poussant des hurlements, sur les coteaux voisins, qui étaient couverts de glace. On voyait plusieurs jeunes gens qui portaient sur leurs épaules des vieillards paralytiques. Quelques femmes nouvellement accouchées emportèrent leurs enfants, et moururent de froid avec eux sur la colline, en regardant de loin les flammes qui consumaient leur patrie. Tous les habitants n'étaient pas encore sortis de la ville, lorsque les Suédois y mirent le feu. Altena brûla depuis minuit jusqu'à dix heures du matin. Presque toutes les maisons étaient de bois : tout fut consumé; et il ne parut pas le lendemain qu'il y eût eu une ville en cet endroit.

Les vieillards, les malades, et les femmes les plus délicates, réfugiés dans les glaces pendant que leurs

---

« vengeance, et celle de son maître. » Ce passage et celui qui forme la note suivante, furent le sujet d'une réclamation dans la *Bibliothèque raisonnée*, réclamation à l'occasion de laquelle Voltaire écrivit le morceau intitulé : *Aux auteurs de la Bibliothèque raisonnée*, 1732; voyez tome XXXVII, page 97. B.

maisons étaient en feu, se traînèrent aux portes de Hambourg, et supplièrent qu'on leur ouvrît et qu'on leur sauvât la vie : mais [1] on refusa de les recevoir, parcequ'il régnait dans Altena quelques maladies contagieuses; et les Hambourgeois n'aimaient pas assez les Altenais pour s'exposer, en les recueillant, à infecter leur propre ville. Ainsi, la plupart de ces misérables expirèrent sous les murs de Hambourg, en prenant le ciel à témoin de la barbarie des Suédois, et de celle des Hambourgeois, qui ne paraissait pas moins inhumaine.

Toute l'Allemagne cria contre cette violence : les ministres et les généraux de Pologne et de Danemark écrivirent au comte de Stenbock pour lui reprocher une cruauté si grande, qui, faite sans nécessité et demeurant sans excuse, soulevait contre lui le ciel et la terre.

Stenbock répondit « qu'il ne s'était porté à ces ex-
« trémités que pour apprendre aux ennemis du roi
« son maître à ne plus faire une guerre de barbares,
« et à respecter le droit des gens; qu'ils avaient rempli
« la Poméranie de leurs cruautés, dévasté cette belle
« province, et vendu près de cent mille habitants aux
« Turcs; que les flambeaux qui avaient mis Altena en
« cendres étaient les représailles des boulets rouges
« par qui Stade avait été consumée. »

C'était avec cette fureur que les Suédois et leurs ennemis se fesaient la guerre. Si Charles XII avait paru

---

[1] La première édition portait : « Mais les Hambourgeois refusèrent de les
« recevoir, sous prétexte qu'il régnait dans Altena quelques maladies conta-
« gieuses ; *ainsi la plupart*, etc. » Voyez la note précédente. B.

alors dans la Poméranie, il est à croire qu'il eût pu retrouver sa première fortune. Ses armées, quoique éloignées de sa présence, étaient encore animées de son esprit; mais l'absence du chef est toujours dangereuse aux affaires, et empêche qu'on ne profite des victoires. Stenbock perdit par les détails ce qu'il avait gagné par des actions signalées qui en un autre temps auraient été décisives.

Tout vainqueur qu'il était, il ne put empêcher les Moscovites, les Saxons, et les Danois de se réunir. On lui enleva des quartiers : il perdit du monde dans plusieurs escarmouches : deux mille hommes de ses troupes se noyèrent en passant l'Eider pour aller hiverner dans le Holstein. Toutes ces pertes étaient sans ressource dans un pays où il était entouré de tous côtés d'ennemis puissants.

Il voulut défendre le pays du Holstein contre le Danemark; mais, malgré ses ruses et ses efforts, le pays fut perdu, toute l'armée fut détruite, et Stenbock fut prisonnier.

La Poméranie sans défense, à la réserve de Stralsund, de l'île de Rugen, et de quelques lieux circonvoisins, devint la proie des alliés : elle fut séquestrée entre les mains du roi de Prusse. Les états de Brême furent remplis de garnisons danoises. Au même temps les Russes inondaient la Finlande, et y battaient les Suédois que la confiance abandonnait, et qui, étant inférieurs en nombre, commençaient à n'avoir plus sur leurs ennemis aguerris la supériorité de la valeur.

Pour achever les malheurs de la Suède, son roi

s'obstinait à rester à Démotica, et se repaissait encore de l'espérance de ce secours turc sur lequel il ne devait plus compter.

Ibrahim Molla, ce vizir si fier, qui s'obstinait à la guerre contre les Moscovites, malgré les vues du favori, fut étranglé entre deux portes. La place de vizir était devenue si dangereuse que personne n'osait l'occuper : elle demeura vacante pendant six mois. Enfin le favori Ali Coumourgi prit le titre de grand-vizir. Alors toutes les espérances du roi de Suède tombèrent. Il connaissait Coumourgi, d'autant mieux qu'il en avait été servi quand les intérêts de ce favori s'accordaient avec les siens.

Il avait été onze mois à Démotica, enseveli dans l'inaction et dans l'oubli; cette oisiveté extrême, succédant tout-à-coup aux plus violents exercices, lui avait donné enfin la maladie qu'il feignait. On le croyait mort dans toute l'Europe. Le conseil de régence qu'il avait établi à Stockholm, quand il partit de sa capitale, n'entendait plus parler de lui. Le sénat vint en corps supplier la princesse Ulrique Éléonore, sœur du roi, de se charger de la régence, pendant cette longue absence de son frère : elle l'accepta; mais quand elle vit que le sénat voulait l'obliger à faire la paix avec le czar et le roi de Danemark, qui attaquaient la Suède de tous côtés, cette princesse, jugeant bien que son frère ne ratifierait jamais la paix, se démit de la régence, et envoya en Turquie un long détail de cette affaire.

Le roi reçut le paquet de sa sœur à Démotica. Le despotisme qu'il avait sucé en naissant lui fesait oublier qu'autrefois la Suède avait été libre, et que le sénat gouvernait anciennement le royaume conjointement avec les rois. Il ne regardait ce corps que comme une troupe de domestiques qui voulaient commander dans la maison en l'absence du maître : il leur écrivit que, s'ils prétendaient gouverner, il leur enverrait une de ses bottes, et que ce serait d'elle dont il faudrait qu'ils prissent les ordres[1].

Pour prévenir donc ces prétendus attentats en Suède contre son autorité, et pour défendre enfin son pays, n'espérant plus rien de la Porte ottomane, et ne comptant plus que sur lui seul, il fit signifier au grand-vizir qu'il souhaitait partir, et s'en retourner par l'Allemagne.

M. Désaleurs, ambassadeur de France, qui s'était chargé des affaires de la Suède, fit la demande de sa part. « Hé bien ! dit le vizir au comte Désaleurs, n'a-« vais-je pas bien dit que l'année ne se passerait pas « sans que le roi de Suède demandât à partir ? Dites-lui « qu'il est à son choix de s'en aller ou de demeurer ; « mais qu'il se détermine bien, et qu'il fixe le jour de « son départ, afin qu'il ne nous jette pas une seconde « fois dans l'embarras de Bender. »

Le comte Désaleurs adoucit au roi la dureté de ces paroles. Le jour fut choisi ; mais Charles, avant que de quitter la Turquie, voulut étaler la pompe d'un grand roi, quoique dans la misère d'un fugitif. Il donna à Grothusen le titre d'ambassadeur extraordinaire, et l'envoya prendre congé dans les formes à

---

[1] Dans l'*Histoire de Russie*, chapitre XIX de la première partie, Voltaire dit que c'est de Bender que Charles XII écrivit cette singulière lettre. B.

Constantinople, suivi de quatre-vingts personnes toutes superbement vêtues. Les ressorts secrets qu'il fallut faire jouer pour amasser de quoi fournir à cette dépense, étaient plus humiliants que l'ambassade n'était pompeuse.

M. Désaleurs prêta au roi quarante mille écus; Grothusen avait des agents à Constantinople qui empruntaient en son nom, à cinquante pour cent d'intérêt, mille écus d'un Juif, deux cents pistoles d'un marchand anglais, mille francs d'un Turc.

On amassa ainsi de quoi jouer en présence du divan la brillante comédie de l'ambassade suédoise. Grothusen reçut à Constantinople tous les honneurs que la Porte fait aux ambassadeurs extraordinaires des rois le jour de leur audience. Le but de tout ce fracas était d'obtenir de l'argent du grand-vizir; mais ce ministre fut inexorable.

Grothusen proposa d'emprunter un million de la Porte. Le vizir répliqua sèchement que son maître savait donner quand il voulait, et qu'il était au-dessous de sa dignité de prêter; qu'on fournirait au roi abondamment ce qui était nécessaire pour son voyage, d'une manière digne de celui qui le renvoyait; que peut-être même la Porte lui ferait quelque présent en or non monnayé, mais qu'on n'y devait pas compter.

Enfin, le 1er octobre 1714, le roi de Suède se mit en route pour quitter la Turquie. Un capigi bacha avec six chiaoux le vinrent prendre au château de Démirtash, où ce prince demeurait depuis quelques jours : il lui présenta, de la part du grand-seigneur, une large tente d'écarlate brodée d'or, un sabre avec une poignée garnie de pierreries, et huit chevaux arabes d'une beauté parfaite, avec des selles superbes, dont les étriers étaient d'argent massif. Il n'est pas indigne de l'histoire de dire qu'un écuyer arabe, qui avait soin de ces chevaux, donna au roi leur généalogie; c'est un usage établi depuis long-temps chez ces peuples, qui semblent faire beaucoup plus d'attention à la noblesse des chevaux qu'à celle des hommes, ce qui peut-être n'est pas si déraisonnable, puisque, chez les animaux, les races dont on a soin, et qui sont sans mélange, ne dégénèrent jamais.

Soixante chariots chargés de toutes sortes de provisions, et trois cents chevaux, formaient le convoi. Le capigi bacha, sachant que plusieurs Turcs avaient prêté de l'argent aux gens de la suite du roi à un gros intérêt, lui dit que l'usure étant contraire à la loi mahométane, il suppliait sa majesté de liquider toutes ses dettes, et d'ordonner au résident qu'il laisserait à Constantinople de ne payer que le capital. « Non, dit « le roi, si mes domestiques ont donné des billets de « cent écus, je veux les payer, quand ils n'en auraient « reçu que dix. »

Il fit proposer aux créanciers de le suivre, avec l'assurance d'être payés de leurs frais et de leurs dettes. Plusieurs entreprirent le voyage de Suède, et Grothusen eut soin qu'ils fussent payés.

Les Turcs, afin de montrer plus de déférence pour leur hôte, le fesaient voyager à très petites journées; mais cette lenteur respectueuse gênait l'impatience du roi. Il se levait dans la route à trois heures du matin, selon sa coutume. Dès qu'il était habillé, il éveillait lui-même le capigi et les chiaoux, et ordonnait la marche au milieu de la nuit noire. La gravité turque était dérangée par cette manière nouvelle de voyager; mais le roi prenait plaisir à leur embarras, et disait qu'il se vengeait un peu de l'affaire de Bender.

Tandis qu'il gagnait les frontières des Turcs, Stanislas en sortait par un autre chemin, et allait se retirer en Allemagne, dans le duché de Deux-Ponts, province qui confine au palatinat du Rhin et à l'Alsace, et qui appartenait au roi de Suède depuis que Charles X, successeur de Christine, avait joint cet héritage à la couronne. Charles assigna à Stanislas le revenu de ce duché, estimé alors environ soixante et dix mille écus. Ce fut là qu'aboutirent pour lors tant de projets, tant de guerres, et tant d'espérances. Stanislas voulait et aurait pu faire un traité avantageux avec le roi Auguste; mais l'indomptable opiniâtreté de Charles XII lui fit perdre ses terres et ses biens réels en Pologne, pour lui conserver le titre de roi.

Ce prince resta dans le duché de Deux-Ponts jusqu'à la mort de Charles : alors, cette province retournant à un prince de la maison palatine, il choisit sa retraite à Veissembourg, dans l'Alsace française. M. Sum, envoyé du roi Auguste, en porta ses plaintes au duc d'Orléans, régent de France. Le duc d'Orléans répondit à M. Sum ces paroles remarquables : « Monsieur, mandez au roi votre maître que la France a toujours été l'asile des rois malheureux [1]. »

---

[1] Voltaire a cité ce mot dans l'*Encyclopédie*, au mot HAUTEUR; voyez tome XXX, page 163. Il a dit dans *Zaïre*, acte II, scène 3 :
....La cour de Louis est l'asile des rois.   B.

Le roi de Suède étant arrivé sur les confins de l'Allemagne, apprit que l'empereur avait ordonné qu'on le reçût dans toutes les terres de son obéissance avec une magnificence convenable. Les villes et les villages où les maréchaux-des-logis avaient par avance marqué sa route, fesaient des préparatifs pour le recevoir : tous ces peuples attendaient avec impatience de voir passer cet homme extraordinaire, dont les victoires et les malheurs, les moindres actions, et le repos même, avaient fait tant de bruit en Europe et en Asie. Mais Charles n'avait nulle envie d'essuyer toute cette pompe, ni de montrer en spectacle le prisonnier de Bender; il avait résolu même de ne jamais rentrer dans Stockholm qu'il n'eût auparavant réparé ses malheurs par une meilleure fortune.

Quand il fut à Tergovitz, sur les frontières de la Transylvanie, après avoir congédié son escorte turque, il assembla sa suite dans une grange, et il leur dit à tous de ne se mettre point en peine de sa personne, et de se trouver le plus tôt qu'ils pourraient à Stralsund, en Poméranie, sur le bord de la mer Baltique, environ à trois cents lieues de l'endroit où ils étaient.

Il ne prit avec lui que During, et quitta toute sa suite gaîment, la laissant dans l'étonnement, dans la crainte, et dans la tristesse. Il prit une perruque noire pour se déguiser, car il portait toujours ses cheveux, mit un chapeau bordé d'or avec un habit gris d'épine et un manteau bleu, prit le nom d'un officier allemand, et courut la poste à cheval avec son compagnon de voyage.

Il évita dans sa route, autant qu'il le put, les terres de ses ennemis déclarés et secrets, prit son chemin par la Hongrie, la Moravie, l'Autriche, la Bavière, le Virtemberg, le Palatinat, la Vestphalie, et le Mecklenbourg; ainsi il fit presque le tour de l'Allemagne, et alongea son chemin de la moitié. A la fin de la première journée, après avoir couru sans relâche, le jeune During, qui n'était pas endurci à ces fatigues excessives comme le roi de Suède, s'évanouit en descendant de cheval. Le roi, qui ne voulait pas s'arrêter un moment sur la route, demanda à During, quand celui-ci fut revenu à lui, combien il avait d'argent. During ayant répondu qu'il avait environ mille écus en or : « Donne-m'en la moitié, dit le roi; je vois bien
« que tu n'es pas en état de me suivre : j'achèverai
« la route tout seul. » During le supplia de daigner se reposer du moins trois heures, l'assurant qu'au bout de ce temps il serait en état de remonter à cheval, et de suivre sa majesté; il le conjura de penser à tous les risques qu'il allait courir. Le roi, inexorable, se fit donner les cinq cents écus, et demanda des chevaux. Alors During, effrayé de la résolution du roi, s'avisa d'un stratagème innocent : il tira à part le maître de la poste, et lui montrant le roi de Suède :
« Cet homme, lui dit-il, est mon cousin; nous voya-
« geons ensemble pour la même affaire; il voit que je
« suis malade, et ne veut pas seulement m'attendre
« trois heures; donnez-lui, je vous prie, le plus mé-
« chant cheval de votre écurie, et cherchez-moi quel-
« que chaise ou quelque chariot de poste. »

Il mit deux ducats dans la main du maître de la

poste, qui satisfit exactement à toutes ses demandes. On donna au roi un cheval rétif et boiteux : ce monarque partit seul à dix heures du soir dans cet équipage, au milieu d'une nuit noire, avec le vent, la neige, et la pluie. Son compagnon de voyage, après avoir dormi quelques heures, se mit en route dans un chariot traîné par de forts chevaux. A quelques milles, il rencontra, au point du jour, le roi de Suède, qui, ne pouvant plus faire marcher sa monture, s'en allait de son pied gagner la poste prochaine.

Il fut forcé de se mettre sur le chariot de During; il dormit sur de la paille. Ensuite ils continuèrent leur route, courant à cheval le jour, et dormant sur une charrette la nuit, sans s'arrêter en aucun lieu.

Après seize jours de course, non sans danger d'être arrêtés plus d'une fois, ils arrivèrent enfin, le 21 novembre de l'année 1714, aux portes de la ville de Stralsund, à une heure après minuit.

Le roi cria à la sentinelle qu'il était un courrier dépêché de Turquie par le roi de Suède; qu'il fallait qu'on le fît parler dans le moment au général Düker, gouverneur de la place. La sentinelle répondit qu'il était tard, que le gouverneur était couché, et qu'il fallait attendre le point du jour.

Le roi répliqua qu'il venait pour des affaires importantes, et leur déclara que s'ils n'allaient pas réveiller le gouverneur sans délai, ils seraient tous punis le lendemain matin. Un sergent alla enfin réveiller le gouverneur. Düker s'imagina que c'était peut-être un des généraux du roi de Suède : on fit ouvrir les portes; on introduisit ce courrier dans sa chambre.

Düker, à moitié endormi, lui demanda des nouvelles du roi de Suède : le roi le prenant par le bras, « Hé quoi ! dit-il, Düker, mes plus fidèles sujets m'ont-« ils oublié ? » Le général reconnut le roi : il ne pouvait croire ses yeux ; il se jette en bas du lit, embrasse les genoux de son maître en versant des larmes de joie. La nouvelle en fut répandue à l'instant dans la ville, tout le monde se leva : les soldats vinrent entourer la maison du gouverneur. Les rues se remplirent d'habitants, qui se demandaient les uns aux autres : Est-il vrai que le roi est ici ? On fit des illuminations à toutes les fenêtres ; le vin coula dans les rues, à la lumière de mille flambeaux et au bruit de l'artillerie.

Cependant on mena le roi au lit : il y avait seize jours qu'il ne s'était couché ; il fallut couper ses bottes sur les jambes, qui s'étaient enflées par l'extrême fatigue. Il n'avait ni linge ni habits : on lui fit une garde-robe en hâte de ce qu'on put trouver de plus convenable dans la ville. Quand il eut dormi quelques heures, il ne se leva que pour aller faire la revue de ses troupes et visiter les fortifications. Le jour même il envoya partout ses ordres pour recommencer une guerre plus vive que jamais contre tous ses ennemis. Au reste, toutes ces particularités, si conformes au caractère extraordinaire de Charles XII, m'ont été confirmées par le comte de Croissi, ambassadeur auprès de ce prince, après m'avoir été apprises par M. Fabrice.

L'Europe chrétienne était alors dans un état bien différent de celui où elle était quand Charles la quitta en 1709.

La guerre qui en avait si long-temps déchiré toute

la partie méridionale, c'est-à-dire l'Allemagne, l'Angleterre, la Hollande, la France, l'Espagne, le Portugal, et l'Italie, était éteinte. Cette paix générale avait été produite par des brouilleries particulières arrivées à la cour d'Angleterre. Le comte d'Oxford, ministre habile, et le lord Bolingbroke, un des plus brillants génies, et l'homme le plus éloquent de son siècle, prévalurent contre le fameux duc de Marlborough, et engagèrent la reine Anne à faire la paix avec Louis XIV. La France, n'ayant plus l'Angleterre pour ennemie, força bientôt les autres puissances à s'accommoder.

Philippe V, petit-fils de Louis XIV, commençait à régner paisiblement sur les débris de la monarchie espagnole. L'empereur d'Allemagne, devenu maître de Naples et de la Flandre, s'affermissait dans ses vastes états. Louis XIV n'aspirait plus qu'à achever en paix sa longue carrière.

Anne, reine d'Angleterre, était morte le 10 août 1714, haïe de la moitié de sa nation, pour avoir donné la paix à tant d'états. Son frère Jacques Stuart, prince malheureux, exclu du trône presque en naissant, n'ayant point paru alors en Angleterre pour tenter de recueillir une succession que de nouvelles lois lui auraient donnée si son parti eût prévalu, George 1er, électeur de Hanovre, fut reconnu unanimement roi de la Grande-Bretagne. Le trône appartenait à cet électeur, non en vertu du sang, quoiqu'il descendît d'une fille de Jacques, mais en vertu d'un acte du parlement de la nation.

George, appelé dans un âge avancé à gouverner

un peuple dont il n'entendait point la langue, et chez qui tout lui était étranger, se regardait comme l'électeur de Hanovre plutôt que comme le roi d'Angleterre. Toute son ambition était d'agrandir ses états d'Allemagne. Il repassait presque tous les ans la mer pour revoir des sujets dont il était adoré. Au reste il se plaisait plus à vivre en homme qu'en maître. La pompe de la royauté était pour lui un fardeau pesant. Il vivait avec un petit nombre d'anciens courtisans qu'il admettait à sa familiarité. Ce n'était pas le roi de l'Europe qui eût le plus d'éclat; mais il était un des plus sages, et le seul qui connût sur le trône les douceurs de la vie privée et de l'amitié. Tels étaient les principaux monarques, et telle la situation du midi de l'Europe.

Les changements arrivés dans le Nord étaient d'une autre nature. Ses rois étaient en guerre, et se réunissaient contre le roi de Suède.

Auguste était depuis long-temps remonté sur le trône de Pologne avec l'aide du czar et du consentement de l'empereur d'Allemagne, d'Anne d'Angleterre, et des états-généraux, qui, tous garants du traité d'Alt-Rantstadt quand Charles XII imposait les lois, se désistèrent de leur garantie quand il ne fut plus à craindre.

Mais Auguste ne jouissait pas d'un pouvoir tranquille. La république de Pologne, en reprenant son roi, reprit bientôt ses craintes du pouvoir arbitraire : elle était en armes pour l'obliger à se conformer aux *pacta conventa,* contrat sacré entre les peuples et les rois, et semblait n'avoir rappelé son maître que pour lui déclarer la guerre. Dans les commencements de ces troubles, on n'entendait pas prononcer le nom de Stanislas; son parti semblait anéanti, et on ne se ressouvenait en Pologne du roi de Suède que comme d'un torrent qui avait, pour un temps, changé le cours de toutes choses dans son passage.

Pultava et l'absence de Charles XII, en fesant tomber Stanislas, avaient aussi entraîné la chute du duc de Holstein, neveu de Charles, qui venait d'être dépouillé de ses états par le roi de Danemark. Le roi de Suède avait aimé tendrement le père: il était pénétré et humilié des malheurs du fils; de plus, n'ayant rien fait en sa vie que pour la gloire, la chute des souverains qu'il avait faits ou rétablis fut pour lui aussi sensible que la perte de tant de provinces.

C'était à qui s'enrichirait de ses pertes. Frédéric-Guillaume, depuis peu roi de Prusse, qui paraissait avoir autant d'inclination à la guerre que son père avait été pacifique, commença par se faire livrer Stetin et une partie de la Poméranie, sur laquelle il avait des droits pour quatre cent mille écus payés au roi de Danemark et au czar.

George, électeur de Hanovre, devenu roi d'Angleterre, avait aussi séquestré entre ses mains le duché de Brême et de Verden, que le roi de Danemark lui avait mis en dépôt pour soixante mille pistoles. Ainsi on disposait des dépouilles de Charles XII, et ceux qui les avaient en garde devenaient, par leurs intérêts, des ennemis aussi dangereux que ceux qui les avaient prises.

Quant au czar, il était sans doute le plus à craindre:

ses anciennes défaites, ses victoires, ses fautes même, sa persévérance à s'instruire et à montrer à ses sujets ce qu'il avait appris, ses travaux continuels, en avaient fait un grand homme en tout genre. Déjà Riga était pris; la Livonie, l'Ingrie, la Carélie, la moitié de la Finlande, tant de provinces qu'avaient conquises les rois ancêtres de Charles, étaient sous le joug moscovite.

Pierre Alexiowitz, qui vingt ans auparavant n'avait pas une barque dans la mer Baltique, se voyait alors maître de cette mer, à la tête d'une flotte de trente grands vaisseaux de ligne.

Un de ces vaisseaux avait été construit de ses propres mains; il était le meilleur charpentier, le meilleur amiral, le meilleur pilote du Nord. Il n'y avait point de passage difficile qu'il n'eût sondé lui-même, depuis le fond du golfe de Bothnie jusqu'à l'Océan, ayant joint le travail d'un matelot aux expériences d'un philosophe et aux desseins d'un empereur, et étant devenu amiral par degrés et à force de victoires, comme il avait voulu parvenir au généralat sur terre.

Tandis que le prince Gallitzin, général formé par lui, et l'un de ceux qui secondèrent le mieux ses entreprises, achevait la conquête de la Finlande, prenait la ville de Vasa, et battait les Suédois, cet empereur se mit en mer pour aller conquérir l'île d'Aland, située dans la mer Baltique, à douze lieues de Stockholm.

Il partit pour cette expédition au commencement de juillet 1714, pendant que son rival Charles XII se tenait dans son lit à Démotica. Il s'embarqua au port de Cronslot, qu'il avait bâti depuis quelques années à quatre milles de Pétersbourg. Ce nouveau port, la flotte qu'il contenait, les officiers et les matelots qui la montaient, tout cela était son ouvrage; et de quelque côté qu'il jetât les yeux, il ne voyait rien qu'il n'eût créé en quelque sorte.

La flotte russe se trouva le 15 juillet à la hauteur d'Aland. Elle était composée de trente vaisseaux de ligne, de quatre-vingts galères, et de cent demi-galères. Elle portait vingt mille soldats: l'amiral Apraxin la commandait: l'empereur russe y servait en qualité de contre-amiral. La flotte suédoise vint le 16 à sa rencontre, commandée par le vice-amiral Ehrensköld; elle était moins forte des deux tiers: toutefois elle se battit pendant trois heures. Le czar s'attacha au vaisseau d'Ehrensköld, et le prit après un combat opiniâtre.

Le jour de la victoire, il débarqua seize mille hommes dans Aland; et ayant pris plusieurs soldats suédois qui n'avaient pu encore s'embarquer sur la flotte d'Ehrensköld, il les amena prisonniers sur ses vaisseaux. Il rentra dans son port de Cronslot avec le grand vaisseau d'Ehrensköld, trois autres de moindre grandeur, une frégate, et six galères, dont il s'était rendu maître dans ce combat.

De Cronslot il arriva dans le port de Pétersbourg, suivi de toute sa flotte victorieuse et des vaisseaux pris sur les ennemis. Il fut salué d'une triple décharge de cent cinquante canons: après quoi il fit une entrée triomphale qui le flatta encore davantage que celle de Moscou, parcequ'il recevait ces honneurs dans sa ville favorite, en un lieu où dix ans auparavant il n'y avait pas une cabane, et où il voyait alors trente-quatre mille cinq cents maisons; enfin, parcequ'il se trouvait non seulement à la tête d'une marine victorieuse, mais de la première flotte russe qu'on eût jamais vue dans la mer Baltique, et au milieu d'une nation à qui le nom de flotte n'était pas même connu avant lui.

On observa à Pétersbourg à peu près les mêmes cérémonies qui avaient décoré le triomphe à Moscou. Le vice-amiral suédois fut le principal ornement de ce triomphe nouveau : Pierre Alexiowitz y parut en qualité de contre-amiral. Un boïard russien, nommé Romanodowski, lequel représentait le czar dans des occasions solennelles, était assis sur un trône, ayant à ses côtés douze sénateurs. Le contre-amiral lui présenta la relation de sa victoire, et on le déclara vice-amiral, en considération de ses services; cérémonie bizarre, mais utile dans un pays où la subordination militaire était une des nouveautés que le czar avait introduites.

L'empereur moscovite, enfin victorieux des Suédois sur mer et sur terre, et ayant aidé à les chasser de la Pologne, y dominait à son tour. Il s'était rendu médiateur entre la république et Auguste; gloire aussi flatteuse peut-être que d'y avoir fait un roi. Cet éclat et toute la fortune de Charles avaient passé au czar; il en jouissait même plus utilement que n'avait fait son rival, car il fesait servir tous ses succès à l'avantage de son pays. S'il prenait une ville, les principaux artisans allaient porter à Pétersbourg leur industrie : il transportait en Moscovie les manufactures, les arts, les sciences des provinces conquises sur la Suède : ses états s'enrichissaient par ses victoires; ce qui, de tous les conquérants, le rendait le plus excusable.

La Suède, au contraire, privée de presque toutes ses provinces au-delà de la mer, n'avait plus ni commerce, ni argent, ni crédit. Ses vieilles troupes, si redoutables, avaient péri dans les batailles, ou de misère. Plus de cent mille Suédois étaient esclaves dans les vastes états du czar, et presque autant avaient été vendus aux Turcs et aux Tartares. L'espèce d'hommes manquait sensiblement; mais l'espérance renaquit dès qu'on sut le roi à Stralsund.

Les impressions de respect et d'admiration pour lui étaient encore si fortes dans l'esprit de ses sujets, que la jeunesse des campagnes se présenta en foule pour s'enrôler, quoique les terres n'eussent pas assez de mains pour les cultiver.

FIN DU LIVRE SEPTIÈME.

LIVRE HUITIÈME.

ARGUMENT.

Charles marie la princesse sa sœur au prince de Hesse. Il est assiégé dans Stralsund, et se sauve en Suède. Entreprise du baron de Görtz, son premier ministre. Projet d'une réconciliation avec le czar, et d'une descente en Angleterre. Charles assiége Frederichshall en Norvége. Il est tué. Son caractère. Görtz est décapité.

Le roi, au milieu de ces préparatifs, donna la sœur qui lui restait, Ulrique-Éléonore, en mariage au prince Frédéric de Hesse-Cassel. La reine douairière, grand'mère de Charles XII et de la princesse, âgée de quatre-vingts ans, fit les honneurs de cette fête, le 4 avril 1715, dans le palais de Stockholm, et mourut peu de temps après.

Ce mariage ne fut point honoré de la présence du roi; il resta dans Stralsund, occupé à achever les fortifications de cette place importante, menacée par les rois de Danemark et de Prusse. Il déclara cependant son beau-frère généralissime de ses armées en Suède. Ce prince avait servi les états-généraux dans les guerres contre la France : il était regardé comme un bon général, qualité qui n'avait pas peu contribué à lui faire épouser une sœur de Charles XII.

Les mauvais succès se suivaient alors aussi rapidement qu'autrefois les victoires. Au mois de juin de cette année 1715, les troupes allemandes du roi d'Angleterre, et celles de Danemark, investirent la forte ville de Vismar : les Danois et les Saxons, réunis au nombre de trente-six mille, marchèrent en même temps vers Stralsund pour en former le siége. Les rois de Danemark et de Prusse coulèrent à fond, près de Stralsund, cinq vaisseaux suédois. Le czar était alors sur la mer Baltique avec vingt grands vaisseaux de guerre, et cent cinquante de transport, sur lesquels il y avait trente mille hommes. Il menaçait la Suède d'une descente : tantôt il avançait jusqu'à la côte d'Helsinbourg, tantôt il se présentait à la hauteur de Stockholm. Toute la Suède était en armes sur les côtes, et n'attendait que le moment de cette invasion. Dans ce même temps ses troupes de terre chassaient de poste en poste les Suédois des places qu'ils possédaient encore dans la Finlande, vers le golfe de Bothnie ; mais le czar ne poussa pas plus loin ses entreprises.

A l'embouchure de l'Oder, fleuve qui partage en deux la Poméranie, et qui, après avoir coulé sous Stetin, tombe dans la mer Baltique, est la petite île d'Usedom : cette place est très importante par sa situation, qui commande l'Oder à droite et à gauche ; celui qui en est le maître l'est aussi de la navigation du fleuve. Le roi de Prusse avait délogé les Suédois de cette île, et s'en était saisi, aussi bien que de Stetin, qu'il gardait en séquestre, *le tout*, disait-il, *pour l'amour de la paix*. Les Suédois avaient repris l'île d'Usedom au mois de mai 1715. Ils y avaient deux forts : l'un était le fort de la Suine, sur la branche de l'Oder qui porte ce nom ; l'autre, de plus de conséquence, était Pennamonder, sur l'autre cours de la rivière. Le roi de Suède n'avait, pour garder ces deux forts et toute l'île, que deux cent cinquante soldats poméraniens, commandés par un vieil officier suédois, nommé Kuse-Slerp, dont le nom mérite d'être conservé.

Le roi de Prusse envoie, le 4 août, quinze cents hommes de pied et huit cents dragons pour débarquer dans l'île : ils arrivent et mettent pied à terre, sans opposition, du côté du fort de la Suine. Le commandant suédois leur abandonna ce fort comme le moins important; et, ne pouvant partager le peu qu'il avait de monde, il se retira dans le château de Pennamonder avec sa petite troupe, résolu de se défendre jusqu'à la dernière extrémité.

Il fallut donc l'assiéger dans les formes. On embarque pour cet effet de l'artillerie à Stetin; on renforce les troupes prussiennes de mille fantassins et de quatre cents cavaliers. Le 18 août on ouvre la tranchée en deux endroits, et la place est vivement battue par le canon et par les mortiers. Pendant le siége un soldat suédois, chargé en secret d'une lettre de Charles XII, trouva le moyen d'aborder dans l'île, et de s'introduire dans Pennamonder : il rendit la lettre au commandant; elle était conçue en ces termes : « Ne faites « aucun feu que quand les ennemis seront au bord « du fossé, défendez-vous jusqu'à la dernière goutte « de votre sang : je vous recommande à votre bonne « fortune. CHARLES. »

Slerp ayant lu ce billet, résolut d'obéir et de mourir comme il lui était ordonné, pour le service de son maître. Le 22, au point du jour, les ennemis donnèrent l'assaut : les assiégés n'ayant tiré que quand ils virent les assiégeants au bord du fossé, en tuèrent un grand nombre : mais le fossé était comblé, la brèche large, le nombre des assiégeants trop supérieur. On entra dans le château par deux endroits à-la-fois. Le commandant ne songea alors qu'à vendre chèrement sa vie, et à obéir à la lettre. Il abandonne les brèches par où les ennemis entraient; il retranche près d'un bastion sa petite troupe, qui a l'audace et la fidélité de le suivre; il la place de façon qu'elle ne peut être entourée. Les ennemis courent à lui, étonnés de ce qu'il ne demande point quartier. Il se bat pendant une heure entière; et, après avoir perdu la moitié de ses soldats, il est tué enfin avec son lieutenant et son major. Alors cent soldats, qui restaient avec un seul officier, demandèrent la vie, et furent faits prisonniers : on trouva dans la poche du commandant la lettre de son maître, qui fut portée au roi de Prusse.

Pendant que Charles perdait l'île d'Usedom, et les îles voisines, qui furent bientôt prises; que Vismar était prêt de se rendre; qu'il n'avait plus de flotte; que la Suède était menacée, il était dans la ville de Stralsund; et cette place était déjà assiégée par trente-six mille hommes.

Stralsund, ville devenue fameuse en Europe par le siége qu'y soutint le roi de Suède, est la plus forte place de la Poméranie. Elle est bâtie entre la mer Baltique et le lac de Franken, sur le détroit de Gella : on n'y peut arriver de terre que sur une chaussée étroite, défendue par une citadelle et par des retranchements qu'on croyait inaccessibles. Elle avait une garnison de près de neuf mille hommes, et de plus le roi de Suède lui-même. Les rois de Danemark et de Prusse entreprirent ce siége avec une armée de trente-six mille hommes, composée de Prussiens, de Danois, et de Saxons. ,

L'honneur d'assiéger Charles XII était un motif si pressant, qu'on passa par-dessus tous les obstacles, et qu'on ouvrit la tranchée la nuit du 19 au 20 octobre de cette année 1715. Le roi de Suède, dans le commencement du siége, disait qu'il ne comprenait pas comment une place bien fortifiée, et munie d'une garnison suffisante, pouvait être prise. Ce n'est pas que, dans le cours de ses conquêtes passées, il n'eût pris plusieurs places, mais presque jamais par un siége régulier ; la terreur de ses armes avait alors tout emporté : d'ailleurs il ne jugeait pas des autres par lui-même, et n'estimait pas assez ses ennemis. Les assiégeants pressèrent leurs ouvrages avec une activité et des efforts qui furent secondés par un hasard très singulier.

On sait que la mer Baltique n'a ni flux ni reflux. Le retranchement qui couvrait la ville, et qui était appuyé du côté de l'occident à un marais impraticable, et du côté de l'orient à la mer, semblait hors de toute insulte. Personne n'avait fait attention que, lorsque les vents d'occident soufflaient avec quelque violence, ils refoulaient les eaux de la mer Baltique vers l'orient, et ne leur laissaient que trois pieds de profondeur vers ce retranchement, qu'on eût cru bordé d'une mer impraticable. Un soldat s'étant laissé tomber du haut du retranchement dans la mer, fut étonné de trouver fond : il conçut que cette découverte pourrait faire sa fortune : il déserta et alla au quartier du comte Wackerbarth, général des troupes saxonnes, donner avis qu'on pouvait passer la mer à gué, et pénétrer sans peine au retranchement des Suédois. Le roi de Prusse ne tarda pas à profiter de l'avis.

Le lendemain donc, à minuit, le vent d'occident soufflant encore, le lieutenant-colonel Koppen entra dans l'eau, suivi de dix-huit cents hommes : deux mille s'avançaient en même temps sur la chaussée qui conduisait à ce retranchement : toute l'artillerie des Prussiens tirait, et les Prussiens et les Danois donnaient l'alarme d'un autre côté.

Les Suédois se crurent sûrs de renverser ces deux mille hommes qu'ils voyaient venir si témérairement en apparence sur la chaussée; mais tout-à-coup Koppen, avec ses dix-huit cents hommes, entre dans le retranchement du côté de la mer. Les Suédois, entourés et surpris, ne purent résister : le poste fut enlevé après un grand carnage. Quelques Suédois s'enfuirent vers la ville; les assiégeants les y poursuivirent : ils entraient pêle-mêle avec les fuyards : deux officiers et quatre soldats saxons étaient déjà sur le pont-levis, mais on eut le temps de le lever : ils furent pris, et la ville fut sauvée pour cette fois.

On trouva dans ces retranchements vingt-quatre canons, que l'on tourna contre Stralsund. Le siége fut poussé avec l'opiniâtreté et la confiance que devait donner ce premier succès. On canonna et on bombarda la ville presque sans relâche.

Vis-à-vis Stralsund, dans la mer Baltique, est l'île

de Rugen, qui sert de rempart à cette place, et où la garnison et les bourgeois auraient pu se retirer, s'ils avaient eu des barques pour les transporter. Cette île était d'une conséquence extrême pour Charles : il voyait bien que, si les ennemis en étaient les maîtres, il se trouverait assiégé par terre et par mer; et que, selon toutes les apparences, il serait réduit, ou à s'ensevelir sous les ruines de Stralsund, ou à se voir prisonnier de ces mêmes ennemis qu'il avait si long-temps méprisés, et auxquels il avait imposé des lois si dures. Cependant le malheureux état de ses affaires ne lui avait pas permis de mettre dans Rugen une garnison suffisante; il n'y avait pas plus de deux mille hommes de troupes.

Ses ennemis fesaient, depuis trois mois, toutes les dispositions nécessaires pour descendre dans cette île, dont l'abord est très difficile; enfin, ayant fait construire des barques, le prince d'Anhalt, à l'aide d'un temps favorable, débarqua dans Rugen, le 15 novembre, avec douze mille hommes. Le roi, présent partout, était dans cette île; il avait joint ses deux mille soldats, qui étaient retranchés près d'un petit port, à trois lieues de l'endroit où l'ennemi avait abordé; il se met à leur tête, et marche au milieu de la nuit dans un silence profond. Le prince d'Anhalt avait déjà retranché ses troupes, par une précaution qui semblait inutile. Les officiers qui commandaient sous lui ne s'attendaient pas d'être attaqués la nuit même, et croyaient Charles XII à Stralsund; mais le prince d'Anhalt, qui savait de quoi Charles était capable, avait fait creuser un fossé profond, bordé de chevaux de frise, et prenait toutes ses sûretés comme s'il eût eu une armée supérieure en nombre à combattre.

A deux heures du matin, Charles arrive aux ennemis sans faire le moindre bruit. Ses soldats se disaient les uns aux autres : *Arrachez les chevaux de frise.* Ces paroles furent entendues des sentinelles : l'alarme est donnée aussitôt dans le camp ; les ennemis se mettent sous les armes. Le roi ayant ôté les chevaux de frise, vit devant lui un large fossé : « Ah, dit-il, « est-il possible ! je ne m'y attendais pas. » Cette surprise ne le découragea point : il ne savait pas combien de troupes étaient débarquées : ses ennemis ignoraient, de leur côté, à quel petit nombre ils avaient affaire. L'obscurité de la nuit semblait favorable à Charles : il prend son parti sur-le-champ : il se jette dans le fossé, accompagné des plus hardis, et suivi en un instant de tout le reste ; les chevaux de frise arrachés, la terre éboulée, les troncs et les branches d'arbre qu'on put trouver, les soldats tués par les coups de mousquet tirés au hasard, servirent de fascines. Le roi, les généraux qu'il avait avec lui, les officiers et les soldats les plus intrépides, montent sur l'épaule les uns des autres, comme à un assaut. Le combat s'engage dans le camp ennemi. L'impétuosité suédoise mit d'abord le désordre parmi les Danois et les Prussiens ; mais le nombre était trop inégal : les Suédois furent repoussés après un quart d'heure de combat, et repassèrent le fossé. Le prince d'Anhalt les poursuivit alors dans la plaine ; il ne savait pas que dans ce moment c'était Charles XII lui-même qui fuyait devant lui. Ce roi malheureux rallia sa troupe en plein champ, et le combat recommença avec une opiniâtreté égale de part et d'autre. Grothusen, le favori du roi, et le général Dahldorf, tombèrent morts auprès de lui. Charles, en combattant, passa sur le corps de ce dernier, qui respirait encore. During, qui l'avait seul accompagné dans son voyage de Turquie à Stralsund, fut tué à ses yeux.

Au milieu de cette mêlée, un lieutenant danois, dont je n'ai jamais pu savoir le nom, reconnut Charles, et lui saisissant d'une main son épée, et de l'autre le tirant avec force par les cheveux : « Rendez-vous, « sire, lui dit-il, ou je vous tue. » Charles avait à sa ceinture un pistolet : il le tira de la main gauche sur cet officier, qui en mourut le lendemain matin. Le nom du roi Charles, qu'avait prononcé ce Danois, attira en un instant une foule d'ennemis. Le roi fut entouré. Il reçut un coup de fusil au-dessous de la mamelle gauche : le coup, qu'il appelait une contusion, enfonçait de deux doigts. Le roi était à pied, et prêt d'être tué ou pris. Le comte Poniatowski combattait dans ce moment auprès de sa personne. Il lui avait sauvé la vie à Pultava, il eut le bonheur de la lui sauver encore dans ce combat de Rugen, et le remit à cheval.

Les Suédois se retirèrent vers un endroit de l'île nommé Alteferre, où il y avait un fort dont ils étaient encore maîtres. De là le roi repassa à Stralsund, obligé d'abandonner les braves troupes qui l'avaient si bien secondé dans cette entreprise; elles furent faites prisonnières de guerre deux jours après.

Parmi ces prisonniers se trouva ce malheureux régiment français, composé des débris de la bataille d'Hochstett, qui avait passé au service du roi Auguste, et de là à celui du roi de Suède [1] : la plupart des soldats furent incorporés dans un nouveau régiment d'un fils du prince d'Anhalt, qui fut leur quatrième maître. Celui qui commandait dans Rugen ce régiment errant était alors ce même comte de Villelongue qui avait si généreusement exposé sa vie à Andrinople [2] pour le service de Charles XII. Il fut pris avec sa troupe, et ne fut ensuite que très mal récompensé de tant de services, de fatigues, et de malheurs.

Le roi, après tous ces prodiges de valeur qui ne servaient qu'à affaiblir ses forces, renfermé dans Stralsund et prêt d'y être forcé, était tel qu'on l'avait vu à Bender. Il ne s'étonnait de rien : le jour il fesait faire des coupures et des retranchements derrière les murailles ; la nuit il fesait des sorties sur l'ennemi : cependant Stralsund était battu en brèche ; les bombes pleuvaient sur les maisons ; la moitié de la ville était en cendres : les bourgeois, loin de murmurer, pleins d'admiration pour leur maître, dont les fatigues, la sobriété, et le courage, les étonnaient, étaient tous devenus soldats sous lui. Ils l'accompagnaient dans les sorties ; ils étaient pour lui une seconde garnison.

Un jour que le roi dictait des lettres pour la Suède à un secrétaire, une bombe tomba sur la maison, perça le toit, et vint éclater près de la chambre même du roi. La moitié du plancher tomba en pièces ; le cabinet où le roi dictait, étant pratiqué en partie dans une grosse muraille, ne souffrit point de l'ébranle-

---

[1] Voyez page 138. B. — [2] Voyez page 287. B.

ment; et par un bonheur étonnant, nul des éclats qui sautaient en l'air n'entra dans ce cabinet dont la porte était ouverte. Au bruit de la bombe, et au fracas de la maison, qui semblait tomber, la plume échappa des mains du secrétaire. « Qu'y a-t-il donc ? « lui dit le roi d'un air tranquille ; pourquoi n'écri- « vez-vous pas ? » Celui-ci ne put répondre que ces mots : « Eh ! sire, la bombe ! — Eh bien, reprit le roi, « qu'a de commun la bombe avec la lettre que je vous « dicte ? continuez. »

Il y avait alors dans Stralsund un ambassadeur de France enfermé avec le roi de Suède : c'était un Colbert, comte de Croissi, lieutenant-général des armées de France, frère du marquis de Torci, célèbre ministre d'état, et parent de ce fameux Colbert dont le nom doit être immortel en France. Envoyer un homme à la tranchée ou en ambassade auprès de Charles XII, c'était presque la même chose. Le roi entretenait Croissi des heures entières dans les endroits les plus exposés, pendant que le canon et les bombes tuaient du monde à côté et derrière eux, sans que le roi s'aperçût du danger, ni que l'ambassadeur voulût lui faire seulement soupçonner qu'il y avait des endroits plus convenables pour parler d'affaires. Ce ministre fit ce qu'il put avant le siége pour ménager un accommodement entre les rois de Suède et de Prusse ; mais celui-ci demandait trop, et Charles XII ne voulait rien céder. Le comte de Croissi n'eut donc, dans son ambassade, d'autre satisfaction que celle de jouir de la familiarité de cet homme singulier. Il couchait souvent auprès de lui sur le même manteau : il avait, en partageant ses dangers et ses fatigues, acquis le droit de lui parler avec liberté. Charles encourageait cette hardiesse dans ceux qu'il aimait : il disait quelquefois au comte de Croissi : *Veni, maledicamus de rege :* « Allons, disons un peu de mal de Charles XII. » C'est ce que cet ambassadeur m'a raconté.

Croissi resta jusqu'au 13 novembre dans la ville; et enfin, ayant obtenu des ennemis permission de sortir avec ses bagages, il prit congé du roi de Suède, qu'il laissa au milieu des ruines de Stralsund avec une garnison dépérie des deux tiers, résolu de soutenir un assaut.

En effet, on en donna un deux jours après à l'ouvrage à corne. Les ennemis s'en emparèrent deux fois, et en furent deux fois chassés. Le roi y combattit toujours parmi les grenadiers : enfin le nombre prévalut; les assiégeants en demeurèrent les maîtres. Charles resta encore deux jours dans la ville, attendant à tout moment un assaut général. Il s'arrêta le 19, jusqu'à minuit, sur un petit ravelin tout ruiné par les bombes et par le canon : le jour d'après les officiers principaux le conjurèrent de ne plus rester dans une place qu'il n'était plus question de défendre; mais la retraite était devenue aussi dangereuse que la place même. La mer Baltique était couverte de vaisseaux moscovites et danois. On n'avait dans le port de Stralsund qu'une petite barque à voiles et à rames. Tant de périls, qui rendaient cette retraite glorieuse, y déterminèrent Charles. Il s'embarqua, la nuit du 20 décembre 1715, avec dix personnes seulement. Il fallut casser la glace dont la mer était couverte dans le port :

ce travail pénible dura plusieurs heures avant que la barque pût voguer librement. Les amiraux ennemis avaient des ordres précis de ne point laisser sortir Charles de Stralsund, et de le prendre mort ou vif. Heureusement ils étaient sous le vent, et ne purent l'aborder : il courut un danger encore plus grand en passant à la vue de l'île de Rugen, près d'un endroit nommé la *Babrette*, où les Danois avaient élevé une batterie de douze canons. Ils tirèrent sur le roi. Les matelots fesaient force de voiles et de rames pour s'éloigner ; un coup de canon tua deux hommes à côté de Charles, un autre fracassa le mât de la barque. Au milieu de ces dangers le roi arriva vers deux de ses vaisseaux qui croisaient dans la mer Baltique : dès le lendemain Stralsund se rendit ; la garnison fut faite prisonnière de guerre, et Charles aborda à Ystad en Scanie, et de là se rendit à Carlscrona, dans un état bien autre que quand il en partit, quinze ans auparavant, sur un vaisseau de cent vingt canons, pour aller donner des lois au Nord.

Si près de sa capitale, on s'attendait qu'il la reverrait après cette longue absence ; mais son dessein était de n'y rentrer qu'après des victoires. Il ne pouvait se résoudre d'ailleurs à revoir des peuples qui l'aimaient, et qu'il était forcé d'opprimer pour se défendre contre ses ennemis. Il voulut seulement voir sa sœur : il lui donna rendez-vous sur le bord du lac Veter en Ostrogothie ; il s'y rendit en poste, suivi d'un seul domestique, et s'en retourna après avoir resté un jour avec elle.

De Carlscrona, où il séjourna l'hiver, il ordonna

de nouvelles levées d'hommes dans son royaume. Il croyait que tous ses sujets n'étaient nés que pour le suivre à la guerre, et il les avait accoutumés à le croire aussi. On enrôlait des jeunes gens de quinze ans : il ne resta dans plusieurs villages que des vieillards, des enfants, et des femmes; on voyait même, en beaucoup d'endroits, les femmes seules labourer la terre.

Il était encore plus difficile d'avoir une flotte. Pour y suppléer on donna des commissions à des armateurs qui, moyennant des priviléges excessifs et ruineux pour le pays, équipèrent quelques vaisseaux : ces efforts étaient les dernières ressources de la Suède. Pour subvenir à tant de frais, il fallut prendre la substance des peuples. Il n'y eut point d'extorsion que l'on n'inventât sous le nom de taxe et d'impôt. On fit la visite dans toutes les maisons, et on en tira la moitié des provisions pour être mises dans les magasins du roi; on acheta pour son compte tout le fer qui était dans le royaume, que le gouvernement paya en billets, et qu'il vendit en argent. Tous ceux qui portaient des habits où il entrait de la soie, qui avaient des perruques, et des épées dorées, furent taxés. On mit un impôt excessif sur les cheminées. Le peuple, accablé de tant d'exactions, se fût révolté sous tout autre roi; mais le paysan le plus malheureux de la Suède savait que son maître menait une vie encore plus dure et plus frugale que lui : ainsi tout se soumettait sans murmure à des rigueurs que le roi endurait le premier.

Le danger public fit même oublier les misères particulières. On s'attendait à tout moment à voir les

Moscovites, les Danois, les Prussiens, les Saxons, les Anglais même, descendre en Suède : cette crainte était si bien fondée et si forte, que ceux qui avaient de l'argent ou des meubles précieux les enfouissaient dans la terre.

En effet, une flotte anglaise avait déjà paru dans la mer Baltique, sans qu'on sût quels étaient ses ordres ; et le roi de Danemark avait la parole du czar que les Moscovites, joints aux Danois, fondraient en Suède au printemps de 1716.

Ce fut une surprise extrême pour toute l'Europe attentive à la fortune de Charles XII, quand, au lieu de défendre son pays menacé par tant de princes, il passa en Norvége au mois de mars 1716, avec vingt mille hommes.

Depuis Annibal on n'avait point encore vu de général qui, ne pouvant se soutenir chez lui-même contre ses ennemis, fût allé leur faire la guerre au cœur de leurs états. Le prince de Hesse, son beau-frère, l'accompagna dans cette expédition.

On ne peut aller de Suède en Norvége que par des défilés assez dangereux ; et quand on les a passés, on rencontre de distance en distance des flaques d'eau que la mer y forme entre des rochers ; il fallait faire des ponts chaque jour. Un petit nombre de Danois aurait pu arrêter l'armée suédoise ; mais on n'avait pas prévu cette invasion subite. L'Europe fut encore plus étonnée que le czar demeurât tranquille au milieu de ces événements, et ne fît pas une descente en Suède, comme il en était convenu avec ses alliés.

La raison de cette inaction était un dessein des plus

grands, mais en même temps des plus difficiles à exécuter qu'ait jamais formés l'imagination humaine.

Le baron Henri de Görtz, né en Franconie, et baron immédiat de l'empire, ayant rendu des services importants au roi de Suède pendant le séjour de ce monarque à Bender, était depuis devenu son favori et son premier ministre.

Jamais homme ne fut si souple et si audacieux à-la-fois, si plein de ressources dans les disgraces, si vaste dans ses desseins, ni si actif dans ses démarches; nul projet ne l'effrayait, nul moyen ne lui coûtait; il prodiguait les dons, les promesses, les serments, la vérité, et le mensonge.

Il allait de Suède en France, en Angleterre, en Hollande, essayer lui-même les ressorts qu'il voulait faire jouer. Il eût été capable d'ébranler l'Europe, et il en avait conçu l'idée. Ce que son maître était à la tête d'une armée, il l'était dans le cabinet : aussi prit-il sur Charles XII un ascendant qu'aucun ministre n'avait eu avant lui.

Ce roi, qui à l'âge de vingt ans n'avait donné que des ordres au comte Piper, recevait alors des leçons du baron de Görtz : d'autant plus soumis à ce ministre que le malheur le mettait dans la nécessité d'écouter des conseils, et que Görtz ne lui en donnait que de conformes à son courage. Il remarqua que de tant de princes réunis contre la Suède, George, électeur de Hanovre, roi d'Angleterre, était celui contre lequel Charles était le plus piqué, parceque c'était le seul que Charles n'eût point offensé; que George était entré dans la querelle sous prétexte de l'apaiser, et uniquement pour garder Brême et Verden, auxquels il semblait n'avoir d'autre droit que de les avoir achetés à vil prix du roi de Danemark, à qui ils n'appartenaient pas.

Il entrevit aussi de bonne heure que le czar était secrètement mécontent des alliés, qui tous l'avaient empêché d'avoir un établissement dans l'empire d'Allemagne, où ce monarque, devenu trop dangereux, n'aspirait qu'à mettre le pied. Vismar, la seule ville qui restât encore aux Suédois sur les côtes d'Allemagne, venait enfin de se rendre aux Prussiens et aux Danois le 14 février 1716. Ceux-ci ne voulurent pas seulement souffrir que les troupes moscovites, qui étaient dans le Mecklenbourg, parussent à ce siége. De pareilles défiances, réitérées depuis deux ans, avaient aliéné l'esprit du czar, et avaient peut-être empêché la ruine de la Suède. Il y a beaucoup d'exemples d'états alliés conquis par une seule puissance; il y en a bien peu d'un grand empire conquis par plusieurs alliés. Si leurs forces réunies l'abattent, leurs divisions le relèvent bientôt.

Dès l'année 1714 le czar eût pu faire une descente en Suède. Mais, soit qu'il ne s'accordât pas avec les rois de Pologne, d'Angleterre, de Danemark, et de Prusse, alliés justement jaloux, soit qu'il ne crût pas encore ses troupes assez aguerries pour attaquer sur ses propres foyers cette même nation dont les seuls paysans avaient vaincu l'élite des troupes danoises, il recula toujours cette entreprise.

Ce qui l'avait arrêté encore était le besoin d'argent. Le czar était un des plus puissants monarques du monde, mais un des moins riches : ses revenus ne montaient pas alors à plus de vingt-quatre millions de nos livres. Il avait découvert des mines d'or, d'argent, de fer, de cuivre; mais le profit en était encore incertain, et le travail ruineux. Il établissait un grand commerce, mais les commencements ne lui apportaient que des espérances : ses provinces nouvellement conquises augmentaient sa puissance et sa gloire, sans accroître encore ses revenus. Il fallait du temps pour fermer les plaies de la Livonie, pays abondant, mais désolé par quinze ans de guerre, par le fer, par le feu, et par la contagion, vide d'habitants, et qui était alors à charge à son vainqueur. Les flottes qu'il entretenait, les nouvelles entreprises qu'il fesait tous les jours, épuisaient ses finances. Il avait été réduit à la mauvaise ressource de hausser les monnaies, remède qui ne guérit jamais les maux d'un état, et qui est surtout préjudiciable à un pays qui reçoit des étrangers plus de marchandises qu'il ne leur en fournit.

Voilà en partie les fondements sur lesquels Görtz bâtit le dessein d'une révolution. Il osa proposer au roi de Suède d'acheter la paix de l'empereur moscovite à quelque prix que ce pût être, lui fesant envisager le czar irrité contre les rois de Pologne et d'Angleterre, et lui donnant à entendre que Pierre Alexiowitz et Charles XII réunis pourraient faire trembler le reste de l'Europe.

Il n'y avait pas moyen de faire la paix avec le czar, sans céder une grande partie des provinces qui sont à l'orient et au nord de la mer Baltique; mais il lui fit considérer qu'en cédant ces provinces que le czar possédait déjà, et qu'on ne pouvait reprendre, le roi pourrait avoir la gloire de remettre à-la-fois Stanislas sur le trône de Pologne, de replacer le fils de Jacques II sur celui d'Angleterre, et de rétablir le duc de Holstein dans ses états.

Charles, flatté de ces grandes idées, sans pourtant y compter beaucoup, donna carte blanche à son ministre. Görtz partit de Suède muni d'un plein pouvoir qui l'autorisait à tout sans restriction, et le rendait plénipotentiaire auprès de tous les princes avec qui il jugerait à propos de négocier. Il fit d'abord sonder la cour de Moscou par le moyen d'un Écossais, nommé Areskins, premier médecin du czar, dévoué au parti du prétendant, ainsi que l'étaient presque tous les Écossais qui ne subsistaient pas des faveurs de la cour de Londres.

Ce médecin fit valoir au prince Menzikoff l'importance et la grandeur du projet avec toute la vivacité d'un homme qui y était intéressé. Le prince Menzikoff goûta ses ouvertures ; le czar les approuva. Au lieu de descendre en Suède, comme il en était convenu avec les alliés, il fit hiverner ses troupes dans le Mecklenbourg, et il y vint lui-même sous prétexte de terminer les querelles qui commençaient à naître entre le duc de Mecklenbourg et la noblesse de ce pays, mais poursuivant en effet son dessein favori d'avoir une principauté en Allemagne, et comptant engager le duc de Mecklenbourg à lui vendre sa souveraineté.

Les alliés furent irrités de cette démarche : ils ne voulaient point d'un voisin si terrible, qui, ayant une fois des terres en Allemagne, pourrait un jour s'en faire élire empereur, et en opprimer les souverains. Plus ils étaient irrités, plus le grand projet du baron de Görtz s'avançait vers le succès. Il négociait cependant avec tous les princes confédérés pour mieux cacher ses intrigues secrètes. Le czar les amusait tous aussi par des espérances. Charles XII, cependant, était en Norvége avec son beau-frère, le prince de Hesse, à la tête de vingt mille hommes; la province n'était gardée que par onze mille Danois divisés en plusieurs corps, que le roi et le prince de Hesse passèrent au fil de l'épée.

Charles avança jusqu'à Christiana, capitale de ce royaume : la fortune recommençait à lui devenir favorable dans ce coin du monde; mais jamais le roi ne prit assez de précautions pour faire subsister ses troupes. Une armée et une flotte danoise approchaient pour défendre la Norvége. Charles, qui manquait de vivres, se retira en Suède, attendant l'issue des vastes entreprises de son ministre.

Cet ouvrage demandait un profond secret et des préparatifs immenses, deux choses assez incompatibles. Görtz fit chercher jusque dans les mers de l'Asie un secours qui, tout odieux qu'il paraissait, n'en eût pas été moins utile pour une descente en Écosse, et qui du moins eût apporté en Suède de l'argent, des hommes, et des vaisseaux.

Il y avait long-temps que des pirates de toutes nations, et particulièrement des Anglais, ayant fait entre eux une association, infestaient les mers de l'Europe et de l'Amérique. Poursuivis partout sans quartier, ils venaient de se retirer sur les côtes de Madagascar, grande île à l'orient de l'Afrique. C'étaient des hommes désespérés, presque tous connus par des actions auxquelles il ne manquait que de la justice pour être héroïques. Ils cherchaient un prince qui voulût les recevoir sous sa protection; mais les lois des nations leur fermaient tous les ports du monde.

Dès qu'ils surent que Charles XII était retourné en Suède, ils espérèrent que ce prince passionné pour la guerre, obligé de la faire, et manquant de flotte et de soldats, leur ferait une bonne composition : ils lui envoyèrent un député qui vint en Europe sur un vaisseau hollandais, et qui alla proposer au baron de Görtz de les recevoir dans le port de Gottembourg, où ils s'offraient de se rendre avec soixante vaisseaux chargés de richesses.

Le baron fit agréer au roi la proposition; on envoya même l'année suivante deux gentilshommes suédois, l'un nommé Cronström, et l'autre Mendal, pour consommer la négociation avec ces corsaires de Madagascar.

On trouva depuis un secours plus noble et plus important dans le cardinal Albéroni, puissant génie qui a gouverné l'Espagne assez long-temps pour sa gloire, et trop peu pour la grandeur de cet état. Il entra avec ardeur dans le projet de mettre le fils de Jacques II sur le trône d'Angleterre. Cependant, comme il ne venait que de mettre le pied dans le ministère, et qu'il avait l'Espagne à rétablir avant que de songer à bouleverser d'autres royaumes, il semblait qu'il ne pouvait de plusieurs années mettre la main à cette grande machine; mais en moins de deux ans on le vit changer la face de l'Espagne, lui rendre son crédit dans l'Europe, engager, à ce qu'on prétend, les Turcs à attaquer l'empereur d'Allemagne, et tenter en même temps d'ôter la régence de France au duc d'Orléans, et la couronne de la Grande-Bretagne au roi George : tant un seul homme est dangereux quand il est absolu dans un puissant état, et qu'il a de la grandeur et du courage dans l'esprit.

Görtz, ayant ainsi dispersé à la cour de Moscovie et à celle d'Espagne les premières étincelles de l'embrasement qu'il méditait, alla secrètement en France, et de là en Hollande, où il vit les adhérents du prétendant.

Il s'informa plus particulièrement de leurs forces, du nombre et de la disposition des mécontents d'Angleterre, de l'argent qu'ils pouvaient fournir, et des troupes qu'ils pouvaient mettre sur pied. Les mécontents ne demandaient qu'un secours de dix mille hommes, et fesaient envisager une révolution sûre avec l'aide de ces troupes.

Le comte de Gyllenborg, ambassadeur de Suède en Angleterre, instruit par le baron de Görtz, eut plusieurs conférences à Londres avec les principaux mécontents : il les encouragea, et leur promit tout ce qu'ils voulurent ; le parti du prétendant alla jusqu'à fournir des sommes considérables que Görtz toucha en Hollande. Il négocia l'achat de quelques vaisseaux, et en acheta six en Bretagne avec des armes de toute espèce.

Il envoya alors secrètement en France plusieurs officiers, entre autres le chevalier de Folard, qui, ayant fait trente campagnes dans les armées-françaises, et y ayant fait peu de fortune, avait été depuis peu offrir ses services au roi de Suède, moins par des vues intéressées que par le desir de servir sous un roi qui avait une réputation si étonnante. Le chevalier de Folard espérait d'ailleurs faire goûter à ce prince les nouvelles idées qu'il avait sur la guerre; il avait étudié toute sa vie cet art en philosophe, et il a depuis communiqué ses découvertes au public dans ses *Commentaires sur Polybe*. Ses vues furent goûtées de Charles XII, qui lui-même avait fait la guerre d'une manière nouvelle, et qui ne se laissait conduire en rien par la coutume; il destina le chevalier de Folard à être un des instruments dont il voulait se servir dans la descente projetée en Écosse. Ce gentilhomme exécuta en France les ordres secrets du baron de Görtz. Beaucoup d'officiers français, un plus grand nombre d'Irlandais, entrèrent dans cette conjuration d'une espèce nouvelle, qui se tramait en même temps en Angleterre, en France, en Moscovie, et dont les branches s'étendaient secrètement d'un bout de l'Europe à l'autre.

Ces préparatifs étaient encore peu de chose pour le baron de Görtz; mais c'était beaucoup d'avoir commencé. Le point le plus important, et sans lequel rien ne pouvait réussir, était d'achever la paix entre le czar et Charles; il restait beaucoup de difficultés à aplanir. Le baron Osterman, ministre d'état en Moscovie, ne s'était point laissé entraîner d'abord aux vues de Görtz; il était aussi circonspect que le ministre de Charles était entreprenant. Sa politique lente et mesurée voulait laisser tout mûrir; le génie impatient de l'autre prétendait recueillir immédiatement après avoir semé. Osterman craignait que l'empereur son maître, ébloui par l'éclat de cette entreprise, n'accordât à la Suède une paix trop avantageuse; il retardait par ses longueurs et par ses obstacles la conclusion de cette affaire.

Heureusement pour le baron de Görtz, le czar lui-même vint en Hollande au commencement de 1717. Son dessein était de passer ensuite en France : il lui manquait d'avoir vu cette nation célèbre, qui est depuis plus de cent ans censurée, enviée, et imitée, par tous ses voisins; il voulait y satisfaire sa curiosité insatiable de voir et d'apprendre, et exercer en même temps sa politique.

Görtz vit deux fois à La Haye cet empereur ; il avança plus dans ces deux conférences qu'il n'eût fait en six mois avec des plénipotentiaires. Tout prenait un tour favorable : ses grands desseins paraissaient couverts d'un secret impénétrable : il se flattait que l'Europe ne les apprendrait que par l'exécution. Il ne parlait cependant à La Haye que de paix : il disait hautement qu'il voulait regarder le roi d'Angleterre comme le pacificateur du Nord : il pressait même en apparence la tenue d'un congrès à Brunsvick, où les intérêts de la Suède et de ses ennemis devaient être décidés à l'amiable.

Le premier qui découvrit ces intrigues fut le duc d'Orléans, régent de France; il avait des espions dans toute l'Europe. Ce genre d'hommes, dont le métier est de vendre le secret de leurs amis, et qui subsiste de délations, et souvent même de calomnies, s'était tellement multiplié en France sous son gouvernement, que la moitié de la nation était devenue l'espion de l'autre. Le duc d'Orléans, lié avec le roi d'Angleterre par des engagements personnels, lui découvrit les menées qui se tramaient contre lui.

Dans le même temps les Hollandais, qui prenaient des ombrages de la conduite de Görtz, communiquèrent leurs soupçons au ministre anglais. Görtz et Gyllenborg poursuivaient leurs desseins avec chaleur, lorsqu'ils furent arrêtés tous deux, l'un à Deventer en Gueldre, et l'autre à Londres.

Comme Gyllenborg, ambassadeur de Suède, avait violé le droit des gens en conspirant contre le prince auprès duquel il était envoyé, on viola sans scrupule le même droit en sa personne. Mais on s'étonna que les états-généraux, par une complaisance inouïe pour le roi d'Angleterre, missent en prison le baron de Görtz. Ils chargèrent même le comte de Welderen de l'interroger. Cette formalité ne fut qu'un outrage de plus, lequel devenant inutile ne tourna qu'à leur confusion. Görtz demanda au comte de Welderen s'il était connu de lui. « — Oui, monsieur, répondit le « Hollandais. — Eh bien, dit le baron de Görtz, si « vous me connaissez, vous devez savoir que je ne dis « que ce que je veux. » L'interrogatoire ne fut guère poussé plus loin : tous les ambassadeurs, mais particulièrement le marquis de Montéléon, ministre d'Espagne en Angleterre, protestèrent contre l'attentat commis envers la personne de Görtz et de Gyllenborg. Les Hollandais étaient sans excuse : ils avaient non seulement violé un droit sacré en arrêtant le premier ministre du roi de Suède, qui n'avait rien machiné contre eux ; mais ils agissaient directement contre les principes de cette liberté précieuse qui a attiré chez eux tant d'étrangers, et qui a été le fondement de leur grandeur.

A l'égard du roi d'Angleterre, il n'avait rien fait que de juste en arrêtant prisonnier un ennemi. Il fit, pour sa justification, imprimer les lettres du baron de Görtz et du comte de Gyllenborg, trouvées dans les papiers du dernier. Le roi de Suède était alors dans la province de Scanie ; on lui apporta ces lettres imprimées avec la nouvelle de l'enlèvement de ses deux ministres. Il demanda en souriant si on n'avait pas aussi imprimé les siennes. Il ordonna aussitôt qu'on arrêtât à Stockholm le résident anglais avec toute sa famille et ses domestiques ; il défendit sa cour au résident hollandais, qu'il fit garder à vue. Cependant il n'avoua ni ne désavoua le baron de Görtz : trop fier pour nier une entreprise qu'il avait approuvée, et trop sage pour convenir d'un dessein éventé presque dans sa naissance, il se tint dans un silence dédaigneux avec l'Angleterre et la Hollande.

Le czar prit tout un autre parti. Comme il n'était point nommé, mais obscurément impliqué dans les lettres de Gyllenborg et de Görtz, il écrivit au roi d'Angleterre une longue lettre pleine de compliments sur la conspiration, et d'assurance d'une amitié sincère ; le roi George reçut ses protestations sans les croire, et feignit de se laisser tromper. Une conspiration tramée par des particuliers, quand elle est découverte, est anéantie : mais une conspiration de rois n'en prend que de nouvelles forces. Le czar arriva à Paris au mois de mai de la même année 1717. Il ne s'y occupa pas uniquement à voir les beautés de l'art et de la nature, à visiter les académies, les bibliothèques publiques, les cabinets des curieux, les maisons royales : il proposa au duc d'Orléans, régent de France, un traité dont l'acceptation eût pu mettre le comble à la grandeur moscovite. Son dessein était de se réunir avec le roi de Suède, qui lui cédait de grandes provinces, d'ôter entièrement aux Danois l'empire de la mer Baltique, d'affaiblir les Anglais par une guerre civile, et d'attirer à la Moscovie tout le commerce du Nord. Il ne s'éloignait pas même de remettre le roi Stanislas aux prises avec le roi Auguste, afin que le feu étant allumé de tous côtés, il pût courir pour l'attiser ou pour l'éteindre, selon qu'il y trouverait ses avantages. Dans ces vues, il proposa au régent de France la médiation entre la Suède et la Moscovie, et de plus une alliance offensive et défensive avec ces couronnes et celle d'Espagne. Ce traité, qui paraissait si naturel, si utile à ces nations, et qui mettait dans leurs mains la balance de l'Europe, ne fut cependant pas accepté du duc d'Orléans. Il prenait précisément dans ce temps des engagements tout contraires ; il se liguait avec l'empereur d'Allemagne et George, roi d'Angleterre. La raison d'état changeait alors dans l'esprit de tous les princes, au point que le czar était prêt de se déclarer contre son ancien allié, le roi Auguste, et d'embrasser les querelles de Charles, son mortel ennemi, pendant que la France allait, en faveur des

Allemands et des Anglais, faire la guerre au petit-fils de Louis XIV, après l'avoir soutenu si long-temps contre ces mêmes ennemis aux dépens de tant de trésors et de sang. Tout ce que le czar obtint, par des voies indirectes, fut que le régent interposât ses bons offices pour l'élargissement du baron de Görtz et du comte de Gyllenborg. Il s'en retourna dans ses états à la fin de juin, après avoir donné à la France le spectacle rare d'un empereur qui voyageait pour s'instruire; mais trop de Français ne virent en lui que les dehors grossiers que sa mauvaise éducation lui avait laissés; et le législateur, le créateur d'une nation nouvelle, le grand homme leur échappa.

Ce qu'il cherchait dans le duc d'Orléans, il le trouva bientôt dans le cardinal Albéroni, devenu tout puissant en Espagne. Albéroni ne souhaitait rien tant que le rétablissement du prétendant, et comme ministre de l'Espagne, que l'Angleterre avait si maltraitée, et comme ennemi personnel du duc d'Orléans, lié avec l'Angleterre contre l'Espagne, et enfin comme prêtre d'une église pour laquelle le père du prétendant avait si mal à propos perdu sa couronne.

Le duc d'Ormond, aussi aimé en Angleterre que le duc de Marlborough y était admiré, avait quitté son pays à l'avénement du roi George; et, s'étant alors retiré à Madrid, il alla, muni de pleins pouvoirs du roi d'Espagne et du prétendant, trouver le czar sur son passage à Mittau en Courlande, accompagné d'Irnegan, autre Anglais, homme habile et entreprenant. Il demanda la princesse Anne Petrowna, fille du czar, en mariage pour le fils de Jacques II[a], espérant que cette alliance attacherait plus étroitement le czar aux intérêts de ce prince malheureux. Mais cette proposition faillit à reculer les affaires pour un temps, au lieu de les avancer. Le baron de Görtz avait, dans ses projets, destiné depuis long-temps cette princesse au duc de Holstein, qui en effet l'a épousée depuis. Dès qu'il sut cette proposition du duc d'Ormond, il en fut jaloux, et s'appliqua à la traverser. Il sortit de prison au mois d'août, aussi bien que le comte de Gyllenborg, sans que le roi de Suède eût daigné faire la moindre excuse au roi d'Angleterre, ni montrer le plus léger mécontentement de la conduite de son ministre.

En même temps on élargit à Stockholm le résident anglais et toute sa famille, qui avaient été traités avec beaucoup plus de sévérité que Gyllenborg ne l'avait été à Londres.

Görtz, en liberté, fut un ennemi déchaîné, qui, outre les puissants motifs qui l'agitaient, eut encore celui de la vengeance. Il se rendit en poste auprès du czar, et ses insinuations prévalurent plus que jamais auprès de ce prince. D'abord il l'assura qu'en *moins de trois mois* il lèverait, avec un seul plénipotentiaire de Moscovie, tous les obstacles qui retardaient la conclusion de la paix avec la Suède : il prit entre ses mains

---

[a] Le cardinal Albéroni lui-même a certifié la vérité de tous ces récits dans une lettre de remercîment à l'auteur. Au reste, M. Nordberg, aussi mal instruit des affaires de l'Europe que mauvais écrivain, prétend que le duc d'Ormond ne quitta pas l'Angleterre à l'avénement du roi George Ier, mais immédiatement après la mort de la reine Anne ; comme si George Ier n'avait pas été le successeur immédiat de cette reine.

une carte géographique que le czar avait dessinée lui-même; et, tirant une ligne depuis Vibourg jusqu'à la mer Glaciale, en passant par le lac Ladoga, il se fit fort de porter son maître à céder ce qui était à l'orient de cette ligne, aussi bien que la Carélie, l'Ingrie, et la Livonie : ensuite il jeta des propositions de mariage entre la fille de sa majesté czarienne et le duc de Holstein, le flattant que ce duc lui pourrait céder ses états moyennant un équivalent ; que par là il serait membre de l'empire, lui montrant de loin la couronne impériale, soit pour quelqu'un de ses descendants, soit pour lui-même. Il flattait ainsi les vues ambitieuses du monarque moscovite, ôtait au prétendant la princesse czarienne, en même temps qu'il lui ouvrait le chemin de l'Angleterre; et il remplissait toutes ses vues à-la-fois.

Le czar nomma l'île d'Aland pour les conférences que son ministre d'état Osterman devait avoir avec le baron de Görtz. On pria le duc d'Ormond de s'en retourner, pour ne pas donner de trop violents ombrages à l'Angleterre, avec laquelle le czar ne voulait rompre que sur le point de l'invasion; on retint seulement à Pétersbourg Irnegan, le confident du duc d'Ormond, qui fut chargé des intrigues, et qui logea dans la ville avec tant de précaution, qu'il ne sortait que de nuit, et ne voyait jamais les ministres du czar que déguisé tantôt en paysan, tantôt en Tartare.

Dès que le duc d'Ormond fut parti, le czar fit valoir au roi d'Angleterre sa complaisance d'avoir renvoyé le plus grand partisan du prétendant; et le baron de Görtz, plein d'espérance, retourna en Suède.

Il retrouva son maître à la tête de trente-cinq mille hommes de troupes réglées, et les côtes bordées de milices. Il ne manquait au roi que de l'argent : le crédit était épuisé en dedans et en dehors du royaume. La France, qui lui avait fourni quelques subsides dans les dernières années de Louis XIV, n'en donnait plus sous la régence du duc d'Orléans, qui se conduisait par des vues toutes contraires. L'Espagne en promettait, mais elle n'était pas encore en état d'en fournir beaucoup. Le baron de Görtz donna alors une libre étendue à un projet qu'il avait déjà essayé avant d'aller en France et en Hollande; c'était de donner au cuivre la même valeur qu'à l'argent; de sorte qu'une pièce de cuivre, dont la valeur intrinsèque est un demi-sou, passait pour quarante sous avec la marque du prince; à peu près comme, dans une ville assiégée, les gouverneurs ont souvent payé les soldats et les bourgeois avec de la monnaie de cuir, en attendant qu'on pût avoir des espèces réelles. Ces monnaies fictices[1], inventées par la nécessité, et auxquelles la bonne foi seule peut donner un crédit durable, sont comme des billets de change, dont la valeur imaginaire peut excéder aisément les fonds qui sont dans un état.

Ces ressources sont d'un excellent usage dans un pays libre : elles ont quelquefois sauvé une républi-

---

[1] Dans l'édition de 1731, il y a : *monnaies fictices;* dans celle de 1737, *monnaies idéales ;* dans celles de 1746, 1751, et de Kehl, *monnaies fictives;* dans celles de 1748, 1752, 1756, 1761, 1768 (in-4°) et 1775, *monnaies fictrices.* L'exemplaire de 1748, avec corrections manuscrites, dont j'ai parlé dans ma préface, porte (au moyen d'une correction) : *monnaies fictices.* B.

que, mais elles ruinent presque sûrement une monarchie; car les peuples manquant bientôt de confiance, le ministre est réduit à manquer de bonne foi : les monnaies idéales se multiplient avec excès, les particuliers enfouissent leur argent, et la machine se détruit avec une confusion accompagnée souvent des plus grands malheurs. C'est ce qui arriva au royaume de Suède.

Le baron de Görtz ayant d'abord répandu avec discrétion dans le public les nouvelles espèces, fut entraîné en peu de temps au-delà de ses mesures par la rapidité du mouvement, qu'il ne pouvait plus conduire. Toutes les marchandises et toutes les denrées ayant monté à un prix excessif, il fut forcé d'augmenter le nombre des espèces de cuivre. Plus elles se multiplièrent, plus elles furent décréditées; la Suède, inondée de cette fausse monnaie, ne forma qu'un cri contre le baron de Görtz. Les peuples, toujours pleins de vénération pour Charles XII, n'osaient presque le haïr, et fesaient tomber le poids de leur aversion sur un ministre qui, comme étranger et comme gouvernant les finances, était doublement assuré de la haine publique.

Un impôt qu'il voulut mettre sur le clergé acheva de le rendre exécrable à la nation; les prêtres, qui, trop souvent, joignent leur cause à celle de Dieu, l'appelèrent publiquement athée, parcequ'il leur demandait de l'argent. Les nouvelles espèces de cuivre avaient l'empreinte de quelques dieux de l'antiquité; on en prit occasion d'appeler ces pièces de monnaie *les dieux du baron de Görtz.*

A la haine publique contre lui se joignit la jalousie des ministres, implacable à mesure qu'elle était alors impuissante. La sœur du roi, et le prince son mari, le craignaient comme un homme attaché par sa naissance au duc de Holstein, et capable de lui mettre un jour la couronne de Suède sur la tête. Il n'avait plu dans le royaume qu'à Charles XII ; mais cette aversion générale ne servait qu'à confirmer l'amitié du roi, dont les sentiments s'affermissaient toujours par les contradictions. Il marqua alors au baron une confiance qui allait jusqu'à la soumission : il lui laissa un pouvoir absolu dans le gouvernement intérieur du royaume, et s'en remit à lui sans réserve sur tout ce qui regardait les négociations avec le czar ; il lui recommanda surtout de presser les conférences de l'île d'Aland.

En effet, dès que Görtz eut achevé à Stockholm les arrangements des finances, qui demandaient sa présence, il partit pour aller consommer avec le ministre du czar le grand ouvrage qu'il avait entamé.

Voici les conditions préliminaires de cette alliance, qui devait changer la face de l'Europe, telles qu'elles furent trouvées dans les papiers de Görtz, après sa mort.

Le czar retenant pour lui toute la Livonie, et une partie de l'Ingrie et de la Carélie, rendait à la Suède tout le reste ; il s'unissait avec Charles XII dans le dessein de rétablir le roi Stanislas sur le trône de Pologne, et s'engageait à rentrer dans ce pays avec quatre-vingt mille Moscovites, pour détrôner ce même roi Auguste, en faveur duquel il avait fait dix ans la guerre. Il fournissait au roi de Suède les vaisseaux nécessaires pour transporter dix mille Suédois en Angleterre, et trente mille en Allemagne : les forces réunies de Pierre et de Charles devaient attaquer le roi d'Angleterre dans ses états de Hanovre, et surtout dans Brême et Verden ; les mêmes troupes auraient servi à rétablir le duc de Holstein, et forcé le roi de Prusse à accepter un traité par lequel on lui ôtait une partie de ce qu'il avait pris. Charles en usa dès-lors comme si ses troupes victorieuses, renforcées de celles du czar, avaient déjà exécuté tout ce qu'on méditait. Il fit demander hautement à l'empereur d'Allemagne l'exécution du traité d'Alt-Rantstadt. A peine la cour de Vienne daigna-t-elle répondre à la proposition d'un prince dont elle croyait n'avoir rien à craindre.

Le roi de Pologne eut moins de sécurité ; il vit l'orage qui grossissait de tous les côtés. La noblesse polonaise était confédérée contre lui ; et depuis son rétablissement, il lui fallait toujours, ou combattre ses sujets, ou traiter avec eux. Le czar, médiateur à craindre, avait cent galères auprès de Dantzick, et quatre-vingt mille hommes sur les frontières de Pologne. Tout le Nord était en jalousies et en alarmes. Flemming, le plus défiant de tous les hommes, et celui dont les puissances voisines devaient le plus se défier, soupçonna le premier les desseins du czar et ceux du roi de Suède en faveur de Stanislas. Il voulut le faire enlever dans le duché de Deux-Ponts, comme on avait saisi Jacques Sobieski en Silésie. Un de ces Français entreprenants et inquiets, qui vont tenter la fortune dans les pays étrangers, avait amené depuis peu quelques partisans français comme lui au service du roi de Pologne. Il communiqua au ministre Flemming un projet par lequel il répondait d'aller, avec trente officiers français déterminés, enlever Stanislas dans son palais, et de l'amener prisonnier à Dresde. Le projet fut approuvé. Ces entreprises étaient alors assez communes. Quelques uns de ceux qu'en Italie on appelle *braves* avaient fait des coups pareils dans le Milanais durant la dernière guerre entre l'Allemagne et la France. Depuis même, plusieurs Français réfugiés en Hollande avaient osé pénétrer jusqu'à Versailles, dans le dessein d'enlever le dauphin, et s'étaient saisis de la personne du premier écuyer, presque sous les fenêtres du château de Louis XIV.

L'aventurier disposa donc ses hommes et ses relais pour surprendre et pour enlever Stanislas. L'entreprise fut découverte la veille de l'exécution. Plusieurs se sauvèrent; quelques uns furent pris. Ils ne devaient point s'attendre à être traités comme des prisonniers de guerre, mais comme des bandits. Stanislas, au lieu de les punir, se contenta de leur faire quelques reproches pleins de bonté; il leur donna même de l'argent pour se conduire, et montra par cette bonté généreuse qu'en effet Auguste, son rival, avait raison de le craindre[a].

Cependant Charles partit une seconde fois pour la

---

[a] Voilà ce que Nordberg appelle manquer de respect aux têtes couronnées, comme si ce récit véritable contenait une injure, et comme si on devait aux rois qui sont morts autre chose que la vérité. Pense-t-il que l'histoire doive ressembler aux sermons prêchés devant les rois, dans lesquels on leur fait des compliments?

conquête de la Norvége, au mois d'octobre 1718. Il avait si bien pris toutes ses mesures, qu'il espérait se rendre maître en six mois de ce royaume. Il aima mieux aller conquérir des rochers au milieu des neiges et des glaces, dans l'âpreté de l'hiver, qui tue les animaux en Suède même, où l'air est moins rigoureux, que d'aller reprendre ses belles provinces d'Allemagne des mains de ses ennemis : c'est qu'il espérait que sa nouvelle alliance avec le czar le mettrait bientôt en état de ressaisir toutes ces provinces ; bien plus, sa gloire était flattée d'enlever un royaume à son ennemi victorieux.

A l'embouchure du fleuve Tistedal, près de la manche de Danemark, entre les villes de Bahus et d'Anslo, est située Frédrickhall, place forte et importante, qu'on regardait comme la clef du royaume. Charles en forma le siége au mois de décembre. Le soldat, transi de froid, pouvait à peine remuer la terre endurcie sous la glace; c'était ouvrir la tranchée, dans une espèce de roc; mais les Suédois ne pouvaient se rebuter en voyant à leur tête un roi qui partageait leurs fatigues. Jamais Charles n'en essuya de plus grandes. Sa constitution, éprouvée par dix-huit ans de travaux pénibles, s'était fortifiée au point qu'il dormait en plein champ en Norvége, au cœur de l'hiver, sur de la paille ou sur une planche, enveloppé seulement d'un manteau, sans que sa santé en fût altérée. Plusieurs de ses soldats tombaient morts de froid dans leurs postes; et les autres, presque gelés, voyant leur roi qui souffrait comme eux, n'osaient proférer une plainte. Ce fut quelque temps avant cette expédition, qu'ayant entendu parler en Scanie d'une femme nommée Johns Dotter, qui avait vécu plusieurs mois sans prendre d'autre nourriture que de l'eau, lui qui s'était étudié toute sa vie à supporter les plus extrêmes rigueurs que la nature humaine peut soutenir, voulut essayer encore combien de temps il pourrait supporter la faim sans en être abattu. Il passa cinq jours entiers sans manger ni boire; le sixième, au matin, il courut deux lieues à cheval, et descendit chez le prince de Hesse, son beau-frère, où il mangea beaucoup, sans que ni une abstinence de cinq jours l'eût abattu, ni qu'un grand repas, à la suite d'un si long jeûne, l'incommodât[a].

Avec ce corps de fer, gouverné par une ame si hardie et si inébranlable, dans quelque état qu'il pût être réduit, il n'avait point de voisin auquel il ne fût redoutable.

Le 11 décembre, jour de Saint-André, il alla sur les neuf heures du soir visiter la tranchée, et ne trouvant pas la parallèle assez avancée à son gré, il parut très mécontent. M. Mégret, ingénieur français, qui conduisait le siége, l'assura que la place serait prise dans huit jours. « Nous verrons », dit le roi; et il continua de visiter les ouvrages avec l'ingénieur. Il s'arrêta dans un endroit où le boyau fesait un angle avec la parallèle; il se mit à genoux sur le talus intérieur, et appuyant ses coudes sur le parapet, resta quelque

[a] Nordberg prétend que ce fut pour se guérir d'un mal de poitrine que Charles XII essaya cette étrange abstinence : le confesseur Nordberg est assurément un mauvais médecin.

temps à considérer les travailleurs, qui continuaient les tranchées à la lueur des étoiles.

Les moindres circonstances deviennent essentielles quand il s'agit de la mort d'un homme tel que Charles XII; ainsi je dois avertir que toute la conversation que tant d'écrivains ont rapportée entre le roi et l'ingénieur Mégret est absolument fausse. Voici ce que je sais de véritable sur cet événement.

Le roi était exposé presque à demi corps à une batterie de canon pointée vis-à-vis l'angle où il était: il n'y avait alors auprès de sa personne que deux Français: l'un était M. Siquier, son aide-de-camp, homme de tête et d'exécution, qui s'était mis à son service en Turquie, et qui était particulièrement attaché au prince de Hesse; l'autre était cet ingénieur. Le canon tirait sur eux à cartouches; mais le roi, qui se découvrait davantage, était le plus exposé. A quelques pas derrière était le comte Schwerin, qui commandait la tranchée. Le comte Posse, capitaine aux gardes, et un aide-de-camp nommé Kaulbar[1], recevaient des ordres de lui. Siquier et Mégret virent dans ce moment le roi de Suède qui tombait sur le parapet en poussant un grand soupir; ils s'approchèrent; il était déjà mort. Une balle pesant une demi-livre l'avait atteint à la tempe droite, et avait fait un trou dans lequel on pouvait enfoncer trois doigts; sa tête était renversée sur le parapet, l'œil gauche était enfoncé, et le droit entièrement hors de son orbite. L'instant de sa blessure avait été celui de sa mort; cependant il

[1] Voltaire a écrit Kulbert. B.

avait eu la force, en expirant d'une manière si subite, de mettre, par un mouvement naturel, la main sur la garde de son épée, et était encore dans cette attitude [1]. A ce spectacle, Mégret, homme singulier et indifférent, ne dit autre chose, sinon : « Voilà la pièce finie, « allons souper. » Siquier court sur-le-champ avertir le comte Schwerin. Ils résolurent ensemble de dérober la connaissance de cette mort aux soldats, jusqu'à ce que le prince de Hesse en pût être informé. On enveloppa le corps d'un manteau gris : Siquier mit sa perruque et son chapeau sur la tête du roi; en cet état, on transporta Charles, sous le nom du capitaine Carlberg, au travers des troupes, qui voyaient passer leur roi mort sans se douter que ce fût lui.

Le prince ordonna à l'instant que personne ne sortît du camp, et fit garder tous les chemins de la Suède, afin d'avoir le temps de prendre ses mesures pour faire tomber la couronne sur la tête de sa femme, et pour en exclure le duc de Holstein, qui pouvait y prétendre.

Ainsi périt, à l'âge de trente-six ans et demi, Charles XII, roi de Suède, après avoir éprouvé ce que la prospérité a de plus grand, et ce que l'adversité a de plus cruel, sans avoir été amolli par l'une, ni ébranlé un moment par l'autre. Presque toutes ses actions,

---

[1] Le procès-verbal de l'autopsie cadavérique, faite en 1746, établit que le coup qui avait traversé les deux tempes n'y avait laissé qu'une blessure longue de sept lignes, et large de deux. Une *balle d'une demi-livre* eût laissé bien d'autres traces. Charles XII fut trouvé mort ayant la main droite sur la poignée de son épée à moitié tirée du fourreau; circonstance qui prouve que le roi a vu le coup qui le menaçait, et voulait se défendre. On croit que Siquier était l'instrument de Frédéric de Hesse, beau-frère de Charles XII. B.

jusqu'à celles de sa vie privée et unie, ont été bien loin au-delà du vraisemblable. C'est peut-être le seul de tous les hommes, et jusqu'ici le seul de tous les rois, qui ait vécu sans faiblesses; il a porté toutes les vertus des héros à un excès où elles sont aussi dangereuses que les vices opposés. Sa fermeté, devenue opiniâtreté, fit ses malheurs dans l'Ukraine, et le retint cinq ans en Turquie; sa libéralité, dégénérant en profusion, a ruiné la Suède; son courage, poussé jusqu'à la témérité, a causé sa mort : sa justice a été quelquefois jusqu'à la cruauté; et, dans les dernières années, le maintien de son autorité approchait de la tyrannie. Ses grandes qualités, dont une seule eût pu immortaliser un autre prince, ont fait le malheur de son pays. Il n'attaqua jamais personne; mais il ne fut pas aussi prudent qu'implacable dans ses vengeances. Il a été le premier qui ait eu l'ambition d'être conquérant sans avoir l'envie d'agrandir ses états; il voulait gagner des empires pour les donner. Sa passion pour la gloire, pour la guerre, et pour la vengeance, l'empêcha d'être bon politique, qualité sans laquelle on n'a jamais vu de conquérant. Avant la bataille et après la victoire, il n'avait que de la modestie; après la défaite, que de la fermeté : dur pour les autres comme pour lui-même, comptant pour rien la peine et la vie de ses sujets, aussi bien que la sienne; homme unique plutôt que grand homme; admirable plutôt qu'à imiter. Sa vie doit apprendre aux rois combien un gouvernement pacifique et heureux est au-dessus de tant de gloire.

Charles XII était d'une taille avantageuse et noble;

il avait un très beau front, de grands yeux bleus remplis de douceur, un nez bien formé, mais le bas du visage désagréable, trop souvent défiguré par un rire fréquent qui ne partait que des lèvres, presque point de barbe ni de cheveux. Il parlait très peu, et ne répondait souvent que par ce rire dont il avait pris l'habitude. On observait à sa table un silence profond. Il avait conservé, dans l'inflexibilité de son caractère, cette timidité qu'on nomme mauvaise honte. Il eût été embarrassé dans une conversation, parceque s'étant donné tout entier aux travaux et à la guerre, il n'avait jamais connu la société. Il n'avait lu jusqu'à son loisir chez les Turcs que les *Commentaires de César* et l'*Histoire d'Alexandre*; mais il avait écrit quelques réflexions sur la guerre, et sur ses campagnes depuis 1700 jusqu'à 1709. Il l'avoua au chevalier de Folard, et lui dit que ce manuscrit avait été perdu à la malheureuse journée de Pultava. Quelques personnes ont voulu faire passer ce prince pour un bon mathématicien; il avait sans doute beaucoup de pénétration dans l'esprit; mais la preuve que l'on donne de ses connaissances en mathématique n'est pas bien concluante; il voulait changer la manière de compter par dizaine, et il proposait à la place le nombre soixante-quatre, parceque ce nombre contenait à-la-fois un cube et un carré, et qu'étant divisé par deux, il était enfin réductible à l'unité. Cette idée prouvait seulement qu'il aimait en tout l'extraordinaire et le difficile [1].

[1] Elle prouve aussi qu'il avait approfondi jusqu'à un certain point la théo-

A l'égard de sa religion, quoique les sentiments d'un prince ne doivent pas influer sur les autres hommes, et que l'opinion d'un monarque aussi peu instruit que Charles ne soit d'aucun poids dans ces matières, cependant il faut satisfaire sur ce point comme sur le reste la curiosité des hommes qui ont eu les yeux ouverts sur tout ce qui regarde ce prince. Je sais de celui qui m'a confié les principaux mémoires de cette histoire, que Charles XII fut luthérien de bonne foi jusqu'à l'année 1707. Il vit alors à Leipsick le fameux philosophe M. Leibnitz, qui pensait et parlait librement, et qui avait déjà inspiré ses sentiments libres à plus d'un prince. Je ne crois pas que Charles XII puisa, comme on me l'avait dit, de l'indifférence pour le luthéranisme dans la conversation de ce philosophe, qui n'eut jamais l'honneur de l'entretenir qu'un quart d'heure ; mais M. Fabrice, qui approcha de lui familièrement sept années de suite, m'a dit que dans son loisir chez les Turcs, ayant vu plus de diverses religions, il étendit plus loin son indifférence. La Motraye même, dans ses Voyages, confirme cette idée. Le comte de Croissi pense de même, et m'a dit plusieurs fois que ce prince ne conserva de ses premiers principes que celui d'une prédestination absolue, dogme qui favorisait son courage, et qui justifiait ses témérités. Le czar avait les mêmes sentiments que lui sur la religion et sur la destinée; mais il en parlait plus souvent; car il s'entretenait familière-

---

rie des nombres, puisqu'il connaissait la nature et les propriétés des échelles arithmétiques. K.

ment de tout avec ses favoris, et avait par-dessus Charles l'étude de la philosophie et le don de l'éloquence.

Je ne puis me défendre de parler ici d'une calomnie renouvelée trop souvent à la mort des princes, que les hommes malins et crédules prétendent toujours avoir été ou empoisonnés ou assassinés. Le bruit se répandit alors, en Allemagne, que c'était M. Siquier lui-même qui avait tué le roi de Suède. Ce brave officier fut long-temps désespéré de cette calomnie : un jour, en m'en parlant, il me dit ces propres paroles : « J'aurais pu tuer le roi de Suède ; mais tel était mon « respect pour ce héros, que si je l'avais voulu je n'au« rais pas osé. »

[1] Je sais bien que Siquier lui-même avait donné lieu à cette fatale accusation qu'une partie de la Suède croit encore ; il m'avoua lui-même qu'à Stockholm, dans une fièvre chaude, il s'était écrié qu'il avait tué le roi de Suède ; que même il avait dans son accès ouvert la fenêtre, et demandé publiquement pardon de ce parricide. Lorsque dans sa guérison il eut appris ce qu'il avait dit dans sa maladie, il fut sur le point de mourir de douleur. Je n'ai point voulu révéler cette anecdote pendant sa vie. Je le vis quelque temps avant sa mort, et je peux assurer que loin d'avoir tué Charles XII, il se serait fait tuer pour lui mille fois. S'il avait été coupable d'un tel crime, ce ne pouvait être que pour servir quelque puissance qui l'en aurait sans doute bien récompensé ; il est mort très pauvre en France, et même il y a eu besoin du secours de

[1] Cet alinéa n'a été ajouté qu'en 1748. B.

ses amis. Si ces raisons ne suffisent pas, que l'on considère que la balle qui frappa Charles XII ne pouvait entrer dans un pistolet, et que Siquier n'aurait pu faire ce coup détestable qu'avec un pistolet caché sous son habit[1].

Après la mort du roi on leva le siége de Frédrikhall; tout changea dans un moment : les Suédois, plus accablés que flattés de la gloire de leur prince, ne songèrent qu'à faire la paix avec leurs ennemis, et à réprimer chez eux la puissance absolue dont le baron de Görtz leur avait fait éprouver l'excès. Les états élurent librement pour leur reine la princesse, sœur de Charles XII[2], et l'obligèrent solennellement de renoncer à tout droit héréditaire sur la couronne, afin qu'elle ne la tînt que des suffrages de la nation. Elle promit, par des serments réitérés, qu'elle ne tenterait jamais de rétablir le pouvoir arbitraire : elle sacrifia depuis la jalousie de la royauté à la tendresse conjugale, en cédant la couronne à son mari[3], et elle engagea les états à élire ce prince, qui monta sur le trône aux mêmes conditions qu'elle.

---

[1] Beaucoup de gens prétendent encore que Charles XII fut la victime de la haine qu'il avait inspirée à ses sujets. Cette opinion n'est pas même destituée de vraisemblance. M. de Voltaire ne l'ignorait pas ; mais comme il ne pouvait vérifier les petites circonstances sur lesquelles cette opinion s'appuie, il a préféré la passer sous silence. On garde à Stockholm le chapeau de Charles XII ; et la petitesse du trou dont il est percé est une des raisons de ceux qui veulent croire qu'il périt par un assassinat. K. —Voyez ma note, page 353. B.

[2] Ulrique Éléonore, morte le 5 décembre 1741, à cinquante-quatre ans. B.

[3] Frédéric de Hesse-Cassel, associé, avec l'agrément des états, au trône de Suède, le 4 avril 1720, mourut le 5 avril 1751, à soixante-quinze ans. B.

Le baron de Görtz, arrêté immédiatement après la mort de Charles, fut condamné par le sénat de Stockholm à avoir la tête tranchée au pied de la potence de la ville : exemple de vengeance peut-être encore plus que de justice, et affront cruel à la mémoire d'un roi que la Suède admire encore.

FIN DE L'HISTOIRE DE CHARLES XII.

NOTES

SUR

LES *REMARQUES* DE LA MOTRAYE;

PRÉCÉDÉES

DU TEXTE SUJET DES NOTES.

I. « Mon admiration pour tout ce qui part de vo-
« tre plume croît de plus en plus. »

Si cela était, M. de La Motraye aurait communiqué ses remarques à M. de Voltaire, au lieu de les vendre à un libraire.

II. « Ayant eu pendant tant d'années l'honneur
« d'approcher votre héros, et de converser continuelle-
« ment avec ses officiers, j'ai dû être mieux informé
« que vous de ce qui le regarde. »

Les mémoires qu'on a communiqués à M. de Voltaire, et qu'il déposera dans une bibliothèque publique, sont faits par des ministres et des officiers-généraux, qui peuvent avoir vu beaucoup de choses échappées au sieur de La Motraye.

III. « Tout le monde convient que votre livre est
« très bien écrit : cela suffirait, dit-on, pour un ro-
« man où l'invention domine; mais ce n'est pas assez
« pour une histoire où la vérité doit régner absolu-

« ment, où il faut des nerfs et de la force plutôt que
« des graces et des fleurs. »

Les nerfs et la force dépendent du style, et non de
la vérité. On peut mentir avec force, et dire la vérité
ennuyeusement.

IV. « Dans le premier livre de votre histoire......
« vous faites gagner au czar Pierre Ier, en 1697, la
« bataille d'Asoph sur les Turcs, et leur enlever cette
« ville (la clef de l'empire ottoman), qui se rendit par
« capitulation le vingt-huitième de juillet 1695; vous
« lui faites quitter, en 1678, la Moscovie pour sa
« grande ambassade; cette ambassade partit en 1697. »

M. de La Motraye se trompe. Asoph se rendit le
27 juin 1696. A l'égard de la date de 1678, il n'y a
personne qui ne sente que c'est une faute d'impression. Cette faute a été corrigée dans les dernières éditions de l'*Histoire de Charles XII.*

V. « Ce qui me surprend, c'est que vous n'avez
« pas corrigé dans cette édition (la deuxième de Pa-
« ris) ce que vous dites de M. Le Fort, qu'il était fils
« d'un Français réfugié à Genève, et qu'il alla d'a-
« bord chercher de l'emploi dans les troupes mosco-
« vites. »

Cette erreur a été corrigée dans plusieurs éditions. M. de La Motraye devrait les avoir lues, puisque cette critique est imprimée après la quatrième
édition débitée en France du livre de M. de Voltaire.

VI. « M. Le Fort était d'une famille genevoise par-
« tagée entre la magistrature et le commerce..... Son

« père l'envoya chez M. Franconis, fameux négociant
« de cette ville (Amsterdam). »

Jamais M. de Voltaire n'avait eu dessein d'écrire l'histoire de M. Le Fort, ni celle de M. Franconis.

VII. « Ce prince (le czar Pierre) ayant un jour re-
« marqué le respect avec lequel Le Fort se tenait der-
« rière la chaise de son maître (l'ambassadeur de
« Suède) pendant le dîner, et l'envisageant, fut
« frappé de son bon air et de sa physionomie; et
« *comme il servait d'interprète et parlait bon russien*,
« sa majesté lui demanda de quelle nation il était, et
« où il avait appris cette langue, et lui fit d'autres
« questions auxquelles il répondit d'une manière sa-
« tisfesante. Le czar en fut charmé, et lui demanda
« s'il voulait entrer à son service. »

C'est au lecteur à décider si ces circonstances étaient bien nécessaires à l'*Histoire de Charles XII*.

VIII. « Le czar en fut si satisfait (de l'habillement
« de Le Fort), qu'il dit qu'il voulait en avoir de sem-
« blables pour une compagnie de cinquante hommes,
« dont il le ferait capitaine, et la faire discipliner à
« la manière des cours dont il l'avait entretenu. Le
« Fort chercha chez tous les marchands étrangers,
« établis à Moscou, tout ce qui était nécessaire pour
« habiller cette compagnie; et ayant arrêté tous les
« tailleurs étrangers qui se trouvaient dans la ville,
« il demanda un ordre au czar pour faire pren-
« dre la mesure à ceux d'entre les strélitz qui étaient
« de plus belle taille et avaient meilleure mine. »

Il est constant qu'il n'y avait aucun strélitz dans

cette compagnie de cinquante hommes; mais ces petits faits sont des bagatelles sur lesquelles il importe peu d'avoir raison.

IX. « Ce que vous traitez de bruit populaire ou de
« fausseté, touchant les excès de vin qui portèrent
« Charles XII avant la guerre à des actions indignes
« d'un prince.....est très vrai. »

Cela est très faux. M. le comte de Croissi prit un jour la liberté de le demander à Charles XII lui-même, qui, quoi qu'en dise le sieur de La Motraye, répondit que c'était une calomnie. C'est ce que je tiens de la bouche de M. le comte de Croissi, ambassadeur auprès de ce roi.

X. « Le comte Dahlberg ayant repris le fort de Duna-
« munden sur les Saxons par capitulation, après une
« aussi longue et aussi vigoureuse attaque des assié-
« geants que fut la résistance des assiégés, ce jeune
« héros (Charles XII) voulait à toute force qu'on y
« fît rentrer les prisonniers pour le prendre d'assaut,
« et sans donner ni recevoir de quartier. »

Cela n'est ni vraisemblable ni vrai. De pareils contes déshonoreraient une histoire.

XI. « Les relations de la victoire de Narva, assiégée
« par les Moscovites en 1700, varient fort; et ce que
« j'en ai appris..... ne s'accorde pas tout-à-fait avec
« ce que vous en dites. Vous faites débarquer Charles
« avec 16,000 hommes, etc. »

On ne fait presque que copier ici l'histoire de M. de Voltaire; il n'y a de différence que dans le style, et dans des circonstances qu'un écrivain judicieux doit supprimer.

XII. « Les officiers dont je viens de parler m'ont
« raconté, entre autres particularités, que le nombre
« des prisonniers moscovites était si grand, que pour
« s'en débarrasser on les renvoya à leur maître, après
« leur avoir ôté jusqu'à un couteau, et coupé en deux
« endroits la ceinture de leurs hauts-de-chausses, qu'ils
« étaient obligés de soutenir des deux mains. »

Il reste à savoir si c'est une faute bien considérable d'avoir omis l'aventure des culottes des Moscovites.

XIII. « Je ne vous disputerai point l'étymologie du
« mot *czar* ou de *czarafis*; je me contente de dire
« que je n'ai jamais entendu appeler czar que le sou-
« verain de Moscovie, dont le fils aîné est toujours
« appelé *czarowitz*; mais je sais bien que les Asia-
« tiques appellent ordinairement le prince de Géorgie
« Gurgistanbey, etc..... »

Tout cela n'empêche pas que le mot *czar* ne signifiât roi et prince chez les Scythes.

XIV. « On trouve aussi que la relation que vous
« avez donnée du siége et de la bataille de Pultava
« ne s'accorde point avec celles qu'on en a eues jus-
« qu'ici, ni avec ce qu'on en a appris de ceux qui y
« étaient, etc.... »

Ces réflexions critiques ne paraissent pas avoir beaucoup de suite: A l'égard de Pultava, M. de Voltaire conserve le plan de la bataille qui lui a été confié par un officier très expérimenté. A l'égard de

Narva et de ses suites, M. de La Motraye fait bien de l'honneur à M. de Voltaire de répéter ce qu'il en a dit dans son histoire.

XV. « Vous dites que le général Rehnsköld fit in-
« humainement massacrer, six heures après la bataille
« de Frauenstadt, tous les prisonniers moscovites, sans
« avoir égard à leur soumission ni à leurs larmes : des
« officiers suédois, qui étaient présents, m'ont assuré
« que ce fut le roi lui-même qui ordonna ce massacre.»

M. de La Motraye n'y était pas, et tous ceux qui y étaient savent que le roi ne vit Rehnsköld que quelques jours après. Si Charles XII avait fait tuer les Moscovites si long-temps après qu'on leur avait donné quartier, il aurait été coupable de la cruauté la plus inouïe et la plus horrible; mais on sait qu'il n'y eut point de part.

XVI. « Mais, ajouterez-vous, Charles XII violait le
« droit des nations en se fesant livrer Patkul, je ne
« répondrai rien à cette objection. »

Si vous ne répondez rien à cette objection, ce n'était donc pas la peine de la faire vous-même.

XVII. « Ce fut M. le baron de Stralheim, fameux
« par ses bons mots, qui dit à Charles, le lendemain
« de son retour d'auprès du roi Auguste à Dresde, ce
« que vous lui faites dire par le général Rehnsköld.»

Cette erreur de nom avait déjà été corrigée.

XVIII. « Ce héros tout puissant en Saxe et en
« Pologne aurait fait l'action du monde la plus
« généreuse, s'il fût allé visiter le roi Auguste, ou l'eût

« invité à son quartier immédiatement après la rati-
« fication du traité d'Alt-Randstadt, et qu'il eût dé-
« chiré ce traité et dit : *Je vous rends la couronne :*
« *régnez, et soyez aussi sincèrement mon ami que je*
« *veux être le vôtre.* »

M. de Voltaire s'est contenté de dire ce que Charles XII a fait : c'est à M. de La Motraye à dire ce que Charles XII aurait dû faire.

XIX. « Vous dites que le duc de Marlborough, en
« arrivant à Leipsick, s'adressa secrètement, non au
« comte Piper, mais au baron de Görtz, etc...... Je
« n'ai jamais ouï parler de ces circonstances. »

Vous en avez entendu parler à M. Fabrice qui vous a protégé auprès du roi de Suède, et qui m'a conté ce fait dont il a été témoin.

XX. « Dès que le duc l'aperçut (le comte Piper)
« sur sa porte prêt à le recevoir, il sortit du carrosse,
« et mettant son chapeau, il passa devant lui sans le
« saluer, et se retira à côté comme pour faire de
« l'eau.... »

Que le duc de Marlborough ait pissé ou non en descendant de carrosse, cela pourrait être indifférent : mais par cette froideur entre lui et le comte Piper, il paraît assez que le duc de Marlborough s'était adressé au baron de Görtz.

XXI. « J'ai eu l'honneur d'approcher assez sou-
« vent Charles XII pendant son séjour à Bender; je
« n'ai jamais remarqué en lui la moindre aversion
« pour la France. »

Il y a des courriers du cabinet qui approchent des princes, qui portent les secrets de l'état, mais qui ne les savent pas.

XXII. « Le traité en faveur des Silésiens protes-
« tants, que vous faites rompre à l'empereur Joseph
« dès que Charles ne fut plus en état d'imposer des
« lois, ne s'exécuta qu'alors. Je vis à mon retour de
« Russie, en passant par la Silésie, quantité de ces pro-
« testants encore en pleine possession des priviléges et
« des églises qu'ils avaient recouvrées par ce traité. »

Il n'y a eu que très peu d'églises de rendues ; c'est un fait connu.

XXIII. « L'ambassadeur que vous faites envoyer
« par le grand-seigneur au roi de Suède, était un aga
« envoyé à la république de Pologne, qui, voyant que
« tous les ministres étrangers complimentaient Charles
« sur ses victoires, et le nouveau roi sur son avéne-
« ment à la couronne, en fit de même. »

Puisqu'il rendit des esclaves suédois, apparemment qu'il avait quelque ordre pour le roi de Suède.

XXIV. « Vous dites que la gangrène se mit au pied
« du roi immédiatement après sa blessure à Pultava :
« ce ne fut qu'à Bender qu'il en parut quelques symp-
« tômes. »

Si M. de La Motraye avait vu les dernières éditions du livre qu'il critique, il aurait lu qu'on commençait à craindre la gangrène.

XXV. « Je lui ai ouï dire (au chirurgien qui em-
« bauma le corps de Charles XII) plus d'une fois,
« qu'il n'avait jamais vu de corps plus sain, et dont

« toutes les parties fussent plus parfaites, excepté que
« les pellicules intérieures du bas-ventre étaient si
« minces, ce qu'il attribuait au violent et fréquent
« exercice du cheval, que s'il eût vécu il n'aurait pu
« éviter une rupture. »

Le fréquent exercice du cheval devait faire un effet contraire; mais cette erreur est pardonnable.

XXVI. « La chancellerie n'était pas toute prise,
« comme vous dites, puisque M. Muller, M. le con-
« seiller Fief, et plusieurs secrétaires que j'ai rachetés
« à Bender, des mains des Turcs et des Tartares, ne
« l'étaient pas. »

On a dit que presque toute la chancellerie était prise; ce qui est vrai.

XXVII. « On mit ce prince dans un carrosse qu'on
« avait transporté de l'autre côté du fleuve; car il
« n'était pas en état de monter à cheval, et le général
« Hordt, qui était aussi blessé, y entra avec le roi. Ils
« traversèrent le désert qui règne entre le Borysthène
« et le Bogh, et qui fait partie de la *Scythia parva* des
« anciens, où je m'égarai et errai pendant trois ou
« quatre jours sans trouver ni eau ni provisions, en
« 1717, à mon retour de Circassie. »

Tout cela se trouve à peu près dans l'histoire, excepté la disette d'eau où s'est trouvé M. de La Motraye en 1717, *fait important, mais dont il était difficile d'être instruit.*

XXVIII. « Le roi accepta les rafraîchissements
« que ce pacha avait fait apporter, reçut ses excuses,
« et ne lui fit point la réprimande que vous dites. »

On a le contraire écrit de la main de M. de Poniatowski.

XXIX. « Le roi écrivit ensuite au grand-seigneur « la lettre que vous avez trouvée dans l'appendix de « mon premier volume : mais vous en avez changé le « style, et l'avez abrégée de moitié. »

Est-ce une si grande faute d'abréger un peu ces écrits publics, et de conserver seulement ce qui est essentiel?

XXX. « Le comte Piper, que vous faites mourir à « Moscou, mourut à Slutelbourg.... »

Cette faute, si peu essentielle, a déjà été reconnue et corrigée dans une édition d'Angleterre et dans une édition de Hollande.

XXXI. « Au reste, les luthériens, bien loin d'être « prédestinateurs, comme vous le supposez, ont en « horreur les calvinistes et les autres chrétiens qui « croient la prédestination... Mais on vous pardonnera « aisément cette faute, si on fait réflexion que vous « avez plus étudié l'ancienne mythologie que les sys- « tèmes des théologiens. »

M. de Voltaire connaît les mythologies anciennes et nouvelles, et leur rend la justice qu'elles méritent ; il sait que Luther était prédestinateur outré, et que les luthériens l'ont abandonné sur cet article. Il a dit que la prédestination était un principe de Charles XII, mais il n'a pas dit que ce fût le dogme des ministres luthériens.

XXXII. « Vous dites que le général Poniatowski « trouva moyen de faire parvenir à la sultane Validé

« (ou sultane mère) une lettre de Charles XII. Cette
« lettre, celles que vous faites écrire par la Validé à
« ce général de sa propre main, le récit que vous
« faites faire par M. Brue des exploits de ce héros au
« chef des eunuques...., tout cela ne peut que paraître
« romanesque à ceux qui ont quelque connaissance du
« génie des Turcs.... »

L'auteur conserve et déposera dans une bibliothèque publique la lettre de M. de Poniatowski, dans laquelle on trouve ces propres paroles : *Si je retrouve quelques lettres de la sultane Validé, je vous les enverrai par madame de* ***. Le sieur de La Motraye peut, s'il veut, donner un démenti à M. de Poniatowski, pour avoir le plaisir d'écrire.

XXXIII. « Les grands-seigneurs ne se mariant ja-
« mais, et ne prenant que des concubines à qui on
« n'apprend point à écrire. »

Cela est très faux; il n'y a point de femme à qui on n'apprenne à lire et à écrire.

XXXIV. « M. Brue était mon bon ami, et m'a
« fourni quelques mémoires : *il connaissait trop bien*
« *l'indifférence des Turcs sur ce que font les chrétiens,*
« pour avoir dit qu'ils se plaisaient à en faire le sujet
« de leurs entretiens. »

Les Turcs peuvent avoir beaucoup d'indifférence pour ce que font les chrétiens en France et à Rome, mais non pas pour ce que fesait chez eux un roi qui fesait déposer tant de vizirs.

XXXV. « Les mécontents qui, en 1703, élevèrent
« sur le trône, à la place de Mustapha Achmet, son

« frère dernier déposé, exigèrent de lui, à ce qu'on a
« dit, qu'il ne donnerait aucune part dans les affaires
« de l'empire à la sultane sa mère; et depuis je n'ai
« ouï dire à personne qu'elle s'en soit mêlée. »

M. de Poniatowski, M. Fabrice, M. de Fierville, M. de Villelongue, peuvent savoir des choses que M. de La Motraye ne sait pas.

XXXVI. « Il est aussi incertain que le czar ait de-
« mandé Mazeppa à la Porte, qu'il l'est que le vizir
« qui pouvait le forcer, au Pruth, à lui livrer Cante-
« mir, l'ait demandé. »

Cela est très certain; on en a la preuve dans les manuscrits qu'on déposera.

XXXVII. « La fiole de poison destinée par les
« Moscovites pour le général Poniatowski, que vous
« faites porter au grand-seigneur, n'a pas plus de
« fondement, et n'a été tout au plus qu'une invention
« pour les rendre odieux aux Turcs. »

Le sieur de La Motraye, qui n'y était pas, dément encore M. de Poniatowski, et sera bien surpris quand il verra sa lettre.

XXXVIII. « Vous attribuez avec aussi peu de fon-
« dement à Charles XII la déposition des vizirs qu'il
« croyait lui être contraires. »

Il est faux que M. de Voltaire attribue la déposition de tous les vizirs à Charles XII et à son parti.

XXXIX. « Vous faites Baltagi Mehemet vizir par
« une intrigue de sa femme, vous le déposez par une
« autre, et vous le refaites vizir par une troisième in-

« trigue de la même femme. Cependant il n'a jamais
« été vizir qu'une fois. »

Il a été vizir deux fois. Il était pacha d'Alep après
son premier viziriat, comme le savent et l'attestent
tous nos négociants d'Alep.

XL. « Vous lui faites dire au grand-seigneur, en
« recevant le sabre : Ta hautesse sait que j'ai été élevé
« à me servir d'une hache pour fendre du bois, et
« non d'une épée pour commander tes armées : je tâ-
« cherai de te servir; mais si je ne réussis pas, sou-
« viens-toi que je t'ai supplié de ne me le point im-
« puter. Le sultan, ajoutez-vous, l'assura de son
« amitié, et le vizir se prépara à obéir. On met ce dia-
« logue avec la réponse suivante que vous faites faire
« par le grand-vizir déposé Coprougli Oglou au grand-
« seigneur.... »

On a des preuves par écrit de tout ce qu'on a
avancé dans l'*Histoire de Charles XII*. Les doutes de
M. de La Motraye, qui n'a pu ni tout voir ni tout
entendre, et qui n'a vu ni entendu que de loin, ne
suffisent pas pour détruire la validité des mémoires
les plus authentiques.

XLI. « Vous faites assembler à Belgrade l'armée
« turque, destinée contre le czar qui est en Moldavie,
« par un détour de plus de cent lieues. Cette armée
« s'assembla dans la plaine d'Andrinople, qui est le
« droit chemin. »

Il est certain que la plus grande partie de l'armée
s'assembla à Belgrade, parcequ'il y avait beaucoup

de troupes en Hongrie ; il y a environ cent de nos lieues de Belgrade à Yassi, et cent cinquante d'Andrinople à Yassi.

XLII. « Sultan Ibrahim, qu'Osman aga et l'ancien
« vizir Chiourlouli Ali bacha avaient formé le dessein
« de mettre sur le trône, en déposant Achmet, n'était
« point fils aîné du sultan Mustapha, comme vous le
« faites, mais bien fils unique de Soliman, oncle de
« l'un et de l'autre. »

Cela est corrigé dans la dernière édition de Hollande.

XLIII. « Baltagi Mehemet ne fut point banni pour
« la raison que vous alléguez, ni pour aucune autre;
« mais étant de retour à Andrinople avec l'armée, il
« demanda sa démission au grand-seigneur à cause
« de son grand âge, lui recommandant Yasust bacha,
« alors janissaire aga, pour son successeur au viziriat,
« ce qu'il obtint; et il choisit volontairement Lemnos
« pour retraite. »

M. de Poniatowski dit positivement le contraire.

XLIV. « Monsieur Gluck, chez qui la dame Ca-
« therine servit, et que vous appelez intendant du
« pays, était le premier ministre de la principale église
« de Mariénbourg. »

Il est qualifié de ministre luthérien dans quatre éditions.

XLV. « Pour faire croire les Turcs capables de la
« perfidie que vous leur attribuez (de vouloir livrer
« Charles XII à ses ennemis en Pologne), il faudrait
« supposer que le czar et le roi de Pologne auraient

« gagné par argent non seulement le han, le bacha et
« les envoyés de la Porte, mais toutes les troupes de
« l'escorte. »

On ne leur a pas attribué de perfidie; on a soupçonné les Tartares, et non les Turcs.

XLVI. « Vous dites que quand je fus envoyé à
« Constantinople emprunter de l'argent pour le roi
« de Suède, je mis le plein-pouvoir et les lettres de
« ce prince dans un livre dont j'avais ôté le carton,
« et passai au milieu des Turcs mon livre à la main,
« disant que c'était mon livre de prières : mais je ne
« portai point ce livre à la main; il était dans ma va-
« lise, confondu avec d'autres livres. »

Il est vrai qu'on a laissé cette erreur essentielle.

XLVII. « Le grand-seigneur n'ordonna douze cents
« bourses pour le roi, qu'après que ce prince lui eut
« écrit qu'il était résolu de s'en retourner incessam-
« ment dans ses états, et lui en eut demandé mille. »

Cela est dit mot pour mot dans l'histoire.

XLVIII. « Les prétendues lettres du comte Flem-
« ming en chiffres au han, qui interprétées, dites-vous,
« par les Suédois, les déterminèrent à croire que le roi
« Auguste marchandait avec le han et le bacha pour
« lui livrer le roi de Suède; le soupçon qu'en conçut
« Charles XII et dans lequel il fut, ajoutez-vous,
« confirmé par le départ précipité du comte Sapieha,
« tout cela a paru imaginaire, et pouvait être un pré-
« texte pour différer le départ du roi, qui, ayant re-
« marqué la facilité et la générosité avec laquelle le
« grand-seigneur donnait douze cents bourses, au lieu

« de mille qu'il avait demandées, en demanda encore
« mille autres. Ce soupçon, qu'on a fait servir de rai-
« son pour excuser le refus et la résistance de ce prince
« à Varnitza, ne pouvait être confirmé par le départ
« précipité de Sapieha, qui ne partit de Bender que
« quelques semaines après l'affaire de Varnitza, lors-
« que S. M. était déjà arrivée dans le voisinage d'An-
« drinople. Voici ce qu'il y a de certain au sujet de
« ce comte. Il s'était épuisé en Pologne pour le service
« de ce monarque, et n'en avait pas été vu de meilleur
« œil qu'à Bender, où il disait que ses compatriotes
« et ses rivaux avaient prévenu S. M. contre lui,
« comme ils firent, ajoutait-il, le roi Stanislas en y
« arrivant. Il se voyait sans argent et sans crédit; il
« songea à faire sa paix avec le roi Auguste, comme
« ont fait dans la suite ces mêmes compatriotes. Quelle
« trahison trouvez-vous là-dedans? »

Ce qu'il y a de certain par tout ce récit, c'est que
M. de La Motraye n'en sait rien.

XLIX. « Je n'ai jamais ouï parler du mot : Nous
« combattrons *pro aris et focis*, que vous mettez dans
« la bouche de ce prince. »

C'est ce qu'on tient de la bouche de M. Fabrice et
de plusieurs autres témoins.

L. « Quelques domestiques me dirent qu'ils le[1]
« croyaient brûlé, parcequ'ils avaient vu une grande
« partie du plancher tomber en charbons ardents,
« justement à l'endroit où il tirait par une fenêtre sur
« les Turcs. »

[1] Il s'agit de Frédéric, valet de chambre du roi de Suède : voyez la note de Voltaire, page 278. B.

Un homme qui a été son domestique assure qu'il fut coupé en deux par les Tartares.

LI. « Ils ne le désarmèrent point (Charles XII), « comme vous dites; il jeta d'abord son épée en l'air « pour les prévenir. »

On lui saisit son épée comme il levait le bras.

LII. « Rien n'est plus facile que de présenter des « requêtes au grand-seigneur; cela n'a jamais été dé- « fendu à personne par aucun vizir. »

Cela avait été expressément défendu : il est bien étrange que le sieur de La Motraye, qui n'y était pas, veuille en savoir plus que M. de Villelongue lui-même. L'auteur a les lettres originales de M. de Villelongue, qui peuvent servir à confondre les critiques inconsidérées.

LIII. « Ce ne fut pas le sultan Galga (comme on « appelle les fils aînés des hans), mais Carplan Gherei, « frère du han déposé, qui fut mis en sa place. »

Aussi trouve-t-on dans la nouvelle édition de Hollande Carplan Gherei [1].

LIV. « Je sais bien que M. Désaleurs persuada à « quelques marchands de lui prêter aussi quelque « somme d'argent, je ne puis dire combien; mais il « ne prêta rien lui-même, et ne fit que répondre du « paiement. »

Cela est encore très faux; les enfants de M. Désa-

---

[1] Je ne connais aucune édition où il soit question de Carplan Gherei. L'édition de 1746 portait encore : « Il mit sur le trône des Tartares *le fils* « du kan déposé, jeune homme de son âge, etc. » C'est en 1748 seulement que Voltaire mit : « Le frère du kan, etc., » qu'on lit aujourd'hui. B.

leurs ont les papiers justificatifs, par lesquels il paraît qu'il prêta vingt mille écus, et répondit de pareille somme.

LV. « M. Jacques Cooke.... lui avança non seulement de nouvelles sommes, mais jugea que S. M.... « ne prendrait pas en mauvaise part l'offre.... de ce « que son frère et lui avaient de vaisselle d'argent, etc. »

Tout lecteur judicieux verra que l'histoire du paiement du sieur Thomas Cooke ne devait pas tenir deux pages dans l'histoire de Charles XII.

LVI. « Vous assurez qu'il n'y avait point de mi- « nistre de Hollande à la cour de Suède quand le roi « fit arrêter à Stockholm le résident anglais, en repré- « sailles de l'arrêt du comte Gyllenborg à Londres, « et qu'ainsi il ne put venger le baron de Görtz ar- « rêté par les Hollandais. Cependant il y en avait « alors un. »

Ce ministre n'arriva en Suède que plus de quatre mois après l'élargissement du baron de Görtz en Hollande.

LVII. « Vous dites, parlant des circonstances de « la mort du roi, que ce que tant d'écrivains et moi- « même avons avancé, touchant la conversation en- « tre ce prince et l'ingénieur Megret, est absolument « faux. »

Oui, on le dit, et on a raison de le dire. M. Siquier, qui était seul auprès du roi, a dit à l'auteur plusieurs fois, en présence de témoins, que toute cette conversation était entièrement fabuleuse : il est à Paris; on peut s'en informer à lui-même.

LVIII. «Ceux qui, ignorant tout cela, ont voulu «et veulent encore que le roi ait été tué par quel- «qu'un de ses gens, n'ont soupçonné M. Siquier que «quelques années après. »

Toute l'Europe est bien persuadée du ridicule de cette calomnie; et M. de Voltaire ne l'a rapportée que pour en faire sentir l'extravagance. Il souhaiterait que cet exemple pût servir à arrêter la licence effrénée de ceux qui imputent toujours la mort d'un prince à l'ambition de son successeur.

LIX. «On trouve qu'au lieu d'abaisser si fort les «Anglais de notre siècle au-dessous de ceux de Crom- «well, vous les pourriez fort bien comparer à votre «héros.... Divers imprimés hebdomadaires de Londres «vous ont fait des reproches très vifs.... Je vous «plains.... d'avoir, sans y penser, encouru la haine «de presque toutes les nations dont vous avez eu à «parler. »

De quel droit, par quelle raison et avec quelle confiance osez-vous dire que M. de Voltaire a encouru la haine des nations dont il a parlé? Il est vrai que son histoire a été long-temps le sujet de quelques débats en Angleterre, dans les papiers publics; mais il est aisé de voir par ces papiers que l'*Histoire de Charles XII* servait de prétexte aux écrivains de parti. On sait les obligations que M. de Voltaire a aux Anglais; on sait aussi son sincère attachement pour cette nation; et il vous sied bien mal de dire qu'une histoire dont on a fait deux traductions anglaises, et qu'on a imprimée plus souvent à Londres qu'à Paris, déplaît au peuple anglais. M. de Voltaire ose se flatter d'avoir plus de suffrages en Angleterre que dans sa patrie.

LX. « Dans un autre endroit de ce même *errata*, « en voulant corriger une prétendue faute, vous en « faites une réelle; vous dites qu'il faut lire *Achmet II* « au lieu de *Mahomet IV.* »

Cet errata n'a point été fait par l'auteur de l'*Histoire de Charles XII*. Il est très imparfait et très incorrect. La plupart des fautes ont été corrigées dans la dernière édition de Hollande; et l'ordre de la succession dans l'empire ottoman y est fidèlement observé.

LXI. « Vous dites.... que le baron de Görtz alla « de Suède en France et en Hollande; cela est vrai; « mais vous ajoutez *en Angleterre* pour essayer les « ressorts qu'il voulait jouer. Il n'alla point en An-« gleterre, au moins depuis le retour du roi de Suède « en ses états. »

Les personnes qui lui ont parlé dans son voyage secret en Angleterre sont encore à Paris.

LXII. « Ces duchés (de Bremen et Verden) ne fu-« rent point les motifs de l'animosité que pouvait « avoir Charles contre Georges (électeur de Hanovre « et roi d'Angleterre). Le roi de Danemark était celui « contre lequel il parut toujours le plus animé. »

M. de La Motraye permettra qu'on en croie les mémoires des ministres les mieux instruits.

LXIII. « Vous faites passer le duc d'Ormond à « Madrid quelques années avant qu'il y passât : vous « l'envoyez rencontrer le czar Pierre Ier en Courlande...

« Il n'alla pas en Courlande non plus qu'au congrès
« d'Aland, entamé en 1717. »

Ces faits sont si connus qu'on ne peut qu'admirer
la hardiesse avec laquelle on les nie. Il n'y a point
d'Anglais qui ne sache que le duc d'Ormond partit
de Loche environ vers la fin de 1716.

LXIV. « Le czar n'y envoya (au congrès d'Aland),
« selon vous, qu'un seul plénipotentiaire, à savoir le
« baron Ostreman, pour traiter avec le baron de
« Görtz. Permettez-moi de vous dire qu'il y en envoya
« trois, à savoir le comte Bruce en qualité de premier
« plénipotentiaire, le baron Ostreman, et le baron
« Yagoreński : il y eut aussi trois plénipotentiaires
« de la part de la Suède, à savoir le baron de Görtz,
« le baron de Lillisted, et le comte de Gyllenborg. »

On n'a point dit qu'il n'y avait qu'un plénipotentiaire : d'ailleurs le nombre des plénipotentiaires subalternes importe peu dans une histoire où l'on n'a jamais égard qu'aux grands événements. La gravité de l'histoire dédaigne les détails des gazettes.

LXV. « Ce n'est qu'en ce temps-là, à savoir en
« 1717, que vous placez l'entière exécution ou la libre
« étendue du projet de donner à une petite pièce de
« cuivre, à peine de la valeur intrinsèque d'un demi
« sol de France, celle de trente-deux sols d'argent.
« Ce projet fut formé à Stralsund, et exécuté en Suède
« dès 1715, comme il paraît par la première em-
« preinte que j'ai donnée dans mon second volume,
« tant de cette monnaie fictice que de celles de 1716,
« 1717, 1718, et de 1719. Cette dernière fut frappée

« et eut cours en 1718, et le plus grand nombre en
« parut en cette même année, et excita le plus de
« murmure contre le baron de Görtz. »

Par vos propres paroles, il demeure constant qu'on n'a pas toujours également fait usage de cette monnaie : son grand cours ne fut en effet qu'en 1717 et 1718, mais non pas en 1719; car ce fut alors qu'on commença à l'abolir.

LXVI. « On est surpris, monsieur, de vous voir
« donner à gauche sur des choses si voisines de nous,
« et par conséquent si aisées à approfondir, et de
« trouver dans une histoire si moderne et si courte
« tant d'anachronismes. »

Lés anachronismes et les fautes sont dans ces courtes *Remarques*; on s'est cru obligé d'y répondre par respect pour le public.

FIN DES NOTES SUR LES REMARQUES DE LA MOTRAYE.

TABLE

DES MATIÈRES DE L'HISTOIRE DE CHARLES XII.

Préface du nouvel éditeur.	Page j
Préface de l'édition de 1748.	1
Discours sur l'histoire de Charles XII.	12
Remarques sur l'histoire.	18
Nouvelles considérations sur l'histoire.	24
Avis important sur l'histoire de Charles XII.	30
Autre avis.	32

LIVRE PREMIER.

Argument. — Histoire abrégée de la Suède jusqu'à Charles XII. Son éducation; ses ennemis. Caractère du czar Pierre Alexiowitz. Particularités très curieuses sur ce prince et sur la nation russe. La Moscovie, la Pologne, et le Danemark, se réunissent contre Charles XII. 33

LIVRE SECOND.

Argument. — Changement prodigieux et subit dans le caractère de Charles XII. A l'âge de dix-huit ans il soutient la guerre contre le Danemark, la Pologne, et la Moscovie; termine la guerre de Danemark en six semaines; défait quatre-vingt mille Moscovites avec huit mille Suédois, et passe en Pologne. Description de la Pologne et de son gouvernement. Charles gagne plusieurs batailles, et est maître de la Pologne, où il se prépare à nommer un roi. 64

LIVRE TROISIÈME.

Argument. — Stanislas Leczinski, élu roi de Pologne. Mort du cardinal primat. Belle retraite du général Schulenbourg. Exploits du czar. Fondation de Pétersbourg. Bataille de Frauenstadt. Charles entre en Saxe. Paix d'Alt-Rantstadt. Auguste abdique la couronne, et la cède à Stanislas. Le général Patkul, plénipotentiaire du czar, est roué et écartelé. Charles reçoit en Saxe des ambassadeurs de tous les princes; il va seul à Dresde voir Auguste avant de partir. 120

LIVRE QUATRIÈME.

Argument. — Charles victorieux quitte la Saxe, poursuit le czar, s'enfonce dans l'Ukraine. Ses pertes; sa blessure. Bataille de Pultava. Suites de cette bataille. Charles réduit à fuir en Turquie. Sa réception en Bessarabie. 166

LIVRE CINQUIÈME.

Argument. — État de la Porte ottomane. Charles séjourne près de Bender. Ses occupations. Ses intrigues à la Porte. Ses desseins. Auguste remonte sur le trône. Le roi de Danemark fait une descente en Suède. Tous les autres états de Charles sont attaqués. Le czar triomphe dans Moscou. Affaire du Pruth. Histoire de la czarine, paysanne devenue impératrice. 203

LIVRE SIXIÈME.

Argument. — Intrigues à la Porte ottomane. Le kan des Tartares et le bacha de Bender veulent forcer Charles de partir. Il se défend avec quarante domestiques contre une armée. Il est pris et traité en prisonnier. 244

LIVRE SEPTIÈME.

Argument. — Les Turcs transfèrent Charles à Démirtash. Le roi Stanislas est pris dans le même temps. Action hardie de M. de Villelongue. Révolution dans le sérail. Bataille donnée en Poméranie. Altena brûlée par les Suédois. Charles part enfin pour retourner dans ses états. Sa manière étrange de voyager. Son arrivée à Stralsund. Disgraces de Charles. Succès de Pierre-le-Grand. Son triomphe dans Pétersbourg. 279

LIVRE HUITIÈME.

Argument. — Charles marie la princesse sa sœur au prince de Hesse. Il est assiégé dans Stralsund, et se sauve en Suède. Entreprise du baron de Görtz, son premier ministre. Projet d'une réconciliation avec le czar, et d'une descente en Angleterre. Charles assiége Fredrikhall en Norvége. Il est tué. Son caractère. Görtz est décapité. 315

Notes de Voltaire sur les *Remarques* de La Motraye. 360

FIN DE LA TABLE.